성공하는 사람들의 인간관계

**워싱턴 대통령에게 배우는
성공하는 사람들의 인간관계**

지은이 · 쑤지엔쥔 | 옮긴이 · 강경이 | 펴낸이 · 박은서 | 펴낸곳 · 새론북스

주소 · (412-820) 경기도 파주시 교하읍 문발리 535-7 세종출판벤처타운 404호

TEL · (031) 978-8767 | FAX · (031) 978-8769

http://www.jubyunin.co.kr | jubyunin@naver.com

초판 1쇄 발행일 · 2006년 4월 20일 | 개정판 2쇄 발행일 · 2011년 2월 25일

ⓒ 새론북스

ISBN 978-89-93536-18-8(03320)

*책값은 표지에 있습니다. 잘못 만들어진 책은 바꾸어 드립니다.

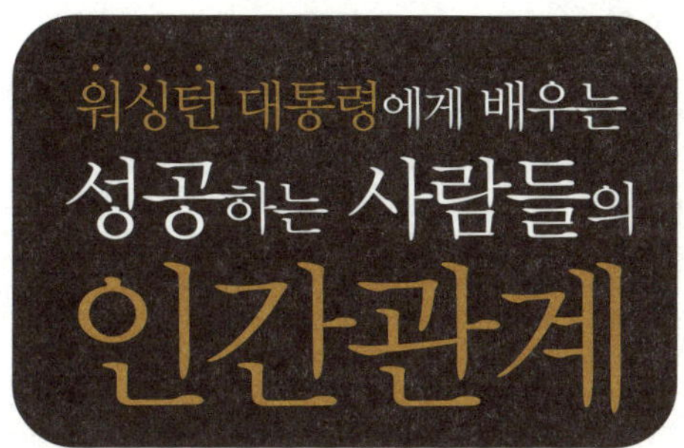

쑤지엔쥔 지음 | 강경이 옮김

새론북스

1799년 12월 14일, 미국 초대대통령 조지 워싱턴George Washington은 파란만장한 생에 마침표를 찍었다.

"그는 처음 독립전쟁을 일으키고 최초로 미국에 평화를 정착시킨 인물로, 미국인들의 마음속에 각인된 독보적인 위인이다."

이는 미국 국회가 그를 위해 낭독한 추도문의 일부로 워싱턴에 대한 최고의 찬사를 담고 있다.

미국 역사학자 밸리는 워싱턴의 전기에서 이렇게 쓰고 있다.

"워싱턴은 언행 하나하나가 세대를 막론하고 전파될 만큼 역사에 길이 남을 완벽한 인물이다."

까다롭기로 유명한 영국의 시인 바이런조차도 "워싱턴의 위대함은 신에 가깝다"며 그에 대한 칭찬을 아끼지 않았다.

조지 워싱턴이 이렇게 높은 평가를 받는 이유는 무엇일까?

워싱턴은 완벽한 성격과 고귀한 인품의 소유자였다. 미국 국민들의 존경을 한 몸에 받았을 뿐 아니라 전 세계인의 추앙을 받았다. 진실과 정직은 인류가 가진 최고의 무기이며, 올곧고 솔직한 내면은 인류가 추구하는 최고의 경지다. 위인의 인생은 막이 내려도 진한 여운을 남기는 한 편의 연극과 같다. 그들의 삶은 인류의 역량을 보여주는 불후의 명작으로 남아 후세에 대대로 전해진다.

워싱턴의 완벽하고 고귀한 품성은 그의 장기적인 수양에서 비롯된 것이었다.

그는 열네 살 때 패어팩스에 있는 집에서 우연히 『사람과 사물을 대하는 방법』이라는 책을 발견하게 된다. 그것은 당시 영국 상류사회에서 유행하던 것으로 도덕규범에 관한 110가지 조항을 기록한 책이었다. '친구를 사귈 때는 친구에 대한 진지함과 존중을 보여줘야 한다', '자신이 알아서는 안 될 일을 자꾸 캐묻지 마라', '다른 사람 앞에서 이를 쑤시지 마라', '다른 사람이 자신에게 하는 말에 귀 기울이고 딴청 부리지 마라', '뒤에서 남을 험담하지 마라', '다른 사람이 곤경에 처하면 적극 도와주고 남의 슬픔을 기뻐하지 마라' 등등……. 이러한 원칙들이 자신의 삶에 절실히 필요하다고 여긴 워싱턴은 그 책을 빌려다가 한 글자도 빠짐없이 노트에 베껴 썼다. 그런 다음 참된 인간이 되기 위해 가장 필요하다고 여겨지는 13가지 원칙을 정리했다.

워싱턴은 성인이 될 때까지 이 원칙들을 실행에 옮기기 위해 꾸준히 노력했으며, 이후 후학들을 교육시키는 지침서로도 활용했다. 그리고 그가 삶의 철칙으로 여겼던 이 '참된 인간 되기 원칙'은 서양인들을 위한 인생수양의 성경聖經으로 자리 잡았다.

이 책은 말과 행동, 예절, 일 처리, 처세 등에 관한 알찬 조언을 담은 자기개발서로서 우리에게 일상에서 양심, 자율, 신용, 우의, 책임, 예절 등의 미덕을 갖출 것을 강조하고 있다. 여기에 수록된 워싱턴 대통령의 13가지 참된 인간 되기 덕목이 세속생활에 물들어 있는 우리들에게 많은 깨달음을 전해주리라 믿는다.

저자

타인에게는 관대하고 자신에게는 엄격하라 · 171

타인의 결점을 부여 잡고 끝까지 추궁해서는 안 된다. 친구와의 비밀은 절대 다른 사람에게 새어나가지 않도록 한다.

대화에 신중을 기하라 · 193

말을 할 때는 사전에 심사숙고하고 발음을 정확히 해야 한다. 너무 서두르지 말고, 또렷하고 논리 정연하게 대화를 이끌어 나가라.

교제를 할 때도 시기를 잘 타라 · 215

적절한 시기를 선택해 타인과 교류하고 다른 사람 앞에서 귓속말을 해서는 안 된다.

워싱턴 대통령에게 배우는
성공하는 사람들의
인간관계

타인의 언행을 존중하라

다른 사람과 함께 있을 때 상대방의 언어와 행동을 존중해야 한다.

타인에 대한 존중은 곧 자신에 대한 우대이다

조지 워싱턴은 다음과 같이 말했다.

"조직활동을 할 때는 행동 하나하나에 타인에 대한 존경심을 실어야 한다."

타인의 존중을 받으려면 내가 먼저 타인을 존중해주어야 한다. 존중은 일방통행으로 진행되는 것이 아니라 상호교환에 기초한 쌍방통행이며, 서로가 서로를 존중하는 마음은 우리 삶을 가꾸어나가는 기초재료다.

어느 날 워싱턴은 무릎 아래까지 늘어지는 외투를 입고 혼자서 터덜터덜 군대 밖으로 걸어 나오고 있었다. 중간에 만난 사병들은 아무도 그를 알아보지 못했다. 조금더 가다보니 하사 하나가 수하의 병사들을 데리고 바리케이드를 치고 있는 모습이 눈에 들어왔다.

"어서 힘들 내라고!"

그 하사는 거대한 돌덩이를 들고 있는 사병들을 향해 고래고래 소리를 질렀다.

"하나, 둘, 영차!"

그러나 정작 그는 돌에다 손끝 하나 대지 않고 있었다. 돌이 너무 무거운 탓에 사병들은 그것을 제 위치에 옮겨놓지 못하고 쩔쩔매고 있었다. 그들의 힘이 거의 바닥나자 돌덩이는 금방이라도 굴러 떨어질 듯 위태위태했다.

이때 워싱턴이 잽싸게 앞으로 달려가 그의 건장한 팔로 돌을 가로막았다. 너무나 적절한 타이밍의 도움으로 돌덩이는 마침내 제자리에 놓였다. 사병들은 돌아서서 워싱턴을 껴안으며 감사를 표했다.

"어째서 자네는 '힘내'라는 소리만 지르면서 뒷짐 진 채 보고만 있지?"

워싱턴이 하사에게 물었다.

"지금 저한테 물으시는 겁니까? 여기 하사 계급장이 안 보이나요?"

"그건 그렇지!"

워싱턴은 외투 단추를 풀어헤쳐 그 콧대 높은 하사관에게 자신의 군복을 보여주었다.

"군복으로 따지자면 내가 자네의 상관인 것 같은데. 하지만 다음번에 또 다시 무거운 물건을 들어야 할 때가 있으면 언제든지 나를 불러도 좋네."

위인들이 위대할 수 있는 것은 그들이 매 순간 타인들을 존중하려 하고, 타인을 무시하는 행동은 절대 하지 않기 때문이다.

예의 바른 사람은 마음속에 늘 인간에 대한 경의를 품고 있다. 그들은 인간으로서의 가치가 무엇인지 알고 있기 때문에 예절에 부합된 행동이 자연스럽게 연출된다. 반면 투박하고 무례한 사람들은 인간에 대한 존경심이 부족하다. 그래서 그들은 종종 예절에 어긋나는 행동으로 사람과 사람 사이의 관계를 서먹하게 하거나 단절시킨다.

"예의가 없으면 인류사회는 견딜 수 없을 정도로 참혹해질 것이다."

이는 버나드 쇼의 말이다.

우리는 '예의' 하면 으레 겸손함, 경의, 정중함, 선의, 배려, 예절, 관심 등의 이미지를 떠올린다. 예의는 곧 우리 자신을 비추는 거울이다. 사람들은 늘 다른 이들을 대하는 방식에 따라 자신을 이해해왔다. 타인에 대한 태도는 성공의 수준을 결정짓는 핵심요소라 해도 과언이 아니다. 따라서 다른 이에게 자신의 이미지를 좋게 각인시키고자 한다면 타인이 자신에게 베풀어주기를 기대하는 만큼 당신 자신도 존중하는 마음과 진실한 태도로 그들을 대해야 한다. 정중하게 예의를 갖춘다면 세상은 더욱 아름다워질 것이며 우리 자신도 밝아질 것이다.

🌿 서로 존중하는 법을 배워라

상호존중은 인간의 가장 기본적인 예의다. 상대방에 대한 존경심이 부재하다면 어떠한 예의나 예절을 운운해도 공허한 메아리일 뿐이며 그에 상응하는 대가를 치르게 된다.

레크의 회사는 한 외국 무역회사와 장기적인 거래를 해오고 있었다. 그 무역회사의 사장은 그들에게 물주나 다름없는 존재였는데 유난히 몸집이 뚱뚱한 사람이었다.

한번은 레크가 그 거래처 사장에게 무역거래를 확대하자고 제안했다. 그러나 끈질긴 설득에도 불구하고 결국 퇴짜를 맞았다. 자존심이 상해 잔뜩 화가 난 레크는 사장이 나가자마자 악담을 퍼부었다.

"제기랄, 당신이 회사 대문에 서 있으면 모기도 몸을 옆으로 비틀어야 들어올 정도라고. 미련한 뚱보 주제에."

마침 가방을 깜빡 잊고 두고 가는 바람에 사무실로 되돌아왔던 거래처 사장은 그 소리를 고스란히 다 듣고 말았다.

그 후 레크가 온갖 방법을 동원해 몇 번이고 사죄하고 달래봤지만, 그들의 관계는 예전처럼 화기애애하게 회복되지 못했다. 그 일을 계기로 거래횟수도 눈에 띄게 줄어들었다.

이것이 바로 예의상실의 대가이다.

문화의 정수라 불리는 예의는 나름의 풍부한 매력을 지니고 있기에 잘 갖출 경우 만인의 호감을 얻을 수 있다. 그러나 예를 들어 언행이 불손한 경우라면 비웃음을 당하거나 미움을 살 수밖에 없다. 만약 당신이 막무가내형에다가 자만하기까지 하다면 사람들의 눈 밖에 나는 것은 시간문제다. 또한 당신의 교양에 문제가 있다면 다른 이들은 당신을 무시할 것이다.

예의는 지나치게 신경 쓴다고 해서 나쁠 것이 없다. 단지 예의가 결여되지 않을까를 걱정해야 한다. 예절이 부족하면 결국 자신에게 불리해진다. 적에게 예를 갖출 수 있다면 그보다 더 귀한 경우는 없을 것이다. 예의로 사람을 대하는 것은 결코 어려운 일이 아니며 오히려 결과적으로 많은 이로움을 가져다준다. 마음을 열어 상대방에 대한 존경심을 보여준다면 상대방도 당신을 존중해줄 것이다. 예의와 존경은 아무리 베풀고 퍼주어도 자기 자신에게 전혀 손해를 입히지 않는다.

타인의 결점을 캐내거나 대놓고 실수를 지적하는 사람은 냉정하고 매정해 보인다. 그래서 다른 사람들은 그와 함께 어울리기를 꺼려하고 그의 인간성이나 성품이 저열하다고 느낀다.

예를 들어 당신이 이것저것 트집을 잡거나 주변 사람들 모두에게 문제가 있다고 부정적으로 생각한다면, 이는 당신 자신이 다른 이들과 어울릴 수 없고 스스로에게 문제가 있음을 인정하는 셈이다. 다른 사람들은 당신이 타인에게 어떻게 대하는지를 보고 당신의 인간성을 판단한다.

면접을 보러 갔다고 치자. 면접관은 당신에게 이런 질문을 던질 것이다.

"원래 다니던 회사에서 일을 잘했던 것 같은데 어째서 우리 회사로 오려는 거죠?"

　간혹 어떤 이들은 면접관에게 점수를 따볼 심산으로 예전에 근무했던 회사에 대한 불만을 늘어놓는다. 전체적인 회사 분위기가 딱딱하다느니, 사장이 까다롭고 냉담하다느니 등등. 그러나 이렇게 말하는 사람들은 십중팔구 미역국을 먹는다. 면접관들에게는 분명 '지금 이렇게 사장을 욕하는 것처럼 나중에 가서는 나에 대해서 비난을 하겠지?'라는 생각이 은연 중에 고개를 들 것이기 때문이다.

　우리가 평소 나누는 대화 중에는 편하게 떠는 수다가 대부분을 차지한다. 인품이 떨어지는 사람들은 언제나 다른 사람들을 흉보고 비방하는 쪽으로 화제를 이끈다. 마치 세상 모든 사람들이 잘못되었고 자기만 독야청청 잘났다는 듯 말이다. 또한 다른 이들의 잘못을 들춰내 자신을 치켜세우는 사람들도 있다. 이러한 사람들은 자존심이 굉장히 약한 사람들이다. 자신을 표현할 능력이 없기 때문에 타인의 약점을 꼬집음으로써 자신의 신분을 상대적으로 올려보려고 하는 것이다. 이러한 사람들은 입에 올릴 가치도 없다.

　상술한 사례들이 너무 극단적일 수 있지만 무례한 언사로 타인을 평가하는 것은 분명 바람직하지 못한 처사이며, 우리는 살면서 서로 존중하는 법을 배워야 한다.

　당신이 타인을 받아들일 권리가 있는 것처럼 당신도 그들에게 받아들여질 권리가 있다. 즐거울 때 혹은 우울하거나 초라함을 느낄 때 당신은 상대방의 위로와 용서를 받을 권리가 있다. 실수를 했을 때에도 그것을 보완하거나 상대방에게 당신의 용서를 받아들이도록 요구할 권리가 있다. 심지어 선의의 거짓말이 필요할 때도 그 거짓말을 받아들일 권리가 있다.

사람은 누구나 약점이 있게 마련이다. 이는 감출 필요도 없으며, 상대에게 거부당하는 이유가 되어서도 안 된다.

🌿 상대방을 존중하며 말하라

자신의 본모습을 감춘다는 것은 거의 불가능한 일이다. 우리가 내뱉는 말 속에는 그 사람의 마음과 생각이 고스란히 스며들어 있다. 평소에는 잘 드러나지 않지만 입을 열기만 하면 화자 자신의 모습이 말 속에 담겨 나온다. 몇천 년 전, 지혜의 왕 솔로몬은 "현명한 사람들만이 고상한 말투를 가지고 있으며 어리석은 말은 우리 자신을 해친다"고 서술한 바 있다.

한 나무꾼이 아기 곰을 구해주자 어미 곰이 매우 감격스러워했다.

하루는 어미 곰이 풍성한 저녁을 차려놓고 나무꾼을 초대했다. 다음 날 새벽, 나무꾼이 어미 곰에게 말했다.

"너무 대접을 잘 받았소. 다만 한 가지, 당신 몸에서 나는 그 악취는 도저히 견딜 수가 없더군요."

어미 곰은 가슴에 대못이 박히는 듯한 상처를 받았지만 내색하지 않고 입을 열었다.

"그럼, 도끼로 저를 치세요. 그것으로라도 보상을 해드리고 싶군요."

나무꾼은 곰의 말대로 했다.

몇 년이 지난 후, 나무꾼은 그 어미 곰과 우연히 마주쳤다. 나무꾼은 곰에게 머리에 난 상처가 아물었는지를 물었다. 어미 곰이 대답했다.

"한때 그것 때문에 고통스럽긴 했지만 상처가 아문 다음에는 거의 잊고 지냈어요. 하지만 그때 당신이 한 말은 평생 잊지 못할 듯하군요.”

언어폭력은 폭력적인 행동보다 더 잔인하다. 따라서 항상 자신의 언행에 조심해야 한다. 작가 프레드리카 브레머^{Fredrika Bremer}는 『집^{The Home}』에서 이렇게 적고 있다.

“하느님은 우리에게 악랄한 언어를 사용하도록 허용하지 않으셨다. 그러한 언어는 날카로운 칼보다 예리해서 우리의 인생을 난도질할지도 모른다.”

위대한 인물들은 대부분 자신의 언어를 통제할 줄 안다. 그들은 함부로 말을 내뱉지 않도록 노력하며 한순간의 말실수로 타인의 감정을 상하게 하지 않는다. 솔로몬은 “지혜로운 자의 입은 마음속에 있고, 어리석은 자의 마음은 입 위에 있다”라고 말했다.

그러나 어떤 사람들은 한순간의 격한 감정에 휩싸여 자신의 언어를 통제하지 못한다. 그러한 사람들은 평소에 사고가 활발하고 말솜씨가 유창하지만 일시적인 흥분이나 당혹스러움에 직면하면 앞뒤를 가리지 않는다. 나오는 대로 마구 내뱉는 말, 가혹한 비평, 걸러지지 않은 거칠고 투박한 말은 상대방에게 상처를 줄 수 있다. 지지자들에게는 환호를 받을지 몰라도 많은 이들의 미움을 사게 되고 결국 끊임없는 후환을 초래하게 된다. 이러한 사례는 정치인들에게서 자주 발견된다. 달성하고자 하는 특수한 목적이 있는 경우가 아닌 다음에야 이러한 행동은 좋을 게 하나도 없다.

작가 칼라일^{Thomas Carlyle}은 올리버 크롬웰^{Oliver Cromwell, 청교도 혁명 당시 국왕 찰스 1세에 맞선 의회진영의 장군}을 다음과 같이 묘사했다.

“그는 비밀을 지키지 못했기에 이상을 실현하지 못했다.”

윌리엄의 정적政敵은 그를 이렇게 표현하기도 했다.

"그의 입에서는 절대 경망스러운 말이 나오지 않는다."

워싱턴은 말을 굉장히 아끼는 사람으로 논쟁 중에도 상대방에게 악담을 퍼부으며 공격하는 법이 없었다. 비난이나 충돌은 최대한 자제하여 사람들 사이의 분위기와 관계가 자연히 화기애애해지도록 만들었다. 이는 민중들에게 좋은 본보기가 되었다. 인류의 역사를 돌아봐도 세상은 늘 과묵하면서도 지혜로운 사람들의 편이었음을 알 수 있다.

경험이 많은 사람들은 말실수를 해서 후회할 때는 있어도 침묵해서 마음이 언짢아지는 일은 없었다고 하나같이 입을 모은다. 피타고라스도 "꼭 필요하고 정확한 말을 하든가, 아니면 입을 꾹 다물고 있어라"라고 충고했다. 헌터Hunter가 '신사의 성인'이라고 불렀던 성 프란시스Francis도 "매몰차고 가시 돋친 말은 맛있는 음식을 상하게 하는 변질된 조미료와 다름없다"고 말한 바 있다.

말로 입힌 상처는 지울 방법이 없다. 자신의 언행에 주의를 기울여라!

🌿 단정한 차림은 상대방에 대한 배려이다

예전부터 인류는 아름다움을 사랑하는 마음이 있었다. 겉으로 드러난 외모만으로 사람을 판단하지 마라는 속담이 있긴 하지만 사실 인간이라면 누구나 외모로 사람을 평가하려는 경향이 있게 마련이다. 일반적인 상황에서 상대방을 잘 알지 못할 때 우리는 종종 상대방의 옷차림이나 꾸밈새를 보고 그의 신분과 지위를 판단하게 된다. 깔끔한 정장으로 잘 차려입은 사람이 길을 물을 때 당신은 아마 예의를 갖춰 친절하게 길을 가르쳐줄 것이다. 반대로 별로 신경 쓰지 않은 듯한 초라한 옷차림을 한 사람이 길을 물으면 아마 당신은 그를 의심하게 되고, 심지어 두려운 마음마저 생길지도 모른다. 이러한 느낌 자체가 이상한 것은 아니다. 세상이 밖으로 드러난 이미지에 따라 당신을 판단하는 것이 현실이기 때문이다.

단정한 차림은 몸의 청결함과 옷의 미관이라는 두 가지 의미를 내포하고 있다. 옷을 깔끔하게 잘 갖춰 입으면 좋은 인상을 남길 것이고, 무성의해 보이거나 어색한 차림을 하면 사람들의 눈 밖에 나게 된다. 물론 옷으로 사람을 판단하라고 부추기는 것은 아니나, 대부분의 사교장소에서 상황에 맞는 적절한 옷차림이 중요하다는 것은 틀림없는 사실이다. 몸은 중요한 자기표현 형식이며, 겉모습은 내면의 반영이다. 활발하고 건전한 삶을 위해서는 정결하고 깔끔한 이미지메이킹이 무엇보다 중요하다. 건강하고 청결하며 아름다운 몸은 곧 건강하고 깨끗하고 아름다운 개성과 밀접한 관계가 있다. 어떤 특정 부문에 신경 쓰지 않고 건성으로 방임하면 자신도 모르는 사이 그 부문에서 도태될 것이다.

공작새는 매일 사뿐한 걸음으로 여기저기 걸어 다니며 오색찬란한 깃털을 뽐냄으로써 자신의 미를 과시한다.

어느 날 볼품없이 마른 작은 새가 물었다.

"엄마, 공작 아줌마는 왜 저렇게 매일 예쁘게 화장을 하고 있어요?"

"허영심이 지나쳐서 그렇단다, 아가야. 거만함은 죽어도 고치지 못하는 나쁜 습관이거든."

좋은 첫인상은 보통 단정하고 깔끔한 옷차림에서 비롯된다. 굳이 진한 화장을 하거나 지나치게 튀는 장식을 할 필요는 없다. 자기 스타일에 잘 맞고 때와 장소에 어울리는 차림을 하면 된다.

상황에 맞는 적절한 옷차림새는 상대방에 대한 배려와 존중을 나타내는 동시에 타인이 당신을 존중해주기를 바라는 마음이 담겨 있다. 옷차림에 신경을 쓰되 너무 사치스러울 필요는 없다. 자신의 형편과 상황에 맞게 꾸미면 된다. 아무리 궁색하게 산다 하더라도 흠 잡히지 않을 정도로 깔끔하게 입을 수는 있다. 단정하고 깔끔한 옷차림새로 타인에 대한 존중과 진실함을 보여주려 노력한다면 당신은 당신만의 분위기와 매력을 한껏 발산하여 다른 이들의 존경과 흠모를 얻게 될 것이다.

성공과 출세를 꿈꾼다면 자신의 옷차림새에 늘 신경 써야 한다. 옷차림새가 성격을 결정하기도 한다. 단정하게 차려입으려는 마음은 우아하고 안정감 있는 태도를 형성한다. 그러나 무성의하고 불량스러운 차림새는 어딘지 모르게 불안해 보여서 그 사람의 인품과 중후함을 퇴색시킨다. 옷차림새는 우리의 정서나 기분에도 많은 영향을 끼친다. 겪어본 사람이라면 누구나 잘 알고 있을 것이다. 몸에 맞는 새 옷을 입으면 마음과 표정까지 밝아지지만 어색하고 지저분한 옷을 입으면 정신상태나 스타일도 망가지게 마련이다.

예의 바른 행동으로 상대방을 존중하라

"큰 일은 작은 일로부터 시작된다"라는 말은 어딜 가나 딱 들어맞는다. 어떤 일을 처리하고자 할 때 우리는 작은 곳부터 손을 대기 시작한다. 그러나 일반적으로 사람들은 큰 일은 고려하되 작지만 기본적이고 중요한 일들을 놓쳐서 실수를 저지르는 경우가 많다. 그러한 작은 실수가 결과적으로는 일 전체의 진행을 흐려놓는다.

　우리 주변을 돌아보면 칭찬을 얻는 방법은 돈을 잘 버는 방법과 일맥상통함을 알 수 있다. '티끌 모아 태산'이라는 옛말도 있듯이 작은 일부터 꼼꼼히 신경 쓰다보면 결과적으로 항상 칭찬을 받을 수 있다. 작은 일이 사람들의 눈에 더 빨리, 확연히 드러나기 때문이다. 뛰어난 재능을 발휘할 기회는 휴일처럼 가끔 주어지는 것이지 매일 매일 있는 게 아니다. 따라서 일상에서의 평범한 행동들이 그 사람을 더 잘 대변해줄 수 있다. 평소 예의 바르게 행동하는 사람은 좋은 평판을 듣게 되어 있다. 엘리자베스 여왕의 표현처럼 예절은 '어디에서나 통하는 자기추천서'이다.

　사실 예의 바른 행동을 습득하려면 매사 세심한 배려를 기울이기만 하면 된다. 사람들은 타인의 장점을 관찰하고 모방하기를 좋아한다. 그러나 지나치게 억지스럽거나 과장된 표현은 오히려 아름다움을 잃게 만든다. 깍듯하고 예의 바른 행동 자체가 자연스러움과 순수함을 포함하고 있다. 어떤 사람들은 행동과 말을 할 때 마치 작곡하는 것처럼 매 음절마다 자세하게 퇴고해보곤 하는데, 이처럼 지극히 미세한 것까지 따지다보면 오히려 큰 그림을 놓치기 쉽다. 한편, 행동이 투박하고 거칠어서 예의를 별로 따지지 않는 사람들은 자신을 존중하지 않는 이러한 행동 때문에 결국 다른 이들의 신뢰와 배려를 상실하게 된다.

　우리는 사람이나 사물을 대할 때 작은 예절에 더욱 주의를 기울이고, 상대방의 입장을 고려해서 시간과 상황에 맞는 적절한 예를 갖춰야 한다. 이는 비굴한 아부성 발언으로 타인의 환심을 사라는 의미가 아니다. 진심으로 다른 이들을 존경하는 마음에서 예의를 갖춰야 한다는 말이다.

　예의는 대인관계에 있어 절대 없어서는 안 되지만 그렇다고 지나치게 따지고 들어가서도 안 되는 미묘한 것이다. 예의를 너무 경외시하고 높게

본다면 결국 인간과 인간 사이의 진실한 신뢰가 깨질 수도 있다. 우리는 타인과 언어로 교감하는 과정에 있어서 명쾌하면서도 예의에 벗어나지 않는 가장 적당한 선의 표현방식을 찾아야 한다. 이는 가장 어려우면서도 중요한 일이다.

격의 없는 친한 친구 사이일지라도 실수하지 않도록 평소에 조심스럽게 행동할 필요가 있다. 지위가 낮은 부하직원들 앞에서 경직되지 않은 친밀한 모습을 보여준다면 당신은 존경받는 상사가 될 것이다. 오지랖이 넓어 여기저기 참견하기 좋아하는 사람들은 자기 스스로를 깎아내리는 경우가 많고 종종 다른 사람들의 미움을 사기도 한다. 다른 이들에게 호의를 베풀고 도움을 줄 때는 그 도움이 당신이 천성적으로 정이 많고 잘 베풀어서가 아니라 그에 대한 진심 어린 관심과 존중에서 나온 것임을 느낄 수 있게 해주어야 한다. 칭찬을 할 때도 그 칭찬이 잘 보이기 위한 아부가 아니라 마음에서 우러나오는 감정이라는 것을 각인시킬 수 있어야 한다. 아무리 유능한 사람이라 할지라도 너무 지나치게 칭찬하는 것은 금물이다. 그를 질투하는 사람들이 그에게 잘 보이기 위해 알랑거린다며 당신을 손가락질할 수 있기 때문이다. 대사를 앞두고서는 절대 사소한 문제에 지나치게 연연해서는 안 된다.

결국 예의 바른 행동이란 평소 우리가 입는 옷과 같아서 너무 헐렁해서도 너무 달라붙어서도 안 된다. 빈틈없이 신경을 쓰되 약간의 여지를 남기고, 편안하게 대하되 기본적인 도리에서 벗어나지 않아야 한다. 그렇게 해야 사업을 성공적으로 이끌 수 있다.

🍃 타인에 대한 존중은 자기 성공의 지름길이다

사람들은 성공이 오로지 자기 자신에 의한 것이 아니라 다른 사람에 기대어 얻어지는 것임을 잘 알고 있다. 고객은 생명을 밝혀주는 귀인이며, 친구는 인생이라는 아름다운 그림에서 결코 빠져서는 안 되는 조각 중 하나다. 타인을 존중하고 인연을 중시해야만 자신에게 성공이라는 커다란 선사를 할 수 있다.

조 지라드Joe Girard는 미국 최고의 자동차 세일즈맨이다. 어디를 가든지 진심으로 상대방을 존중하고 관심을 쏟는 것, 이것이 바로 그가 세계적인 세일즈 챔피언으로 등극하게 된 비결이다. 그는 이렇게 말한다.

"판매에 있어 가장 중요한 것은 상대방에게 마음에서 우러나온 관심을 보여주는 것이다. 그에 따른 파급효과는 정말 상상을 초월한다."

그는 다음과 같은 결론을 내렸다. 고객 한 사람의 뒤에는 250여 명의 사람들이 배수진을 치고 있다. 이는 동료, 이웃, 친척, 친구처럼 고객과 밀접한 관계에 있는 사람들이다. 만약 세일즈맨이 고객 한 명을 확보했다면 250여 명의 잠재고객을 얻은 것이나 마찬가지다. 반대로 고객 한 명을 놓쳤다면 250여 명의 잠재고객을 고스란히 내모는 꼴이 된다. 이것이 바로 그의 유명한 250법칙이다. 즉, 지라드는 '고객의 힘으로 자신의 세일즈 네트워크를 확대할 수 있다면 판매량은 몇십 배 늘어난다'는 이치를 깨달은 셈이었다.

고객 하나를 얻는 것은 작은 바늘 끝으로 흙을 들어 올리는 것과 같아서 많은 내공을 필요로 한다. 하지만 한 명의 고객을 얻는다는 것은 어떤 면에서 보면 많은 고객의 신뢰와 지지를 한꺼번에 확보하고 잠재시장에 대해 보다 적극적으로 접근할 수 있음을 의미한다. 반면 대량의 고객을 잃는 것은 세찬 밀물이 한꺼번에 모래를 쓸어내리듯 순식간에 벌어진다.

세일즈 왕 지라드는 250규칙을 매일같이 마음에 새겼을 뿐 아니라 자신의 일이 최고라는 신념으로 언제나 자신의 감정을 잘 조절할 줄 알았다. 고객이 트집을 잡았다거나 상대방이 마음에 들지 않는다거나 혹은 자신의 기분이 안 좋다는 등의 이유로 고객들을 불편하게 하는 일은 단 한 번도 없었다.

대인관계는 사업의 성패와 업무의 질에 상당한 영향을 끼친다. 그러므로 성공은 당신이 얼마나 탄탄한 인적 네트워크를 확보하고 있는지의 여부에 딜러 있다고 해도 과언이 아니다. 따라서 적절한 사람들과 좋은 관계를 유지하는 것이 무엇보다 중요하다.

그러나 자기애와 자부심이 넘쳐나는 일부 젊은 사람들은 종종 자신이 제일이라는 자아도취에 빠져서 동료, 이웃, 상사들에게 전혀 관심을 기울이지 않는다. 이런 사람들은 결국 타인의 지지와 도움을 얻지 못해 인생의 길에서 수많은 암초에 부딪치게 될 것이다.

따라서 진심으로 상대방을 존중하고 관심을 보이고 도와줘야만 좋은 인적 네트워크를 형성할 수 있고, 자신의 성공을 앞당길 수 있다.

❧ 다른 사람들도 나처럼 대하라

타인을 존중한다는 것은 상대방을 자기 자신처럼 대한다는 의미다. 이는 인간관계 유지를 위한 중요한 법칙이다. 사람들은 자신이 좋아하고 존경하는 친구에 대해서는 진정으로 관심을 가지며 그들이 행복하고 편안해지기를 바란다. 사실 그런 마음이 없다면 상대방의 마음을 얻어내기 힘들다.

한 16세 소년이 연륜 있는 현인賢人을 찾아가 물었다.

"어떻게 하면 스스로도 즐겁고 남들도 즐겁게 할 수 있는 사람이 될 수 있을까요?"

그러자 현인이 미소 띤 얼굴로 그를 바라보며 대답했다.

"애야, 그 나이에 벌써 그런 소망을 가지고 있다니, 정말 대단하구나. 너보다 나이 많은 사람들도 종종 그런 질문을 한단다. 하지만 질문하는 것을 들어보면 아무리 그들에게 설명을 해줘도 진정으로 중요한 도리를 깨닫지 못할 거라는 걸 알 수 있지. 그래서 할 수 없이 그냥 그 사람들의 방식대로 하라고 내버려 두고 말았단다."

소년은 진지하게 경청하고 있으나 얼굴은 전혀 궁금증이 풀리지 않았다는 표정이었다. 그러자 현인이 말을 이어나갔다.

"그럼, 네 가지를 말해주마. 우선 첫째는 자신을 타인으로 여겨라. 이 말의 뜻을 설명해볼 수 있겠니?"

소년이 대답했다.

"내가 고통과 슬픔을 느낄 때 나 자신을 다른 사람처럼 여기면 고통이 경감되고, 내가 미칠 듯이 기쁠 때 자신을 다른 사람처럼 여기면 그 기쁨이 지나치지 않고 잔잔하게 변한다는 의미 아닌가요?"

현인은 약하게 고개를 끄덕이며 계속 이야기했다.

"둘째, 타인을 나처럼 여겨라."

소년은 잠시 생각에 잠겼다가 입을 열었다.

"그렇게 할 수만 있다면 진정으로 타인의 불행을 보듬어주고 타인의 요구를 이해하며 타인에게 도움이 필요할 때 적절한 도움을 줄 수 있습니다."

현인은 두 눈을 반짝거리며 계속 말을 이어나갔다.

"셋째, 타인을 타인처럼 여겨라."

소년이 말했다.

"그 말씀의 뜻은 각자의 독립성을 충분히 존중하고 어떠한 상황에서도 타인의 핵심영역을 침범해서는 안 된다는 의미가 아닙니까?"

그러자 현인이 큰 소리로 웃었다.

"좋아, 아주 좋아. 가르치는 보람이 있구나. 자, 그럼 넷째, 자신을 자신처럼 여겨라. 이 말은 좀 난해하고 애매하지. 말의 의미를 찬찬히 음미해 보도록 해라."

소년이 입을 열었다.

"그 말의 함의는 한순간에 와 닿지 않는군요. 그런데 선생님께서 하신 네 번째 말씀에는 많은 모순점이 존재하고 있습니다. 어떻게 그것들을 통일시켜야 하죠?"

현인이 말했다.

"아주 간단해. 삶의 시간과 경력들이 해답을 알려줄 테니깐."

소년은 한참 동안 침묵하더니 머리를 조아리고 자리를 떠났다.

후에 소년은 어른으로 성장하고 시간이 흘러 노인이 되었으며 결국 한 줌의 흙으로 돌아갔다. 그러나 그가 세상을 떠나고 시간이 한참 흐른 후에도 사람들은 그의 이름을 자주 입에 올리곤 했다. 사람들은 그를 지혜로운 현인으로 기억하고 있었다. 스스로도 즐겁게 살았을 뿐 아니라 그를 만나는 모든 사람들에게 늘 기쁨을 선사했기 때문이다.

사실 사람들과 어울려 살아가는 지혜는 상술한 네 가지 원리에 다 담겨 있다. 가장 중요한 것은 상대방의 입장에서 이해하고 생각하려고 노력하는 것이다. 예를 들어 지인이 부친상을 당했다고 하자. 이때 자신의 아버지가 돌아가셨다면 어떠했을까,라고 바꿔서 생각해본다면 상대방의 아픔과 고통의 심정을 더욱 충분히 이해할 수 있을 것이다.

마찬가지로 다른 사람의 기쁨을 함께 받아들이고 상대가 얼마나 기쁠지 그 마음을 헤아릴 수 있다면 우리 역시 그 기쁨과 희열을 공유해줄 수 있다.

그렇게 상대방의 일을 자신의 기쁨이나 고통이라고 생각하면 상대도 우리의 손을 잡고 함께 기뻐하거나 함께 슬퍼해준다.

서로 상대의 입장을 충분히 고려하고 상대의 감정을 공유한다면 혼자서 슬픔을 억누르거나 혼자서 기쁨을 맛보는 것보다 더욱 의미가 깊지 않을까?

🌿 존중은 돈으로 살 수 없다

다른 사람으로부터 존중받으려면 인품과 도덕을 겸비해야 한다. 이는 돈으로 해결되는 문제가 아니다.

가진 것은 돈뿐이라고 자부하는 한 부자 노인이 있었다. 그는 부자였지만 사람들에게 존경받지 못해 내심 불편해했다. 하루에도 몇 번씩 어떻게 하면 대중들의 존경을 받을 수 있을까 고민하는 게 그의 일이었다.

어느 날 산책을 하던 그는 옷차림이 남루한 거지를 만났다. 이때가 기회다 싶었던 그 노인은 거지의 그릇에다 반짝거리는 금화 한 닢을 던져주었다.

그런데 그 거지는 고개 한 번 안 들고 이를 잡는 데만 정신이 팔려 있었다. 이를 본 부자 노인이 대뜸 화를 냈다.

"당신, 눈이 멀었나? 여기 내가 준 금화가 안 보이는가?"

거지는 여전히 눈길 한 번 안 주며 대답했다.

"주고 안 주고는 당신 소관이잖소? 기분 나쁘면 도로 가져가요."

화가 치밀어 오른 노인은 점점 더 오기가 생겨 거지에게 금화 열 닢을 던져주었다. 그러면서 내심 이번에는 거지가 자기에게 머리를 조아리며 감사의 인사를 할 거라고 기대했다. 그러나 거지는 여전히 요지부동이었다. 노인은 기가 막혀서 길길이 날뛰었다.

"이봐, 지금 내가 금화 열 닢을 줬어. 똑똑히 보라고. 나는 굉장히 돈이 많은 사람이야. 당신은 나를 존경해야 해. 고맙다는 말 한마디는 해야 하는 거 아닌가?"

그러자 거지가 썩 내키지 않는다는 태도로 마지못해 대답했다.

"돈 있는 건 당신 사정이고, 당신을 존경할지 안 할지는 내가 알아서 판단할 일이오. 강요한다고 해서 되는 게 아니란 말이오."

노인은 다급해졌다.

"그러면 자네한테 내 재산의 반을 주겠네. 그럼 날 존경하겠는가?"

거지가 눈을 부릅뜨며 그를 노려봤다.

"나한테 재산의 반을 주면 나도 당신처럼 부자가 되는 것 아니오? 그럼 내가 당신을 존경할 필요가 없잖소."

노인의 속은 더욱 뒤집어졌다.

"좋아. 그럼 내가 전 재산을 주지. 어떤가, 그럼 날 존경하겠지?"

거지는 껄껄 웃었다.

"재산을 다 줘버리면 당신이 거지가 되고 내가 부자가 될 텐데, 내가 왜 당신을 존경해야 하죠?"

이 일화 속 부자 노인은 경제적으로 여유가 생긴 후 다른 이들로부터 인정과 존경을 받기를 간절히 바라고 있었다. 그러나 거지의 고집스러운 행동에서도 잘 드러나듯이 대부분의 경우 금전과 존경은 동일 선상에 있는 게 아니라 별개의 문제다. 부자 노인이 이 점을 분명히 깨달았다면 사람들에게 존경받는 것도 그리 어려운 일은 아니었을 것이다.

아무리 많은 돈을 쏟아 부어도 사람의 존경심을 사들일 수는 없다. '뿌린 대로 거둔다'는 속담이 있다. 당신이 먼저 존중이라는 씨앗을 뿌리면 풍성한 수확을 거둘 수 있다. 뭔가를 선물하면 보답이 돌아오게 마련이다.

'다른 사람에게 받고 싶은 만큼 그대로 주변 사람에게 베풀어라.'

평범해 보이는 이 금과옥조에는 실로 깊은 진리가 내포되어 있다. 타인에게 관심을 베풀면 그만큼 돌아오는 것이 있다는 점을 기억하라.

🌿 타인을 존중해야 타인의 존중을 얻는다

만인으로부터 존경을 받기란 그리 쉬운 일이 아니다.

높은 지위에 있는 사람들은 수많은 부하들에게 둘러싸여 어딜 가나 주인공 대접을 받는다. 사람들은 그에게 항상 웃는 얼굴로 좋은 말만 골라 하고 각종 혜택을 누리도록 해준다. 그래서 그들은 자신이 사람들의 존경을 받고 있다고 착각할지도 모른다. 하지만 그것은 존경이 아니라 일종의 경외감이다.

사람이 권력을 장악하면 다른 사람들의 영욕을 좌우할 수 있는 힘을 지니게 되는데 어느 누가 그를 경외하지 않겠는가? 소위 높은 직위에 있는 사람들은 권력을 상실한 후에야 비로소 다른 사람들이 자신에게 베푼 호의가 존경심이었는지 경외심이었는지 분별할 수 있다.

권력은 단순히 타인이 당신에게 복종하도록 강요할 뿐이지만 존경은 그들이 당신에게 먼저 다가와 진심으로 헌신하고 친구가 될 수 있도록 만든다.

워싱턴은 대통령 재임시절에 단 한 번도 사무실 책상 위에 있는 벨을 사용하지 않았다고 한다. 명령하듯 사람을 불러들이는 것 같아서 썩 내키지 않았던 것이다. 거의 열에 아홉 번은 직접 비서실로 찾아가서 일을 처리했으며, 간혹 집무실로 불러낼 경우에는 직접 방문 입구까지 마중 나가서 있었다고 한다.

이처럼 그는 백악관의 일상업무를 처리할 때 항상 상대방의 입장을 먼저 배려했고, 윗사람이라고 으스대는 법도 없었다. 그를 진심으로 존경하는 많은 지지자들을 확보할 수 있었던 것도 바로 이러한 이유 때문이다.

마가렛 대처Margaret Thatcher 부인은 위신威信을 지니려면 숙녀처럼 행동해야 한다고 지적한 바 있다.

"당신이 다른 사람에게 당신의 옳음을 인정하라고 강요한다면 당신은 이미 틀린 것이다."

진정으로 성공한 지도자는 큰 소리로 명령하지 않고, 솔선수범의 방식으로 다른 이들의 존경을 이끌어낸다. 다른 사람을 향해 먼저 '존중'이라는 씨앗을 뿌리면 상대방도 '존중'이라는 또 다른 형태의 열매를 당신에게 안겨줄 것이다.

만약 당신이 타인보다 높은 권위를 가지기를 기대한다면 먼저 자신의 가치를 증명해보일 수 있어야 한다. 당신이 그들에 대한 관심을 표현하고, 그들에게 보장되어야 할 이익을 계속해서 챙겨줄 수 있어야 한다. 조직의 요구사항needs을 먼저 수용하고 만족시켜준 후에 자신을 생각하는 사람이야말로 진정으로 지혜롭고 우수한 사람이다.

어떤 사람이 누군가가 힘들어 보일 때 열성적으로 도와줬다고 하자. 이때 도움을 받은 사람은 곤경에서 벗어난 후 그에게 감사를 표한다. 그러나 이것 역시 일종의 감격이지 존경과 일치되는 감정은 아니다. 이는 개인의 이익과 사적인 감정으로 인해 호감이 생긴 것이므로 존중과는 또 다른 개념으로 봐야 한다.

그렇다면 존중이란 무엇일까? 존중은 한 사람의 재능과 지식, 품성에 대해 내리는 긍정적인 평가이자 찬사이며, 그러한 호평으로 인해 생기는 무시할 수 없는 감정을 말한다.

다른 사람에게 존중받으려면 단순히 목소리만 커서는 안 된다. 눈에 보이는 행동, 즉 당신 스스로가 다른 사람에게 얼마나 관심을 가지고 배려하는지에 달려 있다.

친구란 당신의 또 다른 생명이다. 우호적인 감정을 쌓아나가는 가장 좋은 방법은 친구를 대하듯 타인을 대하고 일을 처리하는 것이다.

친구관계를 존속하려면 상호존중을 전제로, 강요하거나 간섭, 통제하는 일은 자제해야 한다. 마음이 찰떡처럼 잘 맞고 성격이나 취향이 잘 어우러지면 서로 더욱 가까워지지만 그렇지 못하면 서로 멀어지는 것이 친구관계다. 친구끼리 상호존중의 마음을 상실하면 암묵적 신뢰와 서로 간의 균형이 깨져 우정에 금이 간다.

결국 타인을 존중하는 마음을 품고 먼저 베풀 수 있어야 다른 이들의 존중을 받을 수 있다.

부드러운 표정을 지어라

밝은 표정을 유지하되
엄숙해야 할 때와 장소에서는 엄숙하게 행동해야 한다.

밝은 표정을 지으면 어디서나 환영받는다

워싱턴은 "밝은 표정을 유지하되 엄숙해야 할 때에는 엄숙해야 한다" 고 강조했다.

실제로도 워싱턴은 얼굴에서 늘 미소가 떠나지 않는 사람이었다. 미국 대통령 존 아담스John Adams의 부인이기도 한 여류작가 아담스 애버게일 Adams Abigail은 워싱턴을 이렇게 평가했다.

"워싱턴의 높은 권위와 카리스마는 대중들의 경외감을 불러일으켰지 만 부드럽고 밝은 그의 태도에 매료된 사람들은 그를 존경과 선망의 대상 으로 삼았다."

사회에서 어느 정도 자리를 잡은 사람들은 대부분 미소를 성공의 기본 으로 생각한다. 대인관계에서 좋은 인연을 맺는 사람들도, 사업에서 거침 없는 순항을 계속하는 사람들도 모두 미소 띤 얼굴이 성공의 지름길이라 고 입을 모은다. 미소는 흐르는 물을 가르는 미묘하고 잔잔한 물결과도 같다. 삶이라는 호수에 겹겹이 파문을 일으켜 생명의 깊은 곳에서 비롯되 는 신선한 아름다움으로 수면을 물들일 수 있다.

어떤 사람이 미소의 매력을 증명할 만한 흥미로운 실험을 했는데, 그는 두 사람에게 무표정한 얼굴을 한 똑같은 모양의 가면을 쓰도록 한 후 관 중들에게 누가 더 좋은지를 물어봤다. 그러자 거의 만장일치로 둘 다 마 음에 들지 않는다는 답이 나왔다. 두 가면 모두 표정이 없기 때문에 선택 의 여지가 없다는 것이 일관된 의견이었다.

그러고 난 후 그는 두 모델에게 가면을 벗도록 했다. 이제 무대 위에는 서로 다른 개성과 외모를 가진 두 사람이 서 있는 셈이었다. 그는 그중 한 사람에게 손을 가슴 앞에 얹고 입을 다문 채 찡그린 표정을 해달라고 주문하고, 다른 한 사람에게는 미소를 지어달라고 했다. 그러고는 다시 관중을 향해 물었다.

"여러분들은 어느 분에게 더 호감이 느껴지십니까?"

관중은 약속이나 한 듯 미소 띤 사람에게 몰표를 던졌다.

이렇듯 만인의 호감을 자극하는 미소는 성공으로 가는 원동력이 된다.

미소, 그것은 돈을 들이지 않고도 많은 기적을 만들어낼 수 있다. 아무리 퍼줘도 절대 바닥나지 않을 뿐 아니라 받는 사람의 마음을 풍성하게 채워준다. 또한 그것은 한순간에 만들어져서 사람들에게 영원히 잊지 못할 기억을 남긴다.

미소가 있으면 가정이 행복해지고 사람과 사람 사이에 호감이 형성된다. 미소란 지친 이의 안식처이자 좌절한 자를 달래는 안정제이며, 슬픔에 빠진 자를 비추는 햇살이다. 만약 당신이 다른 이들에게 좋은 인상을 남기고 싶다면 진심에서 우러나온 찬란한 미소를 그들에게 선보여라.

미국 미시건대학 심리학과 교수인 맥닐McNeill 박사는 미소에 대해 이렇게 설명했다.

"얼굴에 미소를 지닌 사람은 얼굴 근육이 긴장되어 있는 사람보다 경영, 사업, 교육에서 더욱 쉽게 성공한다."

미소는 웃음의 꽃이다. 낯선 사람에게 미소는 친근하고 부드러운 첫인상을 남긴다. 오해가 생겼을 때 짓는 미소는 넓은 이해심의 상징이며, 곤란한 상황에서 짓는 미소는 긴장된 분위기와 난감한 국면을 완화시켜주는 역할도 한다.

어떤 사람들은 첫 만남 자리에서 불안한 심리 때문에 상대방을 경계하는 태도를 취한다. 하지만 이때 진실하고 우호적인 미소를 지어 보인다면 첫 만남에서의 어색함을 떨쳐버릴 수 있을 것이다. 미소는 호감의 상징이며, 대인관계를 원활하게 작동시키는 윤활유다. 늘 미소 띤 얼굴은 상대방으로 하여금 편안함을 느끼게 한다. 일상 속에서 미소 없는 형식적인 안부인사를 건넨다면 상대방은 반감을 느껴 인사를 받아도 즐거운 마음이 생기지 않을 것이다. 마찬가지로 상대방이 예의를 갖추었으나 밝은 표정이 아닌 시무룩한 얼굴로 인사를 한다면 우리 역시도 씁쓸한 기분이 들고 냉랭한 반응을 보이게 된다.

따라서 얼굴에서 미소가 떠나지 않는 사람들은 어딜 가나 환영받는다.

미소는 성공의 도우미다

미소는 성공을 불러들인다. 다른 사람과 교제하면서 상대방을 즐겁게 해주려면 먼저 자신부터 즐거워져야 한다. 얼굴 가득 걱정과 분노가 드리워져 있는 사람이 타인에게 기쁨을 준다는 것은 상상할 수 없다. 그런 사람들은 성공할 확률도 적다. 얼굴에 미소를 지닌 사람은 자신감에 찬 듯하고 생기 있어 보인다. 주변 사람들에게 좋은 인상을 주면 행운과 기회도 저절로 따라오는 법이다. 그렇게 되면 당신의 창조력도 빛을 발하고 더욱 커다란 승리를 맛볼 수 있다.

셀레나라는 여자가 있었다. 평소 밀폐된 사무실 안에서 혼자 일을 하던 그녀에게는 친구를 사귈 기회가 좀처럼 없었다. 하지만 마음속으로는 친구 사귀기를 갈망하고 있었다. 동료들이 웃고 이야기하며 서로 즐겁게 어울리는 모습을 볼 때마다 항상 부러운 눈으로 물끄러미 그들을 바라봤다. 하지만 워낙 내성적이고 수줍음 많은 그녀에게는 회사 로비를 지날 때 고개를 들어 사람들 얼굴을 똑바로 쳐다보는 것조차 곤욕이었다.

몇 주가 지난 후, 그녀는 자신을 다독였다.

"더이상 이렇게 지내서는 안 돼. 나만의 울타리에서 벗어나 사람들과 인사하고 함께 어울려야 해."

자신을 바꾸기로 결심한 후 그녀는 음료수 자판기 옆으로 걸어가면서 만나는 사람들에게 화사한 미소를 지으며 반갑게 인사를 건넸다. 인사를 받은 동료들 또한 미소와 인사로 답례했음은 물론이다. 그 순간 그들이 걸어가던 통로 전체가 밝은 햇살이 가득 쏟아져 내린 것처럼 환해진 느낌이었다.

셀레나가 먼저 미소를 지어 보이기 시작하면서부터 서먹했던 동료들과의 관계는 몰라보게 가까워졌고, 심지어 우정으로까지 발전했다. 회사에서도 예전보다 훨씬 즐겁게 일할 수 있었고, 삶 전체에 전에 없던 생기가 돌기 시작했다.

수필가 엘버트 휴바드는 미소의 힘에 대해 다음과 같이 묘사했다.

외출할 때마다 의식적으로 턱을 아래로 당겨 고개를 들고 가슴을 활짝 펴라. 찬란한 태양을 한 모금 들이마시고 친구를 향해 밝게 미소 지으며 인사를 건네봐라. 악수를 할 때는 진심을 담아 손을 잡고, 상대방이 오해할까봐 지레 겁먹지 말 것이며, 적을 미워하느라 시간을 낭비하지도 마라. 자신이 무엇을 해야 하는지 마음속으로 계획을 세운 후 심사숙고해서 목표를 향해 직행하라. 가치 있고 중요한 일에 정신을 집중하다보면 어느새 꿈에 점점 다가서고 있는 자신의 모습을 발견할 수 있을 것이다. 상상 속에서 가장 이상적인 자신의 모습을 그려보고, 현실에서 그러한 모습으로 거듭나기 위해 매 순간 노력해야 한다. 생각의 힘은 위대하고 무한한 것이므로 용감함, 솔직함, 명랑함, 즐거움 등 좋은 감정만을 유지해야 한다. 정확하게 사고할 수 있다는 것이 바로 창조력이다. 모든 사물은 간절히 원하면 완성될 수 있으며, 진심을 담은 기원은 언젠가 효험을 발휘하게 마련이다. 변함없이 끝까지 견지하다보면 꿈은 언젠가 이루어진다. 기억하라. 턱을 당기고 고개를 들어라. 우리는 모두 번데기 안에서 새로운 부활을 준비하는 신과 같다.

미소는 아름다운 인생을 이끌어가는 힘이다. 미소에 인색하지 마라. 심호흡을 한 후 편안한 마음으로 자신이 알고 있는 혹은 잘 알지 못하는 낯선 사람에게 가장 아름다운 웃음을 지어 보여라. 그러면 성공의 문은 언제나 우리를 향해 열려 있을 것이다.

🌿 미소는 삶을 변화시키는 원동력이다

웃는 얼굴은 선의의 사절이다. 미소가 담긴 얼굴은 그것을 바라보는 사람들까지 밝게 비춰준다. 매일같이 찌푸린 얼굴만 보는 사람들에게 당신이 짓는 미소는 먹구름 사이로 얼굴을 내민 햇살과도 같을 것이다. 특히 상사, 고객, 선생님, 부모 혹은 자녀들 때문에 끊임없는 스트레스에 시달리는 사람들에게 웃음은 그 모든 것들을 긍정적이고 희망적으로 바라볼 수 있도록 도와준다.

결혼한 지 18년째인 윌리엄은 결혼 생활 동안, 아침에 일어나 출근하려고 집을 나서기 전까지 단 한 번도 부인에게 미소를 짓거나 다정하게 말을 건넨 적이 없었다. 그는 자신을 브로드웨이에서 가장 재미없게 사는 사람이라고 생각했다.

한번은 그에게 평생교육 수업을 받을 기회가 생겼다. 수업시간에 미소 체험에 대한 주제로 발표를 준비하라는 지시가 떨어지자 그는 일주일 동안 미소 짓기를 일상에서 직접 시도해보기로 결심했다.

예전과 달리 그는 출근하면서 건물 내 엘리베이터 관리인에게 미소를 지으면서 한마디씩 건넸다.

"좋은 아침이네요!"

건물 입구 경비원에게도, 지하철 역무원에게도 미소를 머금고 인사를 했으며, 거래처에서도 예전에 냉랭하게 쳐다보기만 했던 사람들을 향해 활짝 미소를 지어 보였다.

그러는 과정에서 그는 자신이 인사할 때마다 다른 사람들도 그에게 미소로 보답한다는 사실을 깨달았다. 그는 불만투성이인 사람들에게도 즐거운 마음으로 대하려고 노력했다. 시종일관 웃음 띤 얼굴로 그들의 불만을 경청하자 문제의 실타래가 쉽게 풀려나갔다. 그는 미소 덕분에 스스로가 많은 혜택을 누리게 된다는 사실을 깨달았다.

윌리엄은 회사에서 매니저와 사무실을 함께 쓰고 있었는데, 그 매니저의 팀원 중에는 어딜 가나 인기만점인 젊은 직원이 하나 있었다. 그는 그 젊은이에게 최근 미소를 통한 자신의 경험에 대해 털어놓으면서 자신에게 돌아온 결과에 정말 뿌듯함을 느낀다고 말했다. 그러자 그 젊은이가 맞장구를 쳤다.

"처음에 여기 왔을 때 저는 팀장님을 보면서 정말 따분하고 차가운 분이라는 느낌을 받았었는데, 요즘 들어서는 팀장님이 다르게 보인답니다. 미소를 짓고 계실 때면 얼마나 자상해 보이는지 모르시죠?"

미소는 기적을 만들어내는 동시에 한 사람의 삶을 바꿀 수 있다.

사람이라면 누구나 선량한 마음을 가지고 있다. 당신은 분명 친구나 연인에 대해 따뜻한 마음을 품고 있을 것이다. 그러나 제아무리 주변 사람들에 대한 관심과 사랑을 품고 있다 하더라도 밖으로 표현하지 않으면 상대방은 당신의 호의를 느낄 수 없다.

그러한 마음을 밖으로 표출하는 것은 당신의 인생에서 굉장히 중요한 일이다.

사실 호의를 표출하는 방법은 아주 간단하다. 미소라는 재료만 있으면 된다. 마음에서 우러나온 미소가 곧 타인을 향한 우호의 손짓인 셈이다. 미소의 효능을 잘 알고 있다면 당신은 세상에서 가장 총명한 사람이 될 수 있다. 사람들 사이의 벌어진 거리를 좁히는 데 미소만큼 효과적인 것은 없다.

명심하라. 미소는 당신의 인생을 바꿀 수 있다. 미소 짓기가 어색하고 부담스럽다면 어떻게 해야 할까? 억지로라도 의식적으로 웃으려고 노력하라. 혼자 있다면 휘파람을 불거나 노래를 흥얼거리면서 스스로 '나는 정말 즐겁다'라는 생각을 자꾸 각인시켜라. 그러면 어느새 즐거운 삶 속으로 동화되어가는 자신이 보일 것이다.

❧ 미소 짓는 사람은 다가가기 쉽다

환하게 미소 짓는 얼굴은 몸에 좋은 약과 같다. 그것은 사람과 사람 사이에 흐르는 감정을 연결할 뿐 아니라 즐거운 소통과 교감을 만드는 데 없어서는 안 될 요소다. 말문을 열어 다른 사람과 이야기를 나누기 전에 먼저 환하고 아름다운 웃음을 보여주면 상대방도 그와 똑같은, 심지어 더 따뜻한 태도로 당신을 맞이해줄 것이다. 대화상대가 친한 친구든 낯선 사람이든 미소 지으면서 말을 하면 무표정한 얼굴로 설명하는 것보다 100배 이상의 효과가 있다.

다음은 미국 제3대 대통령인 토머스 제퍼슨Thomas Jefferson의 일화이다. 워싱턴 재임 시절 국무총리를 지냈던 그는 후에 부통령을 거쳐 대통령에 당선된 대단한 인물이었다. 미국의 독립선언도 그가 직접 기초한 것으로, 그는 당시 국민들로부터 두터운 신임과 명망을 얻고 있었다.

한번은 그가 몇 명의 장관들과 함께 말을 타고 지방을 돌아보고 있었다. 도중에 강을 건너야 했는데 공교롭게도 다리가 끊어져 있는 게 아닌가. 이때 누군가 묘안을 냈다.

"말을 안고 강을 건너면 되지 않겠소"

다들 생각해보니 그럴듯한 방법인 것 같았다. 막 행동으로 옮기려던 찰나 손에 가방을 든 힌 농부가 나타나 제퍼슨에게로 다가왔다. 그러고는 함께 말을 안고 강을 건널 수 있게 도와달라고 부탁했다.

잠시 후, 사람들은 말을 안고 강을 건너갔고, 반대편 물가에 무사히 도착했다. 사람들은 안도하는 마음으로 젖은 옷을 비틀어 짜며 즐겁게 농담을 주고받고 있었다. 이때 한 장관이 호기심에 찬 목소리로 농부에게 물었다.

"당신, 어떻게 제퍼슨 대통령을 알아봤소?"

그러자 농부가 깜짝 놀라며 말했다.

"대통령이라고요? 저는 전혀 몰랐습니다."

장관이 이해할 수 없다는 듯 물었다.

"아니 그렇다면 어째서 처음 보자마자 그분을 선택한 거요?"

농부는 대통령을 한 번 보더니 다른 사람들을 쓱 둘러봤다.

"왜냐하면 다른 분들의 얼굴에는 모두 NO라는 대답이 씌어 있었는데, 유독 그분의 얼굴에만 YES라고 씌어 있었거든요."

웃는 얼굴이 아름다워 보이는 것은 그 웃음이 내면의 열정이 밖으로 드러나면서 만들어지기 때문이다.

우리가 세상에 호기심과 열정을 품고 있다면 어떠한 장소에서 어떤 낯선 사람들을 만나든지 간에 쉽게 거리를 좁힐 수 있다.

말하기 전에 미소를 먼저 보내는 것, 이쯤이야 너무도 간단한 일 아닌가? 눈썹을 한 번 찌푸리는 데에는 72개의 근육이 필요하지만 미소 짓는 데는 14개 근육만 움직이면 된다고 한다. 미소는 당신의 매력을 충전시킬 수 있는 가장 쉬운 방법이다.

🌿 어떠한 상황에서도 미소로써 일관하라

미소의 효과는 이미 널리 알려져 있다. 미소는 상대방의 경계심을 누그러뜨림으로써 편안한 분위기를 조성하는 것 외에 생리적, 심리적인 면에서도 많은 도움을 준다. 미소를 짓거나 호탕하게 웃을 때 마음까지 덩달아 즐거워지는 경험을 다들 해봤을 것이다. 그것은 우리의 얼굴 근육에 수많은 모세혈관이 퍼져 있는데 웃음에 따른 수축작용으로 혈액이 뇌로 보내지면서 '엔도르핀'이라는 화학물질이 분비되고, 이 성분이 사람의 기분을 편안하고 즐겁게 해주기 때문이라고 한다.

미소도 하품처럼 전염성이 강하다. 미소는 마주한 상대방 뇌의 엔도르핀 분비를 촉진해서 그 사람의 마음까지도 유쾌하게 만든다. 그로써 미소 짓는 당사자도 즐거워짐은 물론이다.

"강아지가 사랑받는 이유도 바로 이 때문이다. 그들은 사람을 보고 반가우면 스스로 주체하지 못할 정도로 흥분하며 감정표현을 한다. 그렇기 때문에 그런 모습을 바라보는 우리들도 자연스럽게 즐거워진다."

카네기의 말이다.

'모나리자'라는 명화名畵가 있다. 이 작품이 무수한 사람들의 눈길을 사로잡을 수 있었던 것은 그림 속 여인의 살짝 머금은 미소에서 발산되는 힘 때문이다. 사실 이야기꽃을 피우며 터뜨리는 공감의 웃음, 기분 좋은 눈웃음, 자신감에 찬 호탕한 웃음, 숨넘어갈 듯한 포복절도, 회심의 미소, 순진한 생긋 웃음, 장내가 떠들썩할 정도로 시끌시끌하고 호쾌한 웃음, 울다가 웃는 웃음 등……, 그 종류를 불문하고 웃음에 진심이 담겨 있기만 하면 텅 비고 쓸쓸했던 영혼은 풍성하게 채워진다.

심리학자 윌리엄 아담스는 이렇게 적고 있다.

"즐거워서 미소 짓는 게 아니라 미소 때문에 즐거워지는 것이다."

먼저 미소를 지으면 마음속 즐거움이 저절로 뒤따라온다는 의미다. 이 것 역시 습관적 행동에서 감정이 유발된다는 이론과 통한다.

그렇다.

"무형의 마음은 유형의 모습에 영향을 받는 법이다."

한 연구원이 이와 관련된 실험을 했다. 그는 피실험자들에게 동일한 내용의 만화를 보여주었다. 그중 일부에게는 치아로 펜 한 자루를 가로로 물게 해 입을 벌려 웃는 모양이 되도록 만들었다. 그리고 나머지 사람들에겐 입술로 펜을 물어 언뜻 보기에 울상을 짓고 있는 것처럼 보이도록 했다. 여기서 '얼굴에 웃음을 보인' 사람들은 같은 내용의 만화를 더욱 재미있게 본다는 결과가 나왔다.

당신이 동료에게 "오늘 일 어땠어?"라고 질문을 던졌는데 상대방이 "좋았어"라고 대답하면서도 뭔가 잘 안 풀린 듯 굳은 얼굴을 하고 있었다고 가정하자. 그러면 당신은 아마 그의 표정에 주목하면서 "회사에서 무슨 일 있었어?" 혹은 "기분이 안 좋아 보이는데 무슨 일이야?"라고 계속 물어볼 것이다. 이렇듯 표정 자체가 말 한 마디보다 훨씬 빠르고 정확하게 사람의 진심을 대변하고 전달할 수 있다.

미소도, 찡그림도 모두 우리 얼굴 표정의 일부다. 그러나 미소를 지으면 문제를 해결할 수 있는 데 반해 찌푸린 표정을 지으면 자칫 문제를 더욱 복잡하게 할 수 있다.

'시간을 내서 크게 웃어라. 웃음은 영혼의 음악이다'라는 아일랜드 속담이 있다. 우리는 일상에서 이 속담을 주의 깊게 새겨둘 필요가 있다.

'언제 어디서나 미소로 일관하기'라고 크게 써 붙여놓고 끊임없이 자신을 일깨워보라. 삶을 너무 따분하고 엄격하게 바라보지 말고 마음에 여유를 가져라. 매일 적어도 한두 번 이상은 미소 지으려고 노력해야 한다. 더군다나 오늘이 중요한 날이라면 더더욱 활짝 웃어보자.

🌿 미소는 최고의 예의다

이제 시각을 바꿔서 미소의 파급효과에 대해 살펴보자.

호주 비즈니스 업계에서 화제의 인물로 뽑힌 적이 있는 캐서린 데브레 Catherine DeVrye는 1994년 『황금서비스 15초』라는 책을 출간해 폭발적인 호응을 얻었다.

그녀의 주장에 따르면 직원과 고객이 매번 접촉하는 시간은 최소 15초인데 이 15초를 잘 활용하면 고객의 발길을 붙잡는 관건이 될 수 있다고 했다. 기업의 신뢰도와는 상관없이 고객들은 직원으로부터 받은 서비스 수준으로 그 기업의 이미지, 나아가 사업의 성패여부를 판단한다.

예전에 미국에서 '마케팅 전략의 이익에 관한 조사'를 실시한 적이 있다. 3,000여 곳의 제품 및 서비스 공급업체를 대상으로 진행된 이 조사에서는 고객들의 의견을 수렴하여 업체들 중 '좋은 서비스 제공자'와 '질 낮은 서비스 제공자'들을 선별해냈다. 당시 설문조사 기관에서는 이 조사결과와 기업의 시장 내 실제 재무역량을 감안하여 몇 가지 실질적인 결론을 얻어낼 수 있었다.

그중 눈에 띄는 사실 하나는 응답자의 83퍼센트가 서비스 품질의 수준이 해당기업 제품의 재구매 여부를 결정하는 핵심요소라고 대답했다는 것이다.

존 나이스빗John Naisbitt이 스칸디나비아항공사SAS 사장인 칼슨Carlson을 방문했을 때의 일이다. 그는 칼슨에게 매년 적자로 허덕이던 항공사를 어떻게 흑자회사로 회생시킬 수 있었는지 그 비결을 한 수 가르쳐달라고 했다. 그러자 칼슨이 대답했다.

"직원들의 서비스 태도 개선, 난 그 한 가지에만 치중했을 뿐이오."

칼슨은 조사를 통해 일반 여행객들이 데스크에서 수속을 한 뒤 비행기에 오를 때까지 직원들과 만나고 그들의 서비스 질을 판단하는 시간이 단 15초밖에 걸리지 않는다는 사실을 발견했다.

"나는 전 직원들을 데리고 다니면서 이 제한된 15초 동안 탑승객들에게 최고의 인상을 심어주려고 애썼답니다."

이 짧은 15초 동안 그들은 고객들에게 도대체 어떤 인상을 남겼던 것일까? 바로 웃음을 머금은 표정이었다.

뉴욕 어느 백화점의 크리스마스 광고에는 미소를 묘사한 다음과 같은 광고카피가 실려 있었다.

미소는 최고의 크리스마스 선물입니다.

그것은 돈 한 푼 들이지 않고도 최고의 가치를 발할 수 있답니다.

아무리 퍼주어도 주는 사람은 가난해지지 않고, 받는 사람은 더욱 부자가 됩니다.

그것은 짧은 순간에 만들어지지만 사람들에게는 영원한 기억으로 남습니다.

남부럽지 않은 부자들도 미소 없이는 살 수 없고, 아무리 가난한 사람이라도 미소를 함께 누릴 권리가 있습니다.

그것은 가정의 행복과 사업의 발전을 가져오고, 친구들 사이에 정을 나누도록 해줍니다.

그것은 지친 자에게는 쉼터를 만들어주고, 상심한 자에게는 빛을 비춰주며, 슬픔에 잠긴 자에게는 위안을, 걱정에 휩싸인 자에게는 해탈의 경지를 제공합니다.

미소란 돈으로 살 수도 없고, 거저 얻어올 수도 없으며, 빌려올 수도, 그렇다고 훔칠 수도 없습니다. 그저 줄 수만 있는 것이랍니다. 그렇지 않으면 아무런 소용이 없습니다.

기억하세요. 다른 이들에게 정말 소중한 선물을 받고 싶다면 미소에 인색해서는 안 된다는 것을.

🌿 미소는 자신감의 상징이다

미소만 지으면 매력이 저절로 발산되는 것일까? 물론 아니다.

거울 앞에 서서 스스로에게 자문해보라.

"내가 미소에 대해 잘 알고 있는가?"

똑같은 미소인데도 왜 어떤 사람의 미소는 자연스럽게 사람들을 즐겁게 하는 반면 어떤 사람들은 웃어도 어딘지 어색하고 매력이 부족하다는 느낌이 드는 것일까?

관건은 당신의 미소에 어느 정도의 자신감이 담겨 있는가이다. 마음에서 우러나온 진실한 미소인지, 아니면 타인의 환심을 사기 위해 억지로 꾸며낸 미소인지 되새겨봐야 한다.

엘레너라는 한 소녀가 있었다. 평범한 외모의 그녀는 언니와 여동생들이 다들 미모가 출중한데 자기만 못난 것 같아 스스로 열등감을 느끼고 있었다. 그래서 파티에 갈 때마다 다른 사람들의 눈에 띄지 않도록 구석에 숨어 있기 바빴다.

그러던 어느 날, 그녀는 기존의 움츠리던 모습을 벗어던지기로 하고 얼굴에 미소를 머금은 채 당당하게 무대 중앙으로 나갔다. 춤을 청하는 사람이 없어도 괜찮다고 생각했다. 그런데 결과는 의외였다. 손님들 중에 지적인 풍채의 젊은 남성 하나가 그녀에게 다가와 춤을 청하며 손을 내민 것이다. 이로써 그녀는 미운 오리새끼 신세에서 완전히 벗어날 수 있었다.

그날 저녁 엘레너는 감격스러운 마음을 담아 일기를 썼다.

"나를 위축시키는 건 바로 나 자신이다. 남들이 나를 과소평가하는 게 아니다."

그녀에게 춤을 청했던 지적인 젊은이는 바로 후에 제32대 미국 대통령으로 당선된 프랭클린 D.루스벨트Franklin Delano Roosevelt였다. 훗날 루스벨트의 부인이 된 엘레너는 미국 역사의 한 페이지를 장식할 중요한 일들을 많이 했다. 시간이 흐른 후 그녀는 과거 자신감을 얻었던 그 순간부터 자신의 내면세계는 늘 보석처럼 화려하게 빛나고 있었다고 회상했다.

당신 자신을 사랑해야만 진정으로 타인에게 사랑을 베풀 수 있으며, 즐거운 마음이 깔려 있어야 얼굴에도 찬란한 미소가 번질 수 있다.

밝게 미소 짓는 얼굴을 대하고 있으면 쉽게 다가설 수 있을 것 같은 친근한 느낌이 든다. 뿌듯한 마음으로 인한 잔잔한 미소, 유쾌하고 시원스러운 폭소, 자제하면서 터뜨리는 실소, 감사 표시를 위한 경건한 웃음 등 그 형태와 상관없이 웃음은 말보다 더 심오한 느낌을 전달함으로써 당신의 마음을 더욱 풍부하게 표현할 수 있도록 도와준다.

🌿 열정을 담아 웃어라

자신감 외에 웃음을 만드는 또 다른 재료는 바로 열정이다. 열정이 없는 웃음은 숨결이 느껴지지 않는 가면이나 마찬가지다.

열정은 생명의 빛으로, 외부세계에 대한 우리의 사랑을 나타낸다.

윌리엄 왈라는 연봉 백만 달러 이상을 받는 미국 최고의 생명보험 세일 즈 왕이다. 그의 성공비결은 바로 고객들조차 거부할 수 없는 해맑은 웃음에 있다. 보는 이에게 행복 바이러스를 전파하는 그의 웃음은 사실 천성적인 것이 아니라 장기간의 고된 훈련에서 나온 결과물이었다.

원래 윌리엄은 유명한 간판급 프로야구 선수였다. 마흔 살 무렵 체력이 저하되면서 은퇴한 그는 제2의 인생을 열기 위해 보험회사 세일즈맨에 지원하였다.

당초 그는 기존에 누리던 인기가 있으니 무난히 채용될 거라 생각했지만 보란 듯이 미끄러지고 말았다. 인사담당자가 그에게 말했다.

"보험회사 판매원에게는 상대방을 매료시킬 수 있는 아름다운 미소가 생명입니다. 그렇지만 당신에게는 그것이 전혀 없군요."

담당자의 직설적인 충고에도 윌리엄은 기죽지 않고 본격적인 웃기 연습에 돌입했다. 그는 매일 집에서 큰 소리로 호탕하게 100번씩 웃는 연습을 했다. 이웃사람들은 모두 그가 직장을 못 얻어서 정신이 나간 것 같다고 수군거렸다. 그 후 그는 그러한 오해를 불식시키려고 아예 화장실에 숨어서까지 큰 소리로 웃는 연습을 했다.

어느 정도 연습을 한 뒤 그는 다시 보험회사 담당자를 찾아갔다. 그러나 담당자는 아직도 멀었다며 냉담한 반응을 보일 뿐이었다.

그래도 윌리엄은 실망하지 않고 힘든 훈련을 꾸준히 계속했다. 그는 유명인물의 웃는 모습이 담긴 사진들을 수집한 뒤 집 안 가득 붙여놓고 수시로 관찰하며 연구했다. 또 전신거울을 사다가 화장실에 놓고 매일같이 거울 앞에서 표정연습을 했다.

시간은 흘렀고, 그는 또다시 담당자를 찾아갔다. 그러나 이번에도 담당자의 태도는 냉랭했다.

"약간 좋아지기는 했군요. 하지만 그 정도로는 아직 매력이 느껴지지 않습니다."

이대로 주저앉을 수 없었던 윌리엄은 집으로 돌아가 더욱더 연습에 매진했다. 하루는 산책을 하다가 우연히 아파트 관리원을 만났다. 윌리엄이 자연스럽게 웃으며 인사를 건네자 관리원이 말했다.

"예전하고 많이 달라 보이십니다."

그 말에 자신감이 붙은 그는 다시 한 번 담당자에게 달려갔다.

"당신의 웃음에서 이제야 뭔가 좀 느껴지는군요. 그렇지만 아직도 마음에서 우러나온 진실한 웃음과는 거리가 멉니다."

담당자의 평가는 여전히 냉정하고 빈틈없었다.

그러나 이번에도 윌리엄은 희망을 버리지 않았다. 시간을 투자해 더욱 노력한 끝에 그는 결국 '갓난아이처럼 순진무구하고 해맑은 웃음이 세상에서 가장 아름답다'는 이치를 깨달았다. 이렇게 해서 그의 백만불짜리 미소가 탄생된 것이다.

미소는 단순한 표정이 아니라 적극적인 인생관이자 삶을 대하는 열정과 같다. 일을 하면서 그 일에 흥미를 느끼지 못한다면 당신의 웃음 어딘가에 어색하고 시큰둥한 흔적이 남아 있게 된다. 그러면 다른 사람들도 당신의 표정을 보며 불편해할 수밖에 없다.

삶의 즐거움을 다른 사람에게 전파시키고 상대방의 입가에 미소를 머금게 할 수 있다면 당신은 이미 매우 영향력 있는 사람이다.

🌿 엄숙해야 할 때는 엄숙하게 행동하라

워싱턴이 말했다.

"다른 사람이 불행에 처했을 때 즐거운 표정을 지어서는 안 된다. 설령 상대가 철천지원수라 하더라도."

웃음이 상대방에게 좋은 이미지를 남길 뿐 아니라 스스로도 편안해지고 인간관계를 더욱 친밀하게 발전시켜준다는 점에 대해서는 의심의 여지가 없다. 그러나 웃음이 항상 통하는 것은 아니다. 예를 들어 슬픈 상황이나 적절하지 못한 자리에서 웃음을 터뜨리면 오히려 상대방의 반감을 불러일으킬 수 있다.

장례식장이나 상갓집에서 조문객은 절대 웃음을 지어서는 안 된다. 이는 반드시 지켜야 할 기본적인 예의규범이다.

가끔 어떻게 위로의 말을 표현해야 할지 몰라서 유족들에게 멋쩍은 미소로 대신하는 경우를 볼 수 있다. 가까운 친척이 찾아왔을 때 유족들이 미소를 지으며 감사의 마음을 표시하기도 하는데, 이는 상대방에게 '나는 괜찮다, 나는 무너지지 않을 것이다'라는 강인하고 담담한 모습을 보여주기 위한 것이다.

유족과 개별적으로 이야기를 나눌 기회가 있다면 마지막에 미소를 지으며 "힘내!"라고 그를 격려해줄 수는 있다. 그렇게 정신적으로 힘을 불어넣어 주면 평범하고 틀에 박힌 애도사 몇 마디 건네는 것보다 유족들에게 더 큰 용기를 줄 수 있기 때문이다.

공공장소에서 큰 소리로 웃는 것 또한 실례다. 크고 과장된 웃음은 무료함에 대한 표현방식으로 이는 어리석은 사람들이나 하는 행동이다. 옳고 그름에 대한 분별력이 확실한 사람들은 절대 함부로 떠들거나 다른 사람들을 따라서 바보같이 웃지 않는다. 설령 웃더라도 소리 내지 않고 살며시 미소 지을 뿐이다.

큰 소리로 웃고 떠드는 질 낮은 행동에 전염되지 않도록 하라. 작은 일에도 미친 듯이 웃어대는 것은 자신의 어리석음을 만천하에 공개하는 꼴이 될 뿐이다. 예를 들어 누군가 자리에 앉으려고 하는데 원래 있던 의자가 사라져서 그대로 엉덩방아를 찧었다고 하자. 다른 사람의 아픔을 보면서 고소하다는 듯 사방에서 웃음이 터져나온다면 그보다 유치하고 저열한 경우는 없을 것이다. 또한 주변 사람들이 그것을 재미있어한다면 이는 정말 저열하고 교양 없는 즐거움이다. 따분하고 수준 낮은 장난을 보면서 요란하게 웃어대는 사람들은 자신의 영혼을 어떻게 살찌울지, 어떤 즐거움으로 내면을 정화시킬지에 대해 전혀 무지하다. 게다가 그런 경박스러운 웃음은 듣기에도 거북하고 불편하다.

일상에서 이처럼 바보 같은 웃음을 자제하려면 약간의 노력만 보태면 된다. 그런데도 사람들이 굳이 그렇게 하지 않는 이유는 '웃음이란 예외 없이 항상 좋은 것이고 활력을 주는 것'이라는 인식이 뿌리 깊게 박혀 있기 때문이다. 그래서 그들은 이처럼 우매한 행위에 대해 심각하게 느끼지 못하는 것이다.

언제 웃어야 하고, 언제 웃지 말아야 할지는 처한 상황에 따라 탄력적으로 결정되어야 한다. 그러나 절대 아무 데서나 함부로, 실없이 웃지 마라. 그렇지 않으면 웃음 때문에 문제가 초래될 수도 있다.

상사와 논쟁하지 말고 겸손하라

상사와의 논쟁은 되도록 피하되 겸손한 태도로써
상사에게 자신의 의견을 피력할 수는 있어야 한다.

상사와 말다툼하지 마라

워싱턴은 다음과 같이 말했다.

"되도록 상사와 논쟁하지 마라. 그렇지만 겸손하게 자신의 의견을 피력할 수는 있어야 한다."

사사건건 상사에게 공격적으로 도전장을 내미는 부하직원은 분명 상사에게 미운 털이 박히게 될 것이다. 승진하려면 우선 상사를 잘 따라야 한다. 이런 말이 있다.

"나약하고 어리석은 사람은 쉽게 흥분하고 크게 떠들기를 좋아한다. 반면에 똑똑하고 능력 있는 사람은 언제든지 자신의 존엄성을 유지할 줄 안다."

패트리샤 커크Patricia Kirk 여사는 매사추세츠 브레인 그룹의 회원이었다. 출중한 능력의 소유자인 데다 실적도 늘 상위권이었지만 승진의 기회는 좀처럼 그녀를 찾아오지 않았다. 그러던 어느 날, 그녀는 그 일 때문에 상사와 다투게 되었다.

"싸우면서 우리는 서로 한 발짝도 물러나지 않았습니다. 분위기가 굉장히 험악했지요."

나중에 그녀는 이렇게 회고했다.

"하지만 한바탕 설전을 벌이고 난 뒤 얼마 안 있어 저는 회사를 떠날 수밖에 없었죠."

아쉽게도 당시 커크는 '정면승부에 대한 집착으로 상사와 맞대결하려들지 마라'라는 상사에 대한 기본적인 예의원칙을 간과하고 있었던 것이다. 그렇다고 상사와의 충돌을 항상 피하기만 해야 한다는 의미는 아니다. 부하직원들에게 있어 무엇보다 중요한 것은 단순한 복종이 아니라 자신의 다른 의견을 상사에게 적절하게 표현할 수 있는 능력이다.

반대의견을 제시하면서 상사의 기분을 상하지 않게 하려면 어떻게 해야 할까? 다음 몇 가지 규칙은 아마 하고 싶은 말이 있어도 속으로 삼켜야 했던 부하직원들에게 효과적인 해결의 실마리를 제공해줄 것이다.

1. 적절한 타이밍을 선택하라

상사를 찾아가 자신의 의견을 이야기하고자 할 때는 먼저 상사의 비서에게 그의 최근 컨디션이 어떤지 물어보는 게 좋다.

비서가 따로 없는 상사여도 괜찮다. 적절한 시간을 잘 선택하기만 하면 된다. 상사가 업무마감을 앞두고 있다면 절대 그를 방해하지 마라. 마음이 뒤죽박죽 복잡한 데다 일에 시달리고 있는 상태라면 되도록 상사와 거리를 두어야 한다. 점심식사 전이나 휴가철 전후도 피하는 것이 좋다.

2. 자기감정을 잘 통제하라

만약 당신이 화가 산뜩 난 상태로 상사를 찾아가서 의견을 개진한다면 상사의 심기를 건드려 긁어 부스럼을 만들기 쉽다. 그러므로 반드시 분노를 스스로 누그러뜨리고 마음의 안정을 되찾은 후에 찾아가야 한다. 설령 오랫동안 불만이 쌓였다 하더라도 한꺼번에 폭발하듯 들추어내서는 안된다. 차근차근 냉정하게 문제를 논해야 한다. 상사의 눈에 회사에 대한 의심과 편견을 가진 직원이 곱게 보일 리 있겠는가. 결국 상사는 그와 한 공간에서 일한다는 것 자체에 거부감이 생길 것이고 그렇게 되면 그 직원은 다른 밥벌이를 찾아 나설 수밖에 없다.

상사에게 문제를 보고할 때는 요점을 직접적으로 제시해야 한다. 상세한 보고서를 제출할 경우에는 상사가 일일이 검토하는 수고를 덜 수 있도록 핵심만 추려서 따로 첨부해도 좋다. 이렇게 하면 당신의 사고수준을 일목요연하게 반영해낼 수 있다.

상사에게 문제제기를 해야 한다면 반드시 그에게 충분한 선택의 여지를 남겨주도록 한다. 상사의 명백한 잘못을 지적할 때는 최대한 완곡한 어법으로 돌려서 접근하는 게 좋다. 주변에 아무도 없거나 상사의 기분이 좋아 보이더라도 의견을 피력할 때는 '제시'하는 어조를 사용하고 '부정'하는 어조는 피해야 한다. 또한 제안서를 제출한다면 각 방안의 장단점을 비롯해 실행 가능한 다양한 대처방안을 제시함으로써 상사에게 선택의 기회를 제공해주는 것이 바람직하다.

회사에서는 상사들과 얼마나 잘 어울릴 수 있는지가 굉장히 중요하다. 상사로부터 인정받고 그들과 잘 어울린다면 자신의 능력은 최대한 발휘될 수 있다. 그러나 상사와 손발이 맞지 않고 관계가 서먹해지면 당신의 능력이 아무리 출중해도 100퍼센트 실력발휘를 하기 힘들어지거나 거의 불가능해진다. 당신 안에 잠재된 능력이 충분히 발현될 수 있을지의 여부는 상사와의 관계에서 판가름 난다고 해도 과언이 아니다. 그러니 절대 상사와 정면대결은 하지 마라. 자신의 의견을 제시할 수 있는 보다 적절한 방법을 모색해보자.

논쟁꾼은 비극을 초래한다

변론가들은 천성적으로 대화를 어떻게든 논쟁으로 변모시키려는 기질을 가지고 있다. 그들은 자신의 호전적이고 배타적인 성격을 잘 통제하지 못한다.

"당신, 여기가 틀렸어."

"아, 바로 이것 때문에 당신이 실수를 저질렀군."

변론가들이 단골로 애용하는 표현들이다. 그들은 이 세상 모든 사람들이 당연히 논쟁을 좋아해야 한다고 착각하는 듯하다. 이는 종종 분쟁을 초래하는 화근이 되기도 한다. 가끔 작은 논쟁이 일파만파로 퍼져서 비극으로 번지는 경우도 있다.

어느 날 집정관 마스노스는 성문을 뚫을 수 있는 커다란 도구가 필요했다. 그래서 아테네 선거船渠, 선반의 건조나 수리 또는 짐을 싣고 부리기 위한 설비에 있는 두 개의 돛대 중에 큰 것을 보내오라고 명령했다. 명령을 받은 군관은 짧은 돛대가 더 적합하고 운송하기도 편리할 거라고 판단했다.

짧은 돛대가 운반되어 오자 마스노스는 사병에게 해명을 요구했다. 그러자 사병은 군관이 짧은 돛대가 낫다고 우기다가 나중에는 큰 돛대로 보내주겠다고 하더니 결국엔 짧은 것으로 보냈다고 설명했다. 분노한 마스노스는 당장 군관을 불러들였다.

분위기 파악을 못 한 군관은 사병에게 했던 것과 똑같은 내용의 말을 청산유수처럼 마스노스에게 풀어놓았다. 그의 말을 다 듣고 난 마스노스는 군관의 옷을 벗긴 후 몽둥이로 흠씬 두들겨 팼다.

비이성적인 논쟁은 비극의 도화선이 된다. 아마 당신은 군관의 비극적인 결말에 동정표를 보내며 이렇게 물어볼지도 모르겠다.

"진리를 끝까지 견지하는 게 잘못된 것인가요?"

물론 진리를 고집하는 것은 좋은 일이다. 하지만 권력을 손에 쥔 사람들은 자신의 관점을 진리와 동일시한다. 그러므로 당신은 시비를 분명히 가리는 동시에 자신을 보호하는 방법도 터득해야 한다. 다른 사람에게 상처를 주지 않으면서 자신에게도 해가 되지 않아야 한다.

상술한 일화에 나오는 군관은 논쟁을 좋아하는 사람이다. 이러한 사람들은 우리 일상에서도 자주 발견되는 유형이다. 논쟁가들은 적당한 선에서 치고 빠지는 융통성이 부족해서 상사에게 반박하거나 자기보다 더 높은 권력을 지닌 사람들을 대놓고 질책하기 좋아한다. 말하는 순간 자기와 마주하고 있는 사람의 권위나 신분을 까맣게 잊어버리는 것이다.

그런 사람들은 자신이 항상 옳다고 자부한다. 그래서 웬만한 말이나 글로는 그들의 생각을 바꾸기가 쉽지 않다. 논쟁을 좋아하는 사람들의 사고 방식은 청각장애를 가진 귀와 별반 다를 게 없다. 자신이 절벽으로 내몰리면 격렬한 논쟁으로 위기를 모면하려고 하다가 결국 자기가 판 구덩이에 빠지고 만다. 그들은 논증에 있어서는 자신을 따라잡을 자가 없다고 믿고 있다. 그렇기 때문에 그런 사람들에게 접근하려면 신중하고 간접적인 방식으로 내 견해의 정확성을 입증하는 법을 배워야 한다.

논쟁으로 자신의 관점을 증명하거나 상대방을 압도했을 때의 문제점은, 자신과 논쟁을 벌인 상대방이 마지막에 가서 당신으로부터 어떠한 영향을 받았는지 전혀 확인할 수 없다는 것이다. 설령 겉으로는 정중하게 당신의 의견에 동의한다고 하더라도 내심 증오를 키워가고 있을지도 모른다.

🌿 상사보다 잘난 척 나서지 마라

다른 사람과 비교를 당하는 것만큼 기분 나쁜 일은 없을 것이다. 드러내놓고 상사보다 잘난 척을 하는 것은 그 자체가 현명하지 못한 행동일 뿐만 아니라 그로 인해 치명적인 악영향을 초래할 수 있다. 스스로 잘났다고 튀는 행동을 하면 다른 사람들의 눈 밖에 나는 것은 물론이거니와 주변의 시샘과 원망에 시달리게 된다. 때문에 대수롭지 않은 평범한 장점에 대해서는 조심스럽게 묻어두는 게 좋다. 대부분의 사람들이 운이나 성격, 인품 등에서는 다른 사람들에게 뒤처진다는 소리를 들어도 그다지 개의치 않는다. 그렇지만 지적 능력에서 남들보다 못하다는 소리를 듣고도 좋아할 사람(특히 지도자의 경우)은 없다. 지적인 능력은 인격 특징의 으뜸이기 때문에 그 부분에 있어서 상대방의 기분을 상하게 하는 것은 큰 죄를 짓는 것이나 다름없다. 리더들은 모든 중대한 일에 있어서 항상 자신이 남들보다 뛰어나다는 점을 부각시키고 싶어한다. 군왕도 옆에서 누군가 시중드는 것은 좋아해도 누군가에 의해 추월당하는 것은 좋아하지 않는다.

돈을 물 쓰듯 하는 사치스러운 왕이 있었다. 그에게는 매일 매일이 주색이 어우러진 호화판 파티의 연속이었다. 하루는 그의 재정대신이 왕의 환심을 사기 위해 유례없는 최고의 파티를 기획했다. 깊은 밤까지 이어지는 파티에서 손님들은 여한 없이 즐거운 시간을 보냈고, 이제까지 참석해본 파티 중 최고로 감동적인 파티라고 하나같이 입을 모아 그를 칭찬했다.

그러나 다음날 아침, 예상과는 달리 국왕은 국가재산을 유용流用했다는 죄목을 씌워 대신을 당장 체포하라고 명령했다. 사실 그에게 씌워진 죄상은 모두 사전에 국왕의 동의를 얻은 것들이었다. 그런데도 결국 그 대신은 국왕의 빈축을 사 단두대의 이슬로 사라질 수밖에 없었다.

이러한 결말에 대해 당신은 의구심을 품을지도 모른다.

하지만 이유는 간단하다. 국왕은 대중의 스포트라이트를 자신이 영원히 독차지하기를 원하고 있었던 것이다. 그런 그의 자존심이 자신을 뛰어넘으려는 재정대신의 손 큰 행동을 허용할 수 없었던 것이다.

당신의 상사가 당신보다 우월하다는 느낌을 줄 수 있도록 하라. 그의 기분을 맞춤으로써 좋은 인상을 심어주되 지나치게 당신의 재능을 뽐내려 하지 말아라. 그렇지 않으면 상사의 두려움과 불안감을 자극하는 역효과를 가져올 수 있다. 만약 상사가 실제능력보다 더 빛을 발할 수 있도록 당신이 도와준다면 그보다 금상첨화인 경우는 없을 것이다.

사람들은 누구나 불안심리를 지니고 있다. 당신이 세상 사람들 앞에 자신을 부각시키고 재능을 선보이면 여기저기서 원한과 질투가 서린 따가운 눈빛을 받게 마련이다. 어쩌면 이는 너무도 자연스러운 현상일지 모른다. 그렇다고 평생 다른 사람들의 사소한 감정에 연연해하고 눈치를 살피며 살 수도 없는 노릇이지만 당신보다 높은 지위에 있는 사람에 대해서는 상황에 따라 유연한 대응방식을 취해야 한다. 보다 나은 삶을 살고 싶고 일에서 성공하고 싶다면 상사의 지위와 체면을 노골적으로 떨어뜨리는 따위의 치명적인 실수는 저지르지 않아야 한다.

자신의 천부적 자질과 재능을 과시하면 상사로부터 총애를 받을 수 있을 거라고 생각하는 사람들이 있는데 이는 어디까지나 오산이다. 당신의 상사는 겉으로는 웃으면서 격려해줄지 몰라도 언젠가 기회가 되면 총명함과 매력 면에서 당신에게 전혀 뒤지지 않는 다른 사람으로 바꿔치기할 것이다.

지금 있는 자리가 언제까지나 당신의 몫으로 남아 있을 거라고 생각하지 마라. 또한 지금 총애받고 있다고 위기감 없이 마냥 도취되어 있어서도 곤란하다. 상사의 권위를 다치게 하는 행동이 얼마나 위험한지 깨닫고 나면 이러한 원칙을 자신의 상황에 맞추어 현명하고 적절하게 활용할 수 있을 것이다.

설령 당신이 상사보다 더 낫고 똑똑한 게 사실이라 할지라도 겉으로는 아닌 척하고 상사가 더 돋보이도록 띄워줄 필요가 있다. 억지로라도 상사의 풍부한 경험과 노하우를 지금 절실히 필요로 하는 듯한 순수한 표정을 짓도록 노력해보라.

또 만약 당신이 상사보다 더 번뜩이고 독창적인 아이디어를 가지고 있다면 최대한 공개적인 자세로 그 아이디어를 상사에게 귀속시킬 수 있어야 한다. 즉, 당신의 제안이 결국은 상사의 아이디어에 대한 보충일 뿐임을 모두에게 각인시켜주어야 한다. 그의 빛을 가리는 검은 구름이 되지 않도록 조심하라. 밤하늘에 떠 있는 별들도 밝은 빛을 내지만 태양이 내는 찬란한 빛에는 견줄 수 없지 않은가.

🌿 공개적으로 상사를 질책하지 마라

"날카로운 비평과 공격으로 얻어지는 것은 아무것도 없다."

이는 링컨 대통령이 남긴 말이다. 질책과 비평은 오히려 더욱 커다란 분노와 불만을 빚어내 타인의 자존심에 상처를 주고 체면을 무너뜨릴 뿐이다. 현명하지 못한 사람들은 남을 비평하고, 질책하거나 원망하기를 좋

아한다. 그러나 사람의 마음을 잘 헤아리고 타인에게 관대하려면 자기절
제의 내공을 쌓아나가야 한다.

톰의 상사는 관리 면에서 자질이 부족했다. 한번은 회의를 하는데 톰
이 사람들이 다 보는 앞에서 리더 자격이 없다며 상사에게 면박을 주었
다. 상사 역시 만만한 상대가 아니었다. 그는 부하직원의 질책을 듣고 나
더니 얼굴빛 하나 변하지 않은 채 침착하게 일어서서 아무렇지도 않은
듯 말했다.

"내 능력에 한계가 있음을 인정하네. 자네가 나보다 낫다고 생각한다면
어디 이 자리에 대신 앉아보게나."

금세 꿀 먹은 벙어리가 되어버린 톰은 다급하게 회의실을 빠져나왔다.
그날 밤, 톰은 상사에게 전화를 걸어 사죄했고 상사도 너그럽게 용서해주
었다. 그러나 상사의 직위가 높아갈수록 톰의 마음에 무거운 부담감이 자
리하기 시작했다.

남을 질책하고 비난한다고 해도 결과적으로 달라질 것은 전혀 없다. 본
인만 소심한 사람으로 낙인찍힐 뿐이다. 다른 사람에게 비난 세례를 퍼부
을 것이 아니라 문제의 근본적인 해결방법을 찾아내도록 노력해야 한다.

당신이 상사의 미움을 사는 행동을 했거나 심지어 공개적으로 그를 욕
보였다면 이는 매우 심각한 문제다. 세상에는 과거의 원한에 연연해하지
않는 성인군자들도 적지 않지만 대중 앞에서 겪은 수모를 잊지 못하는 평
범한 사람들이 대부분이다. 그렇기 때문에 그러한 행동은 다음과 같은 악
영향을 초래할 수 있다.

■ 싸우면서 정이 들고 결국 좋은 친구가 되기도 한다지만 실제로 그럴 확

률은 지극히 적다.

- 서로 어색함이 남아 있어서 겉으로는 좋아 보여도 마음에는 이미 벽을 쌓아놓고 있다.
- 혼자 얼음처럼 얼어버린다. 즉, 회사 업무가 주어지지 않아 동료들 사이에서 고립될 가능성이 있다.

때문에 상사와 커뮤니케이션을 시도할 때는 최대한 예의를 갖추고 공손하게 접근하는 게 좋다. 내심 꺼림칙한 게 있어도 대놓고 표출하거나 건드리지 말아라. 그렇게 상사의 눈 밖에 나는 것은 결국 스스로가 비이성적이고 덜 성숙되었음을 인정하는 행동일 뿐이다.

일반적으로, 오랫동안 직장생활을 하다보면 샐러리맨들은 상사와 트러블이 생기지 않을 수 없다. 하지만 누가 옳고 그르든지 간에 상사에게 밉보여서 좋을 것은 없다. 좌천되거나 회사를 떠나기 싫다면 최대한 그런 난감한 장면이 연출되지 않도록 노력해야 한다. 그렇지 않으면 서먹한 환경에서 일해야 하고 그런 상황 자체가 당신 자신에게 곤욕일 뿐 아니라 당신의 미래에도 안 좋은 영향을 끼칠 수 있다. 그러므로 일시적인 충동에 사로잡히지 말고 매사를 이성적으로 처리함으로써 자신을 위한 변통의 여지를 남겨두어야 할 것이다.

무슨 이유든 간에 상사와 문제가 생겼다면 기분이 우울해져서 누군가에게 하소연하고 싶어질 것이다. 그러나 사실 그 결과는 별로 좋지 않다. 만약 상사가 잘못한 경우라면 당신의 동료는 당신과 상사의 논쟁에 휩쓸리기 싫어서 쉽게 맞장구를 쳐주지 못할 것이다. 반대로 당신이 실수한 경우라고 해도 그들은 차마 당신의 잘못을 또다시 끄집어내서 아픈 상처에 소금을 뿌려대지는 못할 것이다. 그러니 상사와 트러블이 생겼더라도 주변 사람들의 공감이나 이해를 구하려고 하지 않는 게 좋다. 가장 좋은 방법은 스스로 얽혀 있는 문제의 본질을 파악하고 가장 적절한 방식으로 매듭을 풀어나가는 것이다.

설령 억울한 마음이 치밀어 오른다고 하더라도 그러한 감정을 업무에까지 연장시키지는 말아라. 자기가 옳다는 생각에 상사가 먼저 손 내밀기를 마냥 기다린다면 일의 정상적인 맥이 끊겨버릴 수 있다. 심지어 어떤 사람들은 아예 일에서 손을 놓아버림으로써 상사를 위협하기도 한다. 그러나 이는 그다지 바람직한 행동이 아니다. 결국 그 모두가 자신에게 불이익이 되어 돌아오기 때문이다.

절대 공개적으로 상사를 질책하지 마라. 누군가를 꼬집기 전에 스스로를 먼저 반성해보는 지혜를 배워라. 사실 어떤 질책은 불필요한 것이거나 오해로 인해 유발된 것일 수도 있다. 좀 무거운 이야기를 하려고 할 때는 반드시 먼저 상대방의 입장에서 사고해보거나 좀더 유연한 태도로 바꿔서 표현해보자. 그러면 훨씬 나은 효과를 볼 수 있을 것이다.

🌿 완곡어법으로 충고하라

요즘에는 '심지가 곧고 솔직한 것'을 미덕으로 여기는 사람들이 많다. 적절치 못한 언어구사 때문에 사이가 틀어져도 그들은 매번 "나는 단지 이리저리 돌리지 않고 직접적으로 얘기했을 뿐이다"라는 핑계로 잘못을 무마하고자 한다. '심지가 곧은 것'은 그렇다 쳐도 '너무 솔직한 것'은 그다지 권할 만한 게 못 된다. 상사와 부하직원 사이에 형성된 긴장감, 부부

간의 오해, 친구 사이의 불신 등도 대부분 입이 너무 헤퍼서 초래된 경우가 많다. 상황에 따라 직언을 해야 할 때는 직설적으로 표현하고, 완곡하게 이야기해야 할 때는 돌려서 표현할 줄 알아야 한다. 그래야만 불필요한 논쟁을 없애고 분위기를 평화적으로 반전시켜 감정을 더욱 돈독히 할 수 있다.

산 정상에 눈처럼 하얀 수염을 기른 현인이 살고 있었다. 아무도 그가 몇 살인지 알지 못했다. 남녀노소 할 것 없이 모두가 그를 존경해서 무슨 일이 생겼다 하면 그 노인을 찾아가 조언을 구했다.

그러나 현인은 늘 미소를 지으며 이렇게 말했다.

"내가 무슨 조언을 줄 수 있단 말이오?"

어느 날, 젊은이 하나가 그를 찾아와 충고를 부탁했다.

현인은 늘 그랬듯이 완곡하게 거절했지만 젊은이는 끈질기게 그를 붙잡고 놔주질 않았다. 그러자 현인은 할 수 없다는 듯 나무판 두 개, 나사와 못 한 움큼, 망치, 펜치, 드라이버 등을 들고 나타났다.

현인은 먼저 망치를 들고 나무에다 못을 박기 시작했다. 그러나 나무가 워낙 단단해서 아무리 힘주어 두드려도 못은 들어가기는커녕 휘어져버렸다. 다른 못으로 바꿔 다시 시도해봤지만 결과는 똑같았다. 몇 개의 못으로 더 시도해보았으나 모두 휘어져서 튕겨나갈 뿐이었다.

결국 현인은 펜치로 못을 고정시킨 후 좀더 큰 망치로 힘 있게 두드렸다. 그러자 못이 구부러지면서 간신히 나무토막 속으로 들어가는 듯했으나 애쓴 보람도 없이 결국에는 그 못도 두 동강이 나고 말았다.

마지막으로 현인은 나사, 드라이버, 쇠망치를 가져다가 나사를 나무토막 안으로 가볍게 두드려 넣은 후 드라이버로 나사를 조였다. 그런데 이번에는 별로 힘을 주지 않았는데도 나사가 아주 깔끔하게 나무 속에 들어가 콕 박히는 것이 아닌가.

현인은 두 나무판을 가리키며 살며시 웃음을 지었다.

"좋은 약이 반드시 입에 쓴 것은 아니며, 충고가 반드시 귀에 거슬리는 것은 아니오. 사람들은 보통 좋은 약은 입에 쓰고 충고는 귀에 거슬린다고 말하기를 좋아합니다. 하지만 사실 그건 바보 같은 생각이라오. '눈에는 눈, 이에는 이' 식으로 대응해서 뭐 좋을 게 있겠소? 말하는 사람도 듣는 사람도 화가 나고 결국에는 악감정이 생겨서 친구 사이가 원수 사이로 변해버리지 않소? 내가 이렇게 오랜 세월을 살면서 단 한 가지 확실히 깨달은 것은 절대 직접 대놓고 충고를 해서는 안 된다는 것입니다. 나는 부득이하게 남들의 잘못을 지적해야 할 때면 나사처럼 완곡하고 유연하게 내 의견을 제시한다오."

'입바른 충고라고 반드시 귀에 거슬려야 하는 것은 아니며, 좋은 약이라고 해서 꼭 써야 한다는 법은 없다.'

상사 앞에서 자신의 의견을 제시할 때 나사처럼 적절히 돌아갈 줄 아는 유연성을 발휘해보라.

완곡어법은 절묘하게 의사를 전달할 수 있어 상대방이 듣기에도 편할 뿐 아니라 서로 간의 감정다툼을 유발하지도 않는다.

🌿 내가 더 잘났다고 우기지 마라

어느 정도 신중한 게 가장 좋다. 이해타산을 위해 너무 머리를 굴리다 보면 요점을 파악하지 못하거나 일을 그르치거나 혹은 자아모순에 빠지기 쉽다. 이는 교활한 사람들에게서 자주 보이는 현상이다. 똑똑한 것도 좋지만 그렇다고 자신의 학식을 너무 과시하려고는 하지 마라. 지나치게 억지를 쓰면 논쟁이 불거지게 마련이다. 중요한 논점에 대해서는 꼭 언급해야 할 부분만을 언급하면 된다.

19세기 영국의 정치가 펠 남작이 아들에게 늘 강조하던 말이 있었다.

"다른 사람보다 현명해야 한다. 그렇지만 남들에게 자신이 더 잘났다고 우기지 말아라."

소크라테스는 그의 제자들에게 거듭 경고했다.

"너 자신이 무지하다는 사실 하나만 알면 된다."

무시하는 눈빛으로 쳐다보거나 불만 섞인 어조를 내거나 귀찮은 듯한 제스처를 취하는 등 남의 잘못을 꼬집는 행동은 다양하다. 그러나 그 방식에 상관없이 이러한 행동은 언제나 부정적인 결과를 낳는다. 당신이 상대방의 잘못을 지적한다고 해서 상대방이 동의할 것 같은가? 절대 그렇지 않다. 당신이 그의 지혜와 판단력을 부인하고 그의 자존심과 감정에 상처를 입혔기 때문이다. 그는 자신의 생각을 변화시키기는커녕 오히려 반격을 시도할 것이다. 이럴 때는 당신이 플라톤이나 칸트 철학 같은 그럴듯한 논리를 갖다댄다 해도 아무런 소용이 없다.

"두고 봐 누가 옳고 그른지 반드시 알게 될 테니까" 같은 말은 자제해야 한다. 이는 곧 상대에게 '내가 당신보다 똑똑하니 당신의 생각까지 모조리 바꿀 수 있다'는 의미로 비춰지며, 일종의 도전이 된다. 상대방의 잘못을 확실히 증명하기도 전에 상대는 이미 전쟁을 위한 만반의 준비를 갖추고 있을 것이다. 어째서 스스로 헤어나지 못할 무덤을 파려고 하는가?

한 젊은 변호사가 중대 사건의 변론을 맡았다. 변론을 하던 중 최고법

원 법관이 젊은 변호사에게 물었다.

"해상법 추가소송기한이 6년 맞죠?"

변호사는 잠시 멍해졌다가 솔직히 대답했다.

"아닙니다. 해상법에는 추가소송기한이 없습니다."

법정 안이 일순간에 찬물을 끼얹은 듯 싸늘해졌다. 비록 대법관이 잘못 알고 있는 것을 변호사가 사실대로 지적했다고 하더라도 법관의 기분이 좋을 리 없다. 대법관의 얼굴이 새파랗게 질리는가 싶더니 이내 딱딱하게 굳어졌다. 아무리 법이 변호사의 편이라 하더라도 그가 크나큰 실수를 저지른 것만은 틀림없었다. 많은 사람들이 두 눈 뜨고 지켜보고 있는 앞에서 최고의 명성과 학식을 자랑하는 인물의 잘못을 공공연하게 지적했으니 말이다.

이 변호사는 분명 실수를 저질렀다. 그렇게 똑똑한 사람이 어째서 남의 잘못을 지적할 때는 좀더 현명한 방법을 취하지 못했을까? 아무 일도 아닌 듯 자연스럽게 일깨워 줄 수도 있지 않았는가. 이를테면 상대방의 무지를 일깨워 주면서도 마치 그가 깜빡 잊어서 잠시 혼동하고 있는 것처럼 보이도록 배려해줄 수도 있었을 것이다.

만약 누군가 잘못된 발언을 했다고 하자. 그럴 때 "제 생각은 좀 다릅니다만, 아마 제가 틀릴 수도 있을 것입니다. 저도 종종 실수를 하거든요. 제가 틀렸다면 고치겠습니다"라고 말한다면 더욱 낫지 않을까?

이러한 방법은 정말 신기한 효과를 가져온다. 어떠한 상황에서든 "제가 틀렸을 수도 있겠군요"라는 당신의 말에 반기를 들 사람은 없다.

사실 이 방법이야말로 가장 과학적인 방법이다.

어느 날 어떤 사람이 유명한 과학자이자 탐험가인 스티븐슨Stevenson을 찾아갔다. 북극권에서 11년 동안 생활하고 있던 그는 실험을 하던 중이었다. 방문객이 그에게 질문했다.

"스티븐슨 선생님, 당신이 실험에서 증명하려는 것은 무엇입니까?"

그러자 그가 대답했다.

"과학자들은 뭔가를 증명하려고 하지 않습니다. 단지 사실을 발굴하려고 할 뿐이죠."

진실을 노골적으로 표출하면 득보다 실이 더 많다. 자신을 감추는 습관을 키워라. 당신이 겉으로 표현한 것보다 더 현명하다는 사실을 발견했을 때 사람들은 당신에게 더욱 커다란 박수를 보낼 것이다. 이 세상에는 자신의 능력을 은밀히 감추려는 신중한 사람들이 지극히 드물기 때문이다.

🌿 시비 가리기가 최선책일까?

대부분의 사람들은 논쟁을 입으로 하는 격투기라고 여긴다. 내뱉는 말 한 마디 한 마디가 격투상대를 향해 날리는 주먹과 같기 때문이다. 모두들 싸워서 이기기만 하면 자신이 옳다는 게 증명된다고 착각하는 듯하다. 그렇기 때문에 많은 시간과 힘을 들여가며, 심지어 인정사정 볼 것 없이 자기 주장이 옳다는 것을 증명하려고 발버둥 치는 것이다.

그러나 누가 틀리고 누가 옳은지가 정말 그렇게 중요한 것일까?

헉슬리Huxley가 이런 말을 했다.

"중요한 것은 누가 옳은지가 아니라 무엇이 진정으로 옳은지이다."

이 말은 간단히 말해 옳은 일을 하려고 노력해야지 서로 앞다투어 옳은 사람이 되려고 하지는 마라는 의미다.

당신이 누군가와 논쟁을 벌이다가 현장에서 졌다면 그건 의심의 여지 없이 패배한 것이다. 하지만 설령 논쟁에서 이겼다고 하더라도 실제로는 여전히 진 것이나 다름없다. 왜냐하면 서로가 상대방의 신뢰와 우정을 잃게 되었기 때문이다. 따라서 논쟁은 백해무익한 것이다. 상처의 시작일 뿐 당신에게 어떠한 승리의 기쁨도 안겨주지 않는다.

"당신이 논쟁에서 한 번 승리하면 친구 하나를 잃어버린다"라는 말이 있다. 너무나 적절한 비유가 아닐 수 없다. 이 말은 논쟁에서 승리하면 그만큼 기존의 것을 상실한다는 뜻이다.

예를 들어 당신이 자신은 옳고 당신의 상사나 고객은 틀렸음을 증명하는 데 급급해한다면 예상되는 결과는 뻔하다. 결국 당신에게 불이익이 돌아올 것이다. 수박이 칼에 떨어지든 칼이 수박 위로 떨어지든 수박은 분명 갈라지게 되어 있다. 이 점만큼은 틀림없는 사실이다.

벤자민 프랭클린Benjamin Franklin은 논쟁에 대해 다음과 같이 지적했다.

"논쟁은 두 사람이 즐기는 일종의 게임이다. 그러나 이 게임은 좀 이상해서 어느 한쪽도 영원히 승리를 쟁취할 수 없다."

한번 되돌아보자. 타인을 폄하하고 나면 당신의 기분은 좋아졌는가, 아니면 나빠졌는가? 대부분 마음이 더 무겁고 안 좋아졌을 것이다. 상처를 주는 행위는 양날의 칼과 같다. 당신이 누군가를 아프게 했다면 당신 자신도 같이 힘들어질 수밖에 없다.

그러니 다음번에 누군가와 논쟁이 붙게 되면 먼저 마음을 가라앉히고 스스로에게 자문해보라. "다른 사람이 어떻게 생각하는지가 나의 진실에 그렇게 중요한가?", "상대방과의 관계를 깨뜨려가면서까지 내 생각을 관철시켜야 할까?", "여기서 이겼다고 해서 내 마음이 더 개운해질까?" 등

등……. 이런 생각을 거치고 나면 당신의 마음이 어느새 바뀌어 기존의
공격적인 태도는 누그러질 것이다.

손바닥도 부딪쳐야 소리가 나는 법이다. 당신이 상대방과 ‘시비 가리
기’ 논쟁을 하지 않으면 옳고 그름을 따지는 불필요한 소모전도 연출되지
않는다.

미국의 헤비급 복싱 챔피언 조 루이스Joe Louis가 링에서 승승장구할 때
의 일이다. 한번은 그가 친구와 드라이브를 하고 있었다. 그들은 차를 몰
고 가다가 전방에 문제가 생겨 급브레이크를 밟았다. 그런데 뒤따라오던
차가 미처 브레이크 작동을 하지 못해 그들의 차를 받으면서 접촉사고가
났다.

루이스는 대수롭지 않게 생각했으나 뒤에 있던 차의 기사가 잔뜩 화를
내며 차에서 내리더니 그들에게 달려와 시비를 걸었다. 그렇게 급하게 브
레이크를 밟으면 어떻게 하냐는 둥 운전기술이 형편없다는 둥 온갖 욕설
을 퍼붓더니 주먹까지 휘두를 태세였다.

루이스는 가만히 입을 다물고 있다가 기사의 욕설이 끝나자 아무렇지
도 않은 듯 태연하게 자리를 떴다. 상황을 지켜보던 그의 친구가 참을 수
없다는 듯 루이스에게 말을 걸었다.

“그 자식 완전히 기가 살아서 네 앞에서 주먹까지 휘두르던데 한 방 세
게 날려주지 그랬어?”

그러자 존 루이스가 웃으며 입을 열었다.

“누군가 테너 파바로티를 욕한다고 해서 파바로티가 그 사람 앞에서 노
래 한 곡을 뽑아야 하는 건 아니잖아?”

그렇다. 설령 당신이 재수 없게도 개에게 물렸다 한들 당신이 복수한답

시고 개를 물어뜯을 수야 없지 않은가?

누가 맞고 누가 틀렸는지, 혹은 누가 옳고 누가 그른지는 내면의 평화와 기쁨만큼 중요한 것은 아니다. 즐거움의 비결은 한 발 물러서서 상대방에게 우정의 손을 먼저 내미는 것이다. 상대방의 옳음을 격려해준다고 해서 자신이 틀렸다고 자처하는 것은 결코 아니다. 그렇게 분위기가 호전되고 나면 한 걸음 물러선 후의 자유로움과 한없는 여유를 만끽하고 있는 당신 자신을 발견할 수 있을 것이다.

시비는 쓸데없는 입 때문에 불거지고, 번뇌는 지나치게 나서기 때문에 생김을 명심하라.

🌿 겸손한 태도로 자기 관점을 표현하라

누구나 겸손한 사람을 좋아하지 제 잘난 맛에 사는 사람들과는 어울리기를 꺼려한다.

"적을 두고 싶다면 상대방보다 우월한 것처럼 행동하라. 하지만 친구를 얻고 싶다면 상대방이 당신보다 우월해 보이도록 행동하라"고 프랭클린은 말했다.

겸손한 성격을 가진 사람들은 평형적인 인간관계를 중시한다. 주위 사람들이 자신의 생각에 동감하도록 하는 대신 그들이 그 때문에 허무함이나 패배감을 느끼지 않도록 배려한다. 겸손은 상대방을 고귀하고 우월한 존재로 만들어준다. 즉, 누구나 느끼고 싶어하는 우월감을 그들에게 공개적으로 심어주는 것이다. 상대방 앞에서 적당한 겸손을 표현하는 것이 바로 타인에게 실망을 주지 않으면서 우월감을 느끼게 해주는 비결이다.

프랭클린도 젊었을 때는 성격이 조급해서 침착하지 못했다고 한다.

어느 날 교우회의 오랜 친구 하나가 그를 조용히 부르더니 따끔하게 충고했다.

"벤자민, 넌 정말 구제불능이야. 넌 너와 의견이 다른 사람들에게는 매번 신랄한 공격을 퍼붓잖아. 이제 네 의견은 하도 비싸져서 아무도 받아들이려고 하지 않아. 네가 나타나면 친구들이 긴장부터 하고 굉장히 어색해한다는 거 아니? 너는 아는 게 많으니까 아무도 널 가르치려 하지도, 너에게 새로운 것을 알려주려 하지도 않아. 입만 아프지, 좋은 소리 못 듣고 기분만 상할 게 뻔하기 때문이지. 그래서 네가 더이상 새로운 지식을 받아들일 수 없는 거야. 너의 낡은 지식이 이미 한계를 드러내고 있는데도 말이야."

프랭클린은 남들과 다르게 이 쓰디쓴 충고를 달게 받아들였다. 그는 친구의 질책을 가슴 깊이 받아들이는 성숙하고 현명한 면모를 보여주었다. 프랭클린은 친구의 말이 틀림없는 사실임을 발견했고, 그렇게 가다가는 자신이 사회에서 고립되어 비극적인 운명을 맞이할 수도 있다는 사실을 자각하게 되었다. 그래서 기존에 보였던 오만하고 거친 태도를 적극적으로 바꿔나갔다.

"그때 나는 다짐했다. 남 앞에서 절대 고압적인 태도를 취하지 않겠다고……."

프랭클린은 이렇게 회고했다.

"그 후 나는 심지어 글을 쓰거나 말을 할 때도 절대적으로 긍정하는 듯한 표현들은 자제하려고 애썼다. 이를테면 '당연히', '의심의 여지없이' 등과 같은 표현들은 되도록 '내 생각에', '가정하건대', '내가 보기에 이 일은 이래야 할 것 같다'처럼 완곡하게 고쳐서 사용했다. 상대방이 내가 생각하기에 아니다 싶은 의견을 말할 때에도 그 자리에서 바로 반박하거나 잘못을 바로잡지 않았다. 내가 대답을 할 차례가 되어서야 상대방의 의견이 맞는 경우도 있겠지만 지금 언급한 이 일에 있어서는 조금 어폐가 있는 것 같다고 돌려서 표현하곤 했다.

이렇게 태도를 전환하고 난 후부터 나는 많은 이득을 누릴 수 있었는데 무엇보다 상대방과 보다 화기애애한 분위기에서 대화할 수 있었다. 겸손하게 내 의견을 피력하다보니 상대방도 쉽게 받아들이고 서로 충돌하는 부분이 눈에 띄게 줄어들었음을 느낄 수 있었다. 행여 내가 잘못해도 곤혹스런 장면이 연출되지 않았고, 반대로 내가 맞는 경우에도 상대방이 자기의견만 고집하지 않고 자연스럽게 나에게 동조해주었다.

처음에는 이러한 방법이 내 성격과 잘 맞지 않아 쑥스러웠지만 오래 지나고 나니 저절로 몸에 배었다. 지난 50년 동안 나는 단 한 번도 일방적이고 고압적인 말을 던진 적이 없었다. 이게 바로 새 법안을 제출하거나 옛 규정을 수정할 때 국민들의 동의를 쉽게 얻고, 영향력 있는 제헌의회의 일원이 될 수 있었던 주된 원인이었다. 나는 말을 유창하게 할 줄 아는 달변가도 아니었고 단어 구사력이나 표현력도 뛰어나지 못했다. 심지어 말실수를 하는 경우도 더러 있었다. 그렇지만 겸손을 유지하는 태도 덕분에 내 의견은 여전히 광범위한 대중들의 지지를 받을 수 있었다."

겸손한 태도로 자기의견을 표현하면 상대방도 당신의 의견을 편하게 받아들일 수 있다. 겸손함과 신중함이야말로 성공으로 이르는 필수덕목이다.

기원전 2000년경에 이집트 아케나톤 국왕이 아들에게 했던 충고가 있다. 이 충고는 오늘날 우리들에게도 진한 여운을 남긴다. 지금으로부터 4000여년 전 어느 오후, 아케나톤은 연회에서 이렇게 말했다.

"겸손해라. 겸손하면 당신의 요구가 다 이루어진다."

🌿 진심으로 상대방을 감동시켜라

자기과시를 지나치게 즐기는 사람들이 있다. 이들은 자신의 넘치는 재능과 우월한 조건 때문에 스스로 최고라는 생각에 사로잡혀 다른 사람들은 안중에도 없다.

아기 돼지와 양, 젖소가 같은 축사에서 함께 살고 있었다.

어느 날 농장주가 아기 돼지를 잡으려고 하자 돼지가 거세게 저항하며 서럽게 울어댔다.

이를 지켜보던 양과 젖소가 귀찮다는 듯 소곤댔다.

"주인은 항상 우리를 잡지 못해 안달이라니까. 하지만 우리는 저렇게까지 소리 지르지는 않는데."

그러자 아기 돼지가 원망스러운 표정으로 말했다.

"주인이 너희들을 잡아가는 거하고 나를 잡아가는 건 완전히 차원이 달라. 너희들은 털과 우유만 주면 되지만 나는 내 목숨을 완전히 바쳐야 한달 말야!"

흔히 사람들은 타인의 입장과 처지를 잘 이해하지 못한다. 다른 사람들의 좌절, 실의, 고통에 대해 강 건너 불구경하듯 여길 게 아니라 상대방의 입장을 감안해 실질적이고 필요한 도움을 줄 수 있어야 한다.

매사를 자기 위주로 생각하고 상대방을 배려하지 않는다면 상대방은 당신의 진면목을 확인하는 순간 당신의 인간성에 대해 갖고 있던 신뢰를 완전히 깨버릴 것이다.

모든 사람들이 당신을 눈엣가시로 여기고 기피한다면 당신이 아무리 날고뛰는 재주를 가지고 있어도 사회에 설 공간을 잃어버리고 매장되어버린다.

인간은 공동체 속에서 살아가는 동물이다. 혼자 힘만으로는 살아갈 수 없다. 다른 사람들과 서로 협력하고 도움을 주고받아야 함께 발전하고 번영할 수 있는 법이다.

과거 히틀러는 민심을 부여잡기 위해 이런 연설을 남겼다.

"내가 바라는 것은 추종자가 아니라 동반자입니다!"

머리가 좋았던 히틀러는 위대한 사업을 성취하기 위해서는 광범위한 대중의 지지가 뒷받침되어야 하며, 혼자 힘으로는 정세를 변화시킬 수 없다는 사실을 잘 알고 있었던 것이다.

타인의 신뢰를 얻으려면 상대방에게 자신의 의견을 받아들이라고 강요할 것이 아니라 상대방이 감동해서 저절로 당신에게 동화되도록 해야 한다. "말을 물가로 끌고 갈 수는 있어도 억지로 물을 먹일 수는 없다"는 속담이 있지 않은가.

그렇다면 어떻게 해야 할까? 방법은 의외로 간단하다. 강요나 집착을 버리고 겸손한 태도와 유연한 자세로 상대방을 감동시키면 된다.

불필요한 소모성 논쟁이나 억지스러운 방법은 더이상 통하지 않는다. 겸손하고 공손한 태도로 접근해야만 상대방의 마음을 열 수 있고 서로 간의 신뢰를 자연스럽게 조성해나갈 수 있다.

품행이 바른 사람과 사귀어라

자신의 명성을 중요하게 여긴다면 품행이 바른 친구와 교제해야 한다.
불량 친구와 교제하느니 외톨이로 지내는 게 낫다.

어떤 사람에게 다가가야 할까?

워싱턴은 말했다.

"자신의 명성을 중요하게 여긴다면 품행이 바른 친구와 교제해야 한다. 불량 친구와 교제하느니 외톨이로 지내는 게 낫다."

인생의 성공과 발전 여부는 당신이 어떤 친구들과 어울리는지에서 결정된다. 품행이 바르고 모든 일에 노력하는 친구들과 교제하면 서로 격려하고 긍정적인 영향을 끼치는 분위기 속에서 나날이 발전해갈 수 있다.

그러나 놀기 좋아하는 현실안주형 친구들과 가까이 지내면 당신의 미래도 점점 어두워질 수밖에 없다.

진실하고 가치 있는 친구는 비옥한 대지와도 같아서 당신이 우정이라는 씨앗을 뿌리면 무한한 수확의 기쁨을 가져다준다. 이러한 친구는 너무 많을 필요도 없다. '진정한 친구 한 명과의 우정이 수백 명과의 형식적인 만남보다 낫다'는 말도 있듯이 말이다. 나에게 주어진 소중한 시간과 역량을 술친구와 흥청망청 어울리며 허비하기에는 너무 아깝지 않은가.

막 종교계에 귀의한 네 명의 목사가 있었다. 그들은 인삼과人蔘果의 맛이 궁금해서 각자 인삼과를 먹어본 적이 있다는 예수와 그의 사제들을 찾아갔다.

첫 번째 목사가 돌아와서 말했다.

"인삼과는 달고 향긋해서 참 맛있습니다."

두 번째 목사도 동조했다.

"정말 그래요."

세 번째 목사도 찬성한다는 듯 연신 고개를 끄덕거렸다.

그러나 네 번째 목사는 의견이 달랐다.

"아닙니다. 인삼과는 물컹물컹해서 별로 특별한 맛이 없습니다."

그는 다른 사람들과 한참 실랑이를 하다가 결국 시비를 가리고자 하느님을 찾아갔다.

하느님은 잠시 생각에 잠기더니 질문을 던졌다.

"너희들은 누구에게 가르침을 청했느냐?"

첫 번째 목사가 대답했다.

"예수에게 물었습니다."

두 번째 목사가 대답했다.

"저는 첫 번째 사제에게 물었습니다."

세 번째 목사가 대답했다.

"저는 두 번째 사제에게 물었습니다."

그러자 하느님이 네 번째 목사에게 물었다.

"그렇다면 너는?"

"저는 세 번째 사제에게 물었습니다."

대답을 들은 하느님은 그제야 비로소 살며시 미소를 지으며 말했다.

"어쩐지. 애당초 세 번째 사제는 인삼과를 먹을 때 맛을 음미하지 않고 그냥 삼킨 것이었다. 그러니 그가 그 참 맛을 알 턱이 있겠느냐?"

적극적인 사람과 가까이 하면 당신도 열정과 활력이 샘솟는다. 긍정적인 사람과 함께 있으면 당신도 즐거워진다. 똑같은 문제라도 서로 다른 마음을 가지고 바라보면 각기 다른 답안이 나오게 마련이다. 당신이 평소 가깝게 지내는 친구의 모습이 당신의 모습 속에도 고스란히 담긴다는 점을 기억하라.

🌿 아무하고나 친구하지 마라

진로 선택, 배우자 선택, 그리고 친구 선택은 인생에서 가장 중요한 선택이다. 여기에서 신중하지 못하면 쓰디쓴 열매를 씹어 삼켜야 한다.

친구를 사귈 때는 분별력이 있어야 하고, 친구를 선택할 때는 인연을 중시해야 한다. 친구란 서로 도와주고 서로의 발전을 격려하며 인생의 고난을 함께 나누어 짊어질 수 있어야 한다. 친구 사귀기에 신중하지 못하면 평생 지우지 못할 인생의 오점을 남길 것이다.

아기 호랑이를 재미 삼아 키우던 사람이 있었다. 그런데 그 호랑이는 자라면서 본연의 야성이 되살아나 그의 아들을 물어 죽였다. 이는 품 안에서 재앙의 씨앗을 키운 대표적인 일화다. 세상에는 이 '아기 호랑이' 같은 존재들이 많다. 그들은 미성숙한 단계에서는 천사의 탈을 쓰고 얌전한 얼굴을 하고 있지만 그들의 내면에는 '야성적인' 본능이 잠재되어 있어서 일단 기회가 무르익고 어느 정도 성장하면 주인의 자리를 넘보기에 이른다. 따라서 이처럼 공격적인 야심과 본능을 지닌 사람은 반드시 경계하고 멀리해야 한다.

'부족할지언정 아무거나 막 쓸 수는 없다'라는 말이 있다. 친구가 없으면 없었지 닥치는 대로 아무하고나 우정을 나누지 마라는 의미다. 우정은 순수한 감정이기 때문에 진실한 마음을 전제로 해야 하고 이성과 규범을 바탕으로 정성껏 가꾸어나가야 한다. 신중하게 친구를 선택하는 것도 일종의 학문이다.

세상을 살아가는 데 있어 친구란 꼭 필요한 존재. 그러한 친구에는 다음과 같은 여러 등급이 있다.

- **진실한 친구** : 서로에게 진실하고 마음이 통하는 사이로 고난과 기쁨을 함께할 수 있는 친구다. 가장 소중하고 진실한 평생지기平生知己 우정을 쌓아나가라.

- **사업친구** : 사업상의 시너지 창출을 위해 신뢰와 지원관계를 바탕으로 구축된 친구다. 사업을 하는 데 없어서는 안 될 지주와도 같은 존재다.

- **오락친구** : 문화적인 코드와 취향이 잘 맞아서 함께 취미생활을 즐길 수 있는 친구다. 일에 지장을 줄 수 있기 때문에 이러한 친구들과는 너무 빈번하게 교제하지 않는 게 좋다.

- **술친구** : 단순히 함께 먹고 마시고 놀기 위해서 맺어진 친구다. 먼 장래는 생각하지 않고 목전의 향락추구에만 매달린다. 이러한 만남은 최대한 자제하는 게 좋다.

- **이해타산적인 친구** : 상대방이 자신에게 노움이 될 때는 서로 어깨를 토다거리며 친구 운운하다가 상대방의 지위가 별 볼일 없어지면 길에서 만나도 모른 척 지나가 버리는 이중인격적인 친구다. 이러한 친구와는 미련 없이 절교하라.

- **교활한 친구** : 모종의 목표를 이루기 위해서 온갖 미사여구와 가식적인 감정으로 상대방의 환심을 산 후 어느 정도 관계가 형성되면 상대방을 악용하는 친구다. 이런 사람들은 겉으로만 봐서는 상대방을 꼼짝 못하

게 할 정도로 다정다감하고 친절하다. 이런 '친구'와는 단호하게 관계
를 끊고 돌아서라.

물은 배를 띄우기도 하지만 배를 뒤집을 수도 있다. 친구 역시 마찬가
지다. 많은 사람들이 친구 덕에 사업에서 성공하지만 친구 때문에 무너져
재기불능의 상태에 빠지기도 한다. 어떤 친구를 사귈지, 어떻게 우정을
유지할지는 당신이 평생 동안 터득해나가야 할 학문이다.

좋은 친구를 사귀려면 지피지기로 승부하라

적을 알고 나를 알면 백전백승하고, 적을 모르고 나만 알면 반쪽짜리
승리만 얻을 수 있을 뿐이며, 적도 모르고 나도 모르면 항상 패배한다.

지피지기知彼知己는 인생 최고의 처세술 중 하나다. 이는 친구와의 관계
에도 적용될 수 있다. 즉, 나 자신과 상대방을 모두 잘 이해하고 있어야
진정한 우정을 건질 수 있다는 말이다.

친구를 사귀려면 좋은 친구를 사귀어야 한다. 좋은 친구를 식별하는 데
필요한 것이 바로 '지피지기' 정신이다.

친구를 사귀기 전에는 우선 상대방의 취향, 기호, 이상과 목표 등을 파
악해봐야 한다. 길이 다르면 서로 깊게 어울릴 수 없다. 취향이나 기호가
잘 맞고, 지향하는 바가 같아야 서로 마음이 통해서 좋은 친구관계로 발
전할 수 있다.

창고 문 위에 단단한 자물쇠가 채워져 있었다. 두꺼운 쇠막대기가 자물
쇠 열기는 식은 죽 먹기라며 자신 있게 나섰다. 그러나 아무리 비틀고 두

드리고 힘을 줘봐도 자물쇠는 꿈쩍도 하지 않았다.

보다 못한 톱이 자청하고 나섰지만 이리저리 밀고 당기며 용을 써봐도 자물쇠는 그대로 단단히 문에 매달려 있을 뿐이었다.

이때 볼품없는 열쇠 하나가 조용히 나타났다. 납작하고 비틀어진 것이 바람이 불면 금방이라도 날아갈 듯 비실비실해 보였다. 그런데 그 열쇠가 구멍 안으로 쏙 들어가자 단단하게 잠겨 있던 자물쇠가 스르르 열리는 게 아닌가.

"어떻게 한 거지?"

쇠막대기와 톱이 어리둥절한 표정으로 물었다.

"난 자물쇠의 마음을 가장 잘 알거든."

열쇠가 나긋나긋하게 대답했다.

당신은 친구의 마음을 얼마나 잘 헤아리고 있는가? 친구가 처한 상황을 얼마나 세심하게 배려하고 있는가? 이것이 바로 친구 사귀기의 기본조건이다.

사실 자기 자신을 이해하거나 상대방을 이해한다는 것은 그다지 어려운 일이 아니다. 문제는 나와 상대방의 사회적 지위, 업무, 집안 경제사정 등이 계속해서 변한다는 사실이다. 이것이 바로 친구를 사귈 때 부딪치는 난관이다.

어떻게 해야 상대방을 잘 이해하는 친구가 될 수 있을까? 다음을 한번 참고해보자.

■ 고통은 우정을 걸러내는 필터다.

고통을 분담하는 친구야말로 진정한 친구라는 말이 있다. 실제로 그렇다.

속담에도 '고통을 겪어봐야 진심을 알 수 있다'고 하지 않았던가. 발자크도 이런 말을 남겼다.

"재수 없는 일을 당했을 때 적어도 한 가지 좋은 점이 있다. 누가 나의 진실한 친구인지 구분할 수 있다는 것이다."

■ 먼 길을 걸어봐야 말의 힘을 알 수 있고, 세월이 흘러야 사람의 마음을 알 수 있다(오래 묵혀야 진심이 드러난다).

진정한 우정이란 서로의 처지, 지위, 경제조건 등에 변화가 생겨도 전혀 흔들림 없는 것을 말한다. 시간의 시련을 견뎌낼 수 있는 친구야말로 정말 신뢰할 수 있는 친구다.

■ 상대방의 진면목을 꿰뚫어 볼 수 있어야 한다.

깊게 교제하지 않는 사람의 성격과 인품을 파악한다는 것은 그리 쉬운 일이 아니다. 이해타산적이고 세상물정에 밝은 사람들은 평소 자신의 진짜 성품을 드러내지 않는다. 이런 사람들은 경계대상 1호다. 늘 주의 깊게 관찰해서 가면 속에 감춰진 본질을 바라볼 수 있어야 한다.

■ 이해관계 따지기로 우정의 깊이를 측량해본다.

나의 진짜 친구는 누구이고, 가식적인 친구는 누구일까? 이 문제에 대한 해답은 중요한 순간이 닥치기 전까지는 정확하게 찾아내기 힘들다. 연애 경험담이나 술자리 수다같이 가벼운 화젯거리로 이뤄진 대화만으로는 진짜 우정을 가려낼 수 없다. 그러나 이해관계와 관련된 보다 심각한 문제를 다룰 때 우정의 진위는 확실히 판가름 난다.

'친구를 얻기는 쉽지만 평생지기를 만나기란 어렵다'라는 속담이 있다. 평생지기 친구는 당신 주변의 많은 친구들 중에서 거르고 걸러 마지막까지 남아 있는 친구다. 친구를 선택할 때에는 적과 친구를 혼동하지 말고 확실히 구분할 수 있어야 한다. 정확하게 가려내지 못하면 이후 당신은 커다란 곤욕을 치르게 될지도 모른다.

그러므로 친구를 사귈 때는 우선 자신을 확실히 이해하고 더불어 상대방까지 잘 알아야 한다. 상대방을 볼 줄 아는 안목만 키운다면 당신은 수많은 인파 속에서 소중한 평생지기들을 여럿 건져 올릴 수 있을 것이다.

소인을 멀리하고 군자와 가까이 지내라

군자는 넓은 아량, 올곧은 성품, 큰 그림을 바라보는 혜안, 용감한 희생정신을 소유한 반면 소인들은 좁은 속내, 교활한 품성, 작은 것에 연연해하는 근시안적인 안목, 이기적인 태도를 지니고 있다. 두 그룹은 사회에서 쉽게 식별이 가능하다. 그 외에 일부 군자임을 가장한 '위선자'들이 있는데 그들은 풍부한 사회적 경험을 가지고 있어서 사회적 심리와 동향에 대해 동물적 감각을 자랑한다. 그래서 그들은 종종 천사의 탈을 쓰고 나타나 인간의 감정곡선을 이용해 사람들을 해치고 사회의 물을 흐려놓는다. 이러한 사람들을 알아보려면 어느 정도 시간이 필요하기에 조심하지 않으면 자칫 사기를 당하기 쉽다. 아예 대놓고 활보하는 소인배든 군자로 위장한 위선자든 모두 우리가 멀리해야 할 대상들이다.

어느 날 사자와 여우가 동시에 토끼 한 마리를 발견했다. 둘은 의논 끝에 함께 토끼를 잡기로 했다. 그들의 협공은 완벽했다. 사자가 토끼를 덮치고 여우가 앞으로 달려가 토끼를 물어 죽였던 것이다. 그런데 그 순간 욕심이 발동한 여우는 갑자기 사자와 토끼를 나눠 갖기 싫어졌다. 교활한 여우는 친절한 척 사자에게 말했다.

"친구야, 우리 저 큰 나무 밑으로 가서 즐겁게 포식해볼까?"

여우의 검은 속을 전혀 눈치 채지 못한 사자는 한달음에 달려갔고, 결국 여우가 미리 파놓은 구덩이에 빠지고 말았다. 그렇게 토끼는 여우의 독차지가 되었다.

이야기 속 여우같이 가식적인 동료와 교제를 하거나 동업을 하고 있다면 나중에 자승자박의 덫에 걸릴지도 모른다.

위선자들은 평소 도덕과 인정, 신용을 따지며 예의 바른 척 깍듯하게 행동한다. 그들은 화려한 사회경력을 기반으로 마치 바른 생활이 몸에 밴 듯 군자 흉내를 내고 다닌다. 자신의 본색을 남들이 눈치 채지 못하도록 꽁꽁 감춰야 하기 때문이다. 만일 그들의 과거사를 꼼꼼히 알아보지 않고 덜컥 믿음의 손을 내밀었다가는 큰코다치기 십상이다. 그들은 배후에서 기회를 노리고 있다가 각종 음모와 술수를 동원해서 자기 이익만 쏙쏙 빼서 챙겨간다. 그들이 쳐놓은 덫에 빠지면 작게는 재산손실부터 크게는 가산을 탕진하는 최악의 시나리오까지 연출된다. 그들은 이익이 이미 자기 손에 넘어왔거나 상대에게서 더이상 건져낼 게 없다고 생각되면 바로 본래의 악당기질을 내보이며 무정하게 돌아선다. 태도가 180도 돌변하면서 가면 속에 감춰두었던 원래 모습을 노골적으로 드러낸다. 그제야 속았다는 사실을 깨닫고 땅을 치며 후회해도 이미 엎질러진 물이다.

'보이는 곳에서 날아오는 창은 막기 쉽지만 몰래 쏘는 화살은 방어하기 힘들다.'

이러한 위선자들은 어찌 보면 우리 사회가 낳은 부산물이다. 여기저기 활개를 치며 다니는 그들을 우리는 언제 어디서 만나게 될지 모른다. 그러므로 친구를 사귈 때는 사전에 그 사람의 과거사, 사회적 배경, 사업상 경력, 인간성을 상세하게 알아봐야 한다. 그렇게 신중하지 않으면 사기 위험에 노출되기 쉽다. 사전조사 단계를 생략한 채 친구의 소개나 포장된 말만 믿고 가식적인 웃음에 넘어간다면 이후 상상조차 할 수 없는 손해와 실패가 당신을 덮칠 수 있음을 명심해야 할 것이다.

위선자들의 특징은 겉으로는 한없이 착실하고 성실해 보이지만 일단 이익을 챙길 때가 오면 온갖 속임수와 교활한 수단을 동원해 노골적으로 덤벼든다는 데 있다. 그들은 여론의 질타나 대중의 비웃음에도 아랑곳하지 않고 오직 자신의 목표를 위해서라면 수단과 방법을 가리지 않는다. 이런 사람들은 위장술에 뛰어나지만 어느 정도 함께 지내다보면 쉽게 감이 온다. 그러니 미심쩍은 부분이 있으면 함께 있는 동안에도 긴장을 늦추지 않고 유심히 관찰해야 한다.

위선자들은 본연의 악한 근성을 쉽게 고치지 못한다. 간혹 그들은 지난 날을 후회하는 것처럼 위장해서 사람들에게 자신이 과거의 잘못을 뉘우치고 새 출발을 하고 있다는 인상을 심어준다. 그렇게 해서 다시 한 번 상대방의 믿음을 얻어내는 것이다. 그러나 그들의 속셈은 따로 있다. 자신을 다시 믿어주고 동정표를 던져주는 사람들을 이용해 또다시 사기를 치러는 것이다. 게다가 이쯤 되면 그들이 취하는 행동과 수단은 예전보다 더욱 악랄하고 음흉해진다.

애초에 화근을 키우지 않으려면 위선적인 사람들에게는 절대로 우호의 손길을 내밀지 말고 경계해야 한다. 실수로 그들과 어울리게 되었다면 재물을 좀 잃게 되더라도 과감하게 관계를 청산하라. 그렇지 않으면 불행의 씨앗이 싹을 틔워 끊임없이 당신을 괴롭힐 것이다.

위선자와 소인배는 모두 사기꾼형이니 조심, 또 조심해야 한다.

🌿 향기 나는 사람과 친구하라

선한 사람들과 함께하면 마음이 선량해지고, 악한 사람들과 함께 있으면 그들의 사악함에 물든다.

한 행인이 길가에 수북이 쌓인 진흙더미를 발견했는데 거기에서 향기로운 냄새가 폴폴 퍼져 나오고 있었다. 신기하게 여긴 그는 흙 한 줌을 집으로 가져왔다. 그러자 은은하고 좋은 향기가 집 안 가득 퍼지기 시작했다. 그 행인은 호기심 반 놀라움 반으로 흙에게 물었다.

"너는 대도시에서 건너온 보물이니? 아니면 보기 드문 향료? 그것도 아니면 값비싼 재료?"

그러자 진흙이 대답했다.

"아뇨, 저는 그저 평범한 한 줌의 흙일 뿐이에요."

행인이 또 물었다.

"그러면 네 몸에서 퍼져 나오는 이 신기한 향기는 어디서 온 거지?"

흙이 말했다.

"예전에 장미꽃밭에서 장미들과 오랫동안 함께 지냈는데, 그 향기가 제 몸에 전해졌나 봐요."

누군가와 오랜 시간 어울리다보면 상대방의 향기가 나에게도 그대로 전해진다. 위 이야기의 흙처럼 장미와 가까이 지내면서 장미의 진한 향기를 흡수한다면 당신도 다른 사람들에게 아름다운 향기를 뿜어낼 수 있을 것이다.

먹을 가까이 하면 검어진다

선한 친구를 사귀면 난초화원에 들어가는 것과 같아서 시간이 지날수록 난초의 향에 완전히 동화된다. 반면 품행이 조악한 사람들과 친구가 되면 고래잡이 그물 속에 들어가는 것처럼 시간이 지날수록 자신도 어느새 그들의 비린내에 전염되어 점점 무뎌진다.

주변에 친구들이 많아도 같이 어울리는 친구들이 모두 저질이라면 발전적인 관계로 진전되기 힘들다. 질 낮은 친구들과의 만남을 계속 유지하다보면 당신의 성품 또한 점점 변질된다. 그런 친구들은 사업상으로도 당신의 발목을 잡고 의지력까지 약화시킬 것이다.

하지만 인품이 훌륭하고 의지가 강한 사람과 사귀면 당신도 좋은 방향으로 변해갈 것이다. 역량과 지혜가 눈에 띄게 늘어가고 재치와 기량이 더욱 탄탄하게 다져짐을 발견할 수 있다.

일상에서 타인과 밀접한 관계를 유지하지 못하고 인간에 대한 동정심이 부족하다면, 타인의 일에 관심을 가지거나 도움을 줄 수 없다면, 다른 사람의 고통을 분담하거나 그들의 기쁨을 함께할 수 없다면, 당신의 학식과 성과가 아무리 뛰어나다 해도 인생은 갈수록 차갑고 우울해질 것이다.

한편, 비교적 원칙적인 사람들에게 호감을 얻어두면 그들은 매사 일 처리가 공정하고 깔끔하기 때문에 설사 의견차이가 발생하더라도 당신을 진지하고 성실하게 대해준다. 비열한 사람을 정복하느니 고상한 사람과 논쟁을 벌이는 게 낫다. 비열한 사람들은 인간으로서 갖춰야 할 최소한의 책임감도 없다. 그러므로 그들에게 우리는 두 손 두 발 다 들게 된다. 악한 무리들 사이에서 우정이란 존재하지 않는다. 그들에게는 '정의'란 말이 무색하며, 그들이 내뱉는 말은 미사여구로 보기 좋게 포장되어 있다

해도 절대 믿을 수 없다. 명예와 긍지가 결핍되어 있는 사람은 되도록 멀리하라. 자신의 명예를 중시하지 않는 사람들은 도덕도 쉽게 보게 마련이다. 명예는 정직의 최고 경지다.

🌿 자기보다 우수한 사람들과 어울려라

유유상종이라는 말이 있다. 우수한 사람들과 친분을 맺으면 사고방식이나 수준이 비슷하게 높아진다. 인간은 '잡식성 동물'이라서 육체와 정신 모두 제각기 양분이 필요하다. 정신적인 양분은 다양한 사람들과의 만남과 교제에서 얻어지는데 자신보다 우수한 사람들과 사귀면 자기발전을 가속화할 수 있다.

미국 어느 농촌에 아서 화카라는 소년이 있었다. 우연히 잡지에서 유명 실업가들에 관한 기사를 접하게 된 열여덟의 소년은 그들의 삶을 좀더 심층적으로 알고자 하는 마음에 그들에게 조언을 구하고 싶어졌다. 어느 날 그는 무작정 뉴욕으로 상경했고, 아침 일곱 시에 윌리엄 B.아스터의 사무실에 도착했다. 화카는 체격이 건장한 짙은 눈썹의 윌리엄을 단번에 알아보았다. 그러나 윌리엄은 갑자기 찾아온 이 소년이 황당하고 귀찮았다.

소년이 물었다.

"어떻게 하면 백만장자가 될 수 있는지 알고 싶어요."

소년의 당돌한 질문에 그의 표정이 부드럽게 풀렸다. 두 사람은 한 시간가량 이야기를 나눴다. 그리고 윌리엄은 소년에게 반드시 찾아가 봐야 할 성공인사들의 목록을 적어주었다.

화카는 윌리엄이 적어준 대로 유명 기업인, 편집장, 은행가들을 만나러 돌아다녔다. 부자가 되는 비결에 대한 그들의 충고 전부가 그에게 유익하고 적절한 것은 아니었지만 일단 성공한 사람들과의 만남 자체가 그에게는 자신감을 충전시키는 계기가 되었다. 그는 그들의 성공비결들을 메모해두었다가 하나하나 실천해나갔다.

2년 후 스무 살의 청년으로 성장한 그는 도공으로 있던 공장의 소유자가 되었다. 그리고 24세 때는 한 농업기계 공장의 사장 자리를 차지하면서 불과 5년 만에 소원대로 백만장자로 거듭났다. 별 볼일 없어 보이던 이 시골출신 소년은 마침내 은행 이사회의 일원이 되면서 성공의 꿈을 차근차근 이루어갔다.

화카는 젊은 시절 뉴욕에서 배웠던 '유익한 벗들과 많이 교제하기'라는 인생의 기본신조를 실업계에서 활약하는 67년 동안 부단히 되새기며 실천해나갔다. 사업에서 성공한 인사들과의 지속적인 만남이 인생의 중요한 터닝포인트로 작용했던 것이다.

화이트White는 미국 인디애나 주 작은 마을의 철도전신사무소 신입사원이었다. 그는 16세 때 이미 그 분야에서 독보적인 존재가 되기로 결심했다. 27세가 되면서 관리소 소장직을 맡았고, 나중에는 서부합동전신회사에서 근무하다가 오하이오주 철도국장으로 승진했다.

그는 입학하는 아들에게 "학교에서는 좋은 친구들하고만 사귀렴. 능력 있는 친구들하고 어울리면 뭘 해도 성공한단다"라고 당부했다고 한다.

어떻게 보면 너무 유치하고 세속적으로 들릴지도 모른다. 그러나 오해하지 말기 바란다. 유능한 사람을 자신의 본보기로 삼는 것은 결코 부끄러운 일이 아니다. 친구는 책과 같다. 좋은 친구는 좋은 동반자인 동시에 자상한 스승이기도 하다.

유명인사들과 우정을 나누는 일은 한번에 백만 달러를 거머쥐는 것만큼 힘든 일이다. 그것은 그들이 너무 출중해서가 아니라 당신 자신이 쉽게 용기를 내지 못하고 자꾸 흔들리기 때문이다.

젊은 사람들이 종종 고배의 잔을 마시는 이유는 그들이 선배들과의 교류에 익숙하지 않기 때문이다. 제1차 세계대전 당시 프랑스 육군의 포슈Foch 원수가 이런 말을 했다.

"젊은이들은 세상살이에 노련한 중년의 인생선배를 적어도 한 명 이상은 사귀면서 자주 조언을 구해야 한다."

사가렛도 비슷한 말을 한 적이 있다.

"젊은이들을 위해 덕담 한마디하자면, 평소 자신보다 우월한 사람들과 함께 어울리고 행동하라고 부탁하고 싶다. 이는 학문에 있어서든 삶에 있어서든 정말 유익하다. 배움은 타인에 대한 정당한 존중의 방식이며 인생 최대의 즐거움이다."

그러나 사실 대부분의 사람들은 자기보다 뒤떨어지는 사람들과 교제하는 것을 더욱 선호한다. 이는 자기위안 차원의 행동이다. 그들과 함께하면 우월감이 생겨 우쭐해질지 모르나 실제로 자신보다 못한 사람들 사이에 파묻히다보면 아무것도 얻을 게 없다. 반면 자신보다 뛰어난 사람들과 섞여 지내면 그들에게 자극받아 삶이 더욱 성숙해질 수 있다.

결국 자기보다 뛰어난 친구들을 벤치마킹해서 부단히 자신을 독려하고 발전시키는 사람이 성공을 거머쥘 수 있다.

나보다 뛰어난 사람과의 만남을 자주 시도해보자. 이는 단순히 자신보다 돈이 더 많은 사람들과 교제하라는 의미가 아니다. 인격과 품행, 학문과 도덕 면에서 당신을 뛰어넘는 인물들과 휴먼 네트워크를 형성하고, 그들을 보며 당신의 삶에 유익한 자양분을 최대한 흡수하라는 뜻이다.

🌿 친구란 진실함에서 만들어진다

진정한 친구를 사귀는 것은 어렵지만 적을 만드는 것은 순식간이다.

진실함이야말로 인간의 마음을 여는 만능 열쇠다. 가식적인 웃음과 표정이 아닌 진심 어린 마음으로 상대에게 다가서야 한다.

삶에서 우리의 마음을 가장 아프게 하는 것은 진실이 담기지 않은 가식이다. 사람들은 남의 비위를 맞출 줄은 알면서도 진심으로 칭찬하는 방법은 잘 모른다. 진실함은 인간 사이의 자연스러운 소통을 유도하는 좋은 열쇠다.

잘나갈 때는 사람들이 몰려와 시끌벅적하다가도 실패했을 때는 썰물이 빠져나간 듯 주변이 썰렁해졌던 경험을 해본 적이 있을 것이다. 주변에 있던 친구가 진짜 친구인지 적인지는 당신이 좌절했을 때 드러난다.

그러나 일각에서는 이 세상에는 영원한 친구도 영원한 적도 없다고 한다. 적인지 친구인지는 상황에 따라 달라진다는 것이다. 이 말은 곧 사람들은 친구도 되고 적도 될 수 있다는 말이다. 보통 이익이 상충될 때는 친구도 적으로 돌변할 수도 있다는 게 그들의 주장이다.

"친구를 얻는 유일한 방법은 자신이 먼저 다른 이의 친구가 되는 것이다"라고 에머슨이 말했다.

만약 당신이 참된 친구를 사귀고 싶다면 우선 마음을 열고 친구를 위해 기꺼이 희생할 수 있어야 한다. 이것이 바로 인생의 지기를 찾는 필수조건이다.

1차 세계대전 당시 독일 군대가 벨기에의 마지막 방어선을 향해 진격하고 있었다. 벨기에 군대는 독일군에 의해 포위되었고 두 나라 군대는 격렬한 교전을 벌였다. 이때 벨기에 군대는 비밀리에 병사를 파견해 외부지원을 요청하면 그나마 포위망에서 벗어날 가능성이 있었고 그렇지 않으면 전군이 몰사할 상황이었다. 그래서 벨기에군 지휘관은 폴이라는 중사를 지명해 임무완성 명령을 내렸다. 이 소식을 들은 장교 헨델만이 다급히 지휘관을 찾아와 말했다.

"보고 드립니다, 대장님. 폴은 돌봐야 할 아내와 다섯 명의 아이들이 있습니다. 혹여 불상사라도 당하게 되면 그의 가정은 어떻게 합니까? 제가 아직 싱글이고 딸린 식구도 없으니 폴 대신 임무를 완성하겠습니다."

지휘관은 그의 요청을 받아들였고, 결국 헨델만은 생명의 위험을 무릅쓴 채 외부로 돌진해나갔다. 그러나 불행하게도 독일군의 총격으로 목숨을 잃고 말았다. 이 사실을 전해들은 폴은 죄책감에 시달렸다.

"헨델만이 나 대신 죽었으니 어떻게 그의 은혜에 보답해야 할 것인가?"

작가 홀러는 말했다.

"친구를 위해 죽는 것은 어렵지 않다. 어려운 것은 자신을 위해 죽음까지 선택할 수 있는 친구를 만나는 일이다."

친구와의 교제는 진실함을 바탕으로 해야 한다. 타인의 진실한 마음을 얻고 싶다면 다른 사람이 해주기만을 마냥 기다릴 게 아니라 먼저 베풀어라.

오늘날과 같은 치열한 생존경쟁 속에서는 친구의 도움이 더더욱 절실하다.

주변 사람들에게 좋은 친구로 남길 원한다면 절대 사리사욕을 채우기 위해 변절하지 말고, 자신의 원칙을 고수하며 진심으로 친구를 대해야 한다.

🌿 고통 속에 진짜 우정이 보인다

고통을 함께 나눌 수 있는 사람이 진짜 친구다. 힘들 때 위로하는 시늉만 하다가 조용히 증발해버리거나 이런저런 핑계를 대며 거절하는 사람은 이미 당신의 친구가 아니다.

어느 날 두 명의 친구가 산길을 걸어가고 있는데 갑자기 숲에서 곰이 나타났다. 느닷없는 곰의 등장에 그들은 어쩔 줄 몰라하다가 그중 한 친구가 길가에 있는 나무로 잽싸게 올라가서 가지 뒤에 몸을 숨겼다. 하지만 그렇게 민첩하지 못했던 다른 한 친구는 도망도 가지 못하고 그저 땅바닥에 누워 죽은 척할 수밖에 없었다.

드디어 곰이 다가와서 그의 주위를 맴돌며 냄새를 맡기 시작했다. 그가 숨을 죽이고 꼼짝도 하지 않자 곰은 이내 사라졌다. 곰은 죽은 사람은 건드리지 않기 때문이었다.

곰이 사라지자 나무 위에 숨었던 친구가 안도의 한숨을 내쉬며 내려왔다.

"방금 곰이 너한테 뭐라고 속삭이는 것 같던데 뭐라고 한 거야?"

"아, 그거?"

누워 있던 친구가 대답했다.

"위험이 닥쳤을 때 친구를 버리는 사람과는 상종도 하지 마라더군."

진정한 친구는 당신이 위험에 처했을 때 절대 수수방관하지 않는다.

예전에 영국 타임지는 '런던에서 로마까지 가는 가장 빠른 길은 무엇인가?'라는 문제를 게재해 독자들의 아이디어를 공모한 적이 있었다.

사람들은 대부분 지리적인 발상으로 답을 찾으려고 했다. 결국 모두 떨어지고 단 한 개의 답안만이 최종 낙점되었다. 답은 바로 '좋은 친구'였다.

좋은 친구와 함께 길을 가면 즐겁게 얘기를 나누며 갈 수 있기에 길이 멀기는커녕 심지어 너무 짧다고 아쉬워하게 될지도 모른다. 특히 삶의 방향을 두고 선택의 갈림길에 섰을 때, 좋은 친구는 마음이 약해져 갈팡질팡하는 당신 곁을 든든하게 지켜준다.

좋은 친구란

함께 웃고 울어줄 수 있는 사람이다.

당신의 장점과 단점을 진지하게 얘기해줄 수 있는 사람이다.

함께 역경을 헤쳐나가고, 즐거움을 함께할 수 있는 사람이다.

먼저 나서서 당신을 도와주고 당신의 도움도 기꺼이 받아주는 사람이다.

우리는 좋은 친구를 찾아 나서는 동시에 자신 또한 다른 사람들에게 좋은 친구가 되어줄 수 있는지 스스로 돌아볼 필요가 있다. 다른 사람의 좋은 친구가 되어주는 것이 좋은 친구 하나를 찾는 것보다 훨씬 쉽다.

당신은 인생의 길을 함께할 좋은 벗을 곁에 두고 있는가? 친구는 서로에게 버팀목이 되어줄 수 있어야 한다. '우정'이라는 양념으로 서로를 더욱 맛깔스럽게 숙성시켜줄 수 있는 친구를 만들어라.

🌿 진정한 우정은 오랜 시간의 시련도 거뜬히 견뎌내는 것이다

진정한 우정은 시간의 공백이 존재한다고 해서 그 색깔이 퇴색하지 않는다. 설령 친구가 머나먼 천국으로 먼저 떠났더라도 그를 마음속에 영원히 살려두는 것이 우정이다. 참된 친구를 소유한다는 것은 수많은 무형자산을 가진 것과 같다. 그런 사람들은 평소에도 충분히 신뢰할 만한 인품을 가지고 있다.

옛날 작은 섬 위에 쾌락, 비애, 지식, 사랑, 그리고 여러 감정들이 함께 살고 있었다. 어느 날 이들은 섬이 곧 가라앉을 거라는 소식을 듣고, 하나둘 배를 준비하여 떠날 채비를 했다. 그러나 유독 사랑만큼은 마지막 순간까지 섬에 남아 있고 싶어 했다.

며칠 후 작은 섬은 정말 금방이라도 물속으로 잠길 듯 위태위태해졌다. 그제야 사랑은 누군가에게 도움을 청해 섬에서 빠져나가야겠다는 생각이 들었다.

이때 부유富裕가 큰 배를 타고 지나가자 사랑이 그에게 부탁했다.

"나 좀 데려가면 안 되겠니?"

그러자 부유가 대답했다.

"안 돼. 내 배 위에는 금은보화가 잔뜩 있어서 너를 태울 공간이 없단 말야."

이어서 사랑은 화려하고 아담한 배를 타고 지나가는 허영虛榮을 발견했다.

"허영아, 나 좀 도와주렴!"

"안됐지만, 나는 도와줄 수 없어. 온몸이 흠뻑 젖은 네 모습 좀 봐. 아마 네가 올라오면 내 아름다운 배가 더러워질 거야."

잠시 후 슬픔이 다가오자 사랑은 그녀에게 애원했다.

"슬픔아, 나도 같이 데리고 가면 안 될까?"

"휴…… 사랑아, 미안하지만 난 지금 너무 슬프거든. 그냥 혼자 있게 내버려 둘래?"

뒤이어 쾌락이 사랑 쪽으로 가까이 다가왔지만 그녀는 행복에 너무 도취된 나머지 사랑의 애절한 외침을 듣지 못하고 그냥 지나쳐버렸다.

그때 어디선가 갑자기 "이쪽으로 와! 사랑아, 내가 너를 데려다줄게!" 하는 목소리가 들려왔다.

꽤 연륜 있어 보이는 점잖은 목소리였다. 이제 살았구나, 싶은 마음에 안도의 한숨을 내쉬던 사랑은 너무 기쁜 나머지 그의 이름을 물어보는 것을 깜빡하고 말았다. 육지에 도착하자 그 어른은 홀연히 사라져버렸다. 깊은 감동을 받은 사랑은 함께 타고 있던 지식 할아버지에게 물었다.

"저를 도와준 그분은 누구죠?"

"시간이란다."

지식 할아버지가 대답했다.

"시간이요?"

사랑은 의아했다.

"그분이 왜 저를 도와주셨나요?"

지식 할아버지는 살며시 미소 지으며 말했다.

"시간만이 사랑이 얼마나 위대한 것인지를 이해하고 있기 때문이지."

세월이 오래되면 진심을 알 수 있다. 진정한 우정은 시간의 모진 풍파에도 끄떡없어야 한다. 시간을 감싸고 있는 쓸모없는 껍질들을 깨끗이 벗겨내야 진실한 마음이 드러나는 법이다.

워싱턴은 우정을 이렇게 묘사했다.

"진정한 우정은 더디게 자라는 식물과 같다. 그것은 비바람의 시련을 견디면서 서서히 싹이 틔고 푸른 잎이 돋아나며 무성해져야 한다. 그래야만 우정이라고 부를 수 있다."

대부분의 경우 친구에게 격려의 말이나 감동적인 말을 들으면 마음 깊은 곳으로부터 전율과 감동을 느끼게 되고 이로써 인생의 중요한 전환점을 맞이하기도 한다.

세월이 흐르면서 점점 빛이 바래는 것이 아니라 오래된 포도주처럼 숙성시킬수록 그 맛을 더하는 것, 그게 바로 진짜 우정이다.

워싱턴 대통령에게 배우는
성공하는 사람들의
인간관계

악의를 품지 말고 냉정함을 유지하라

악의와 질투가 담긴 말을 자제하는 온순한 성품의 소유자가 되기 위해 노력하고,
감정이 격해질수록 냉정함을 유지해야 한다.

밧줄을 팽팽하게 당기되 채찍질은 자제하라

워싱턴의 명언 중 이런 말이 있다.

"악의와 질투가 담긴 말을 자제하는 온순한 성품의 소유자가 되기 위해 노력하고, 감정이 격해질수록 냉정함을 유지해야 한다."

워싱턴은 공정하고 투명한 성품의 소유자로 명성이 자자했다. 가장 위험하고 다급한 순간에도 그는 이성을 잃는 법이 없었다. 사람들은 그의 이러한 침착함을 원래 타고난 것이라고 여겼지만 사실 워싱턴도 알고 보면 성격이 매우 급한 사람이었다. 그의 여유와 차분함, 온화한 성품은 엄격한 자기통제를 통해 다듬어진 것이었다.

워싱턴의 전기를 쓴 작가는 그를 이렇게 평가하고 있다.

"워싱턴은 원래 감정의 기복이 심하고 쉽게 흥분하는 사람이었다. 하지만 그는 매 순간 놀라운 통제력을 발휘할 줄 알았다. 이는 오랜 훈련의 결과였으며, 우리는 그의 이러한 정신력과 매력에 빠져들지 않을 수 없다."

자신의 말이 상대방의 마음에 상처를 낼 정도로 예리하지 못하면 자신의 재능을 충분히 발휘하지 못한 것처럼 찜찜해하는 사람들이 있다. 이러한 비뚤어진 생각은 빨리 바로잡을 필요가 있다.

"밧줄을 팽팽하게 당기되 채찍질은 자제해야 한다."

가시 돋친 말 때문에 쓰라리고 고통스러워할 상대방의 마음을 헤아릴 줄 알아야 한다.

신랄하고 야박한 언행은 최대한 피하라. 대화의 화제는 광활한 대지처럼 자유롭게 활보할 수 있는 공간이 보장되어야 한다. 한길로 뻗은 직선 도로처럼 어느 한 곳만을 직시하며 달려들어서는 안 된다.

미국 서부출신의 귀족 두 명이 있었다. 그중 한 명은 평소 다른 사람을 희롱하는 것을 좋아했지만 집에 찾아온 손님들에게는 늘 풍성한 만찬을 대접했다. 또 다른 한 명은 만찬을 연 상대 귀족의 집에 초대되었던 사람들에게 이것저것 꼬치꼬치 캐묻는 걸 좋아했다.

"솔직히 말해봐. 저녁 파티에서 놀림 당한 사람 없었어?"

그러자 파티에 참석했던 누군가가 이러이러한 일이 있었다고 대답했다. 그러자 이 귀족이 말했다.

"내 진작에 알고 있었어. 그놈의 입이 좋은 음식 맛까지 버려놓을 줄 알았다고."

대화에서는 조리 있고 논리 정연하게 빈틈없이 다듬어진 언어로 접근하는 것보다 완곡하고 온화한 어조로 접근하는 것이 더욱 효과적이다. 언제 어디서나 겸손하고 공손한 어조로 대화해야 한다는 것은 예로부터 많은 사람들이 인정하고 수긍해온 일종의 불문율이다. 정중하고 예의 바른 사람이 되고 싶다면 어디서나 공손한 태도로 사람들을 대해야 한다. 그렇게 해야만 상대방에게 깍듯하고 교양 있는 이미지를 보여줄 수 있다.

습관적으로 다른 사람들을 비웃는 사람들은 아무리 소크라테스 뺨치는 달변가라 할지라도 속내를 들여다보면 질투와 증오, 이기심으로 가득 차 있다. 『성경』에 이런 이야기가 있다.

꿀벌이 하나님에게 꿀 한 주전자를 선물하자 하나님이 기뻐하며 말했다.

"고맙구나. 나도 너에게 선물을 하나 주마. 소원을 하나 말해보렴. 내 뭐든지 다 들어주도록 하지."

꿀벌은 한참을 생각하더니 대답했다.

"하나님, 저에게 사람들을 찔러 죽일 수 있는 날카로운 침을 하나 만들어주세요!"

꿀벌의 요구사항을 들은 하나님은 내심 기분이 언짢았지만 그렇다고 대놓고 화를 낼 수는 없었다. 이미 약속한 일을 번복할 수는 없지 않은가? 그래서 할 수 없이 승낙했다.

"좋다. 내 너에게 침을 하나 만들어주지. 그렇지만 한 가지 주의해야 할 게 있다. 네가 침으로 사람을 쏘아 그 침이 네 몸에서 뽑혀 나오는 날, 너의 목숨도 끝나느니라."

벌의 꽁지에 달린 침은 바로 이렇게 탄생한 것이었다.

다른 사람들의 약점을 잡아 비웃고 놀리기를 유난히 좋아하는 사람들이 있다. 또 어떤 사람들은 다른 사람들을 대할 때 툭하면 주먹부터 내밀려고 한다.

타인의 결점을 꼬집어내기 좋아하는 이기적이고 소심한 사람들은 인적 네트워크에서 그 행동반경이 매우 좁다. 꿀벌처럼 독침으로 상대방을 공격한다고 해서 그들의 승리가 보장되는 것은 아니다.

일상에서 충분한 인내심을 발휘하기 위해 노력하는 것이야말로 정말 중요한 삶의 지혜다.

작은 일에 화내지 마라

이 세상에 화를 한 번도 안 내본 사람은 없다. 포용력을 발휘하지 못하고 매사를 비관적으로만 바라본다면 당신의 일상에는 화내야 할 일투성이일 것이다.

하지만 침착하게 생각해보면 대부분 다른 사람, 다른 일 때문에 화가 나는 것이지 자신에게 잘못이 있어서 화가 나는 게 아니다. 당신의 화를 돋운 사람은 이미 멀리 가버렸는데 혼자서 화를 낸들 무슨 소용이 있겠는가? 당신을 화나게 한 일은 한참 전에 지나갔는데 이제 와서 화풀이한들 뭐가 달라지겠는가?

가끔 아무리 마음을 달래도 도저히 용인할 수 없어서 화가 나는 경우가 있다. 하지만 화를 내는 것은 결국 자기 몸에 해롭다. 스트레스나 울분이 쌓이면 심각한 질병으로 나타나기 때문이다.

사소한 일인데도 툭하면 화를 내는 한 부인이 있었다. 그녀 자신도 화내는 것이 별로 좋지 않다는 것을 잘 알고 있었지만 뜻대로 통제가 되지 않았다. 결국 신부님을 찾아가 자신의 행동에 대해 솔직하게 고백했다.

그녀의 이야기를 듣고 난 신부는 일언반구도 없이 그녀를 성당 안으로 데려가더니 문에다 자물쇠를 채우고 나가버렸다. 부인은 화가 나서 길길이 뛰며 온갖 욕을 퍼부었으나 신부는 전혀 신경 쓰지 않았다. 그러자 부인은 태도를 누그려뜨려 애원하기 시작했다. 하지만 신부는 여전히 모른 척했다. 결국 부인은 입을 다물고 침묵했다.

신부가 문 밖에서 그녀에게 물었다.

"아직도 화가 나십니까?"

부인이 대답했다.

"저는 단지 저 자신에게 화가 났을 뿐입니다. 그런데 여기서 이런 수모를 당해야만 하나요?"

"자기 자신도 용서하지 못하는 사람이 어떻게 마음의 평화를 되찾을 수 있겠습니까?"

그러더니 신부는 또다시 그녀를 외면하고 자리를 피했다.

잠시 후 신부가 다시 물었다.

"아직도 화가 납니까?"

"아뇨."

부인이 대답했다.

"왜죠?"

"화를 내도 별 뾰족한 수가 없잖아요."

"당신은 아직 화가 가시지 않았어요. 마음속에 눌러두고 있는 겁니다. 그게 폭발하면 더 격렬해질 수 있습니다."

신부는 이 말만 남기고 가버렸다.

이후 신부가 세 번째 찾아왔을 때 부인이 입을 열었다.

"더이상 화나지 않아요. 화를 낼 만한 가치가 없다는 걸 알았어요."

"아직도 화낼 가치가 있다 없다를 운운하시는군요. 그건 당신이 마음속으로 여전히 뭔가를 저울질하고 있다는 증거입니다. 화의 뿌리가 여전히 남아 있다는 것이죠."

신부가 웃으며 말했다.

시간이 지나고 석양이 질 무렵 문 밖에 신부의 그림자가 비쳤다. 그때 부인이 신부에게 물었다.

"신부님, 화가 도대체 뭔가요?"

그러자 신부가 갑자기 손에 들고 있던 찻물을 땅으로 쏟아냈다. 그 모습을 가만히 지켜보던 부인은 그제야 뭔가를 깨달은 듯했다.

굳이 화를 낼 필요가 있는가? 화는 다른 사람이 내뱉은 것을 당신의 입속으로 다시 집어넣는 행위다. 그것을 삼켜봤자 구역질만 날 뿐이다. 본체만체 모른 척하면 그냥 자연스럽게 사라져버릴 텐데 말이다.

화는 다른 사람의 잘못으로 자신을 징벌하는 어리석은 행동이다. 타인의 잘못으로 자신을 처벌하느니 당신의 고상한 언행으로 타인이 저지른 잘못의 저열함을 보여주는 게 낫다. 타인의 잘못으로 자신을 처벌하느니 당신의 아름다운 미덕으로 타인이 보여주는 예의의 결함을 드러내는 게 낫다.

작은 일에 화내느라 힘을 소모하지 마라. 화는 결국 당신 스스로를 고통스럽게 하고 즐거웠던 마음에 어두운 그림자를 드리운다. 화를 참고 극복하는 방법은 당신의 마음속을 낙천성, 열린 마음, 넓은 아량, 너그러움으로 가득 채워넣는 것이다.

화를 잘 내는 것은 천성인가?

대부분의 사람들은 화를 낸 후 "난 원래 천성이 그래", "나도 어쩔 수 없어" 등 스스로를 위한 핑곗거리를 만드는 데 익숙하다. 그렇게 말함으로써 상대방의 용서와 이해를 구해보려고 한다. 가끔 이런 행동을 하는 사람들에게 우리는 그가 핑계를 댄다고 비웃을지도 모른다. 하지만 그 사람이 거의 습관처럼 반복적으로 그런 말을 해서 우리 귀에 인이 박힐 정도가 된다면 우리도 슬슬 의구심이 들 것이다. 과연 그 사람이 정말 천성적으로 불같은 성격을 타고난 것일까?

매사에 신경질적으로 행동하는 사람이 있었다. 자신의 성격에 문제가 있다고 여긴 그는 성격개조 방법에 대한 조언을 구하기 위해 한 성당을 찾았다.

신부님이 물었다.

"원래 천성적으로 그런 특이한 성격을 가지고 태어났다고요? 그럼 실례지만 그 괴팍한 성질을 지금 가져오셨습니까? 저에게 꺼내서 좀 보여주시죠. 제가 보고 나서 고쳐드리겠습니다."

그러자 그가 대답했다.

"오늘은 가져오지 않았습니다. 뭔가 일이 터져야 밖으로 표출되거든요."

신부가 그의 말을 받았다.

"그렇다면 당신의 그 성격은 태어나면서부터 있었던 게 아닙니다. 어떤 일을 당할 때마다 당신 스스로 만들어내는 것이지요. 그때 당신이 그것들이 밖으로 나오지 못하도록 스스로 통제한다면 신경질을 부리는 일은 결코 없을 것입니다. 게다가 자신의 못된 성질을 부모님이 물려주신 거라고 책임전가한다면 그것 또한 부모님에 대한 불효가 아니고 뭐겠습니까?"

그러자 그는 신부의 말에 수긍한 듯 고개조차 들지 못했다.

답은 매우 간단하다. 이 세상에 천성적으로 신경질적인 사람은 없다. 누구든 마음만 있으면 자신이 가지고 있는 어떤 불량한 습관도 다 고칠 수 있다.

신경질적인 태도와 천성의 무관함은 과학적으로도 이미 입증된 사실이다. 과학자들의 주장에 따르면 인간이 화를 쉽게 내는 것은 대뇌의 신경계통과 밀접한 관련이 있다고 한다. 11세 전후의 청소년들은 대뇌 속 전두엽 피질이 한창 발육하는 단계를 거치면서 신경연결 시스템에 커다란 변화를 겪게 된다. 이때에 대뇌 전두엽 피질은 감정이나 도덕 등 정서적인 면에 많은 영향을 끼치며, 충동적인 행동을 유발하기도 한다. 대뇌의 다른 부분들은 보통 이 연령대 전에 이미 기본적으로 발육이 끝나지만 전두엽은 가장 늦게 진화되는 부분이라서 청소년기 전반에 걸쳐 발육이 진행된다. 청소년 시기에 감정이나 판단이상, 각종 욕망과 자극 등 예측할 수 없는 일탈행위들을 겪게 되는 것도 바로 전두엽이 완전히 성숙되지 않았기 때문이다. 만약 이 시기를 별 탈 없이 잘 넘기면 전두엽의 발달로 통제력이 생겨서 모든 게 정상으로 회복된다. 이것으로 볼 때 어린아이들이 책임전가를 위해 핑계를 대는 것은 어느 정도 용납해도, 어른이 되어서까지 천성을 들먹이며 자신의 신경질적인 태도를 두둔하려는 것은 말이 되지 않는다.

신경질적이고 화를 잘 내는 사람들에겐 마음의 안정이 필요하다. 이들은 우선 '화는 천성적이다'라는 생각부터 벗어던지고 자기수양에 정진함으로써 내면의 평온함을 찾아야 할 것이다.

❀ 분노 삭이는 법을 배워라

당신의 신경질적인 성격을 고치는 가장 효과적인 방법은 자신이 왜 툭하면 화를 내는지 그 이유를 돌아보는 것이다. 보통 화를 낼 때는 다음과 같은 심리적인 이유가 작용한다.

힘든 좌절의 순간을 마주하게 되면 당신은 아마 자신의 감정을 컨트롤하지 못하고 화부터 낼 것이다. 그렇게 해서 책임을 떠넘기거나 역경의 늪에서 빠져나오려면 그 순간만큼은 속이 편해지기 때문이다. 아니면 젊은이나 아랫사람들에게 신경질적이고 공격적인 태도로 대함으로써 자신에 대한 복종을 강요하는 경우도 있다. 이때 당신의 분노 섞인 모습은 상대방으로 하여금 '내가 도대체 뭘 잘못해서 저 사람의 화를 돋우었지?'라는 의문을 품게 하고 심지어 괴로움과 자책감까지 들도록 한다.

분노는 어떠한 심리적 보상도 받을 수 없다. 인간을 더욱 나약하게 만들 뿐이다. 심리학적인 관점에서 볼 때 분노는 사랑의 관계를 깨뜨리고 인간 사이의 정신적 소통을 방해할 뿐 아니라 죄책감과 우울함을 유발해 당신의 삶 전반에 악영향을 끼친다.

쉽게 화를 내는 습관은 대부분 어린 시절에 형성된다. 어른으로 성장하면서 신경질적인 성격까지 그대로 딸려오는 것이다.

타인에게 신경질적인 언행을 취하는 것은 상대방의 선택의 자유를 제한하는 행동이다. 화를 냄으로써 상대방이 당신의 의도대로 행동해주기를 바라겠지만 결국은 둘 사이 감정의 골만 더욱 깊어지게 하는 결과를 낳는다.

미국의 아이젠하워Dwight D. Eisenhower 대통령은 장군 시절, 매우 자상한 리더였다. 어느 날 그는 병사 두 명이 싸우는 장면을 목격했다. 아이젠하워는 그들을 사무실로 불러들여 명령했다.

"자네 둘이서 여기 유리창을 깨끗하게 닦아놓게. 한 사람은 밖에서 한 사람은 안에서 닦도록."

그들은 썩 내키지 않았지만 상관의 명령이니 복종할 수밖에 없었다. 서로 마주하고 유리창을 닦던 두 사람은 분노와 원망이 담긴 눈빛으로 서로를 노려보았다. 그러다보니 얼굴표정이 우스꽝스럽게 일그러졌다. 그들은 상대방의 추한 얼굴표정을 대하면서 서서히 '내 얼굴도 저렇게 혐오스러울까'라는 생각이 들기 시작했다. 어느덧 그들은 분노로 들끓었던 마음을 가라앉히고 방금 전의 싸움에 대해서 돌아보게 되었다. 사실 정말 사소한 일로 시작된 다툼이었다. 결국 유리창 하나를 사이에 두고 둘은 웃음을 터뜨렸고, 그로 인해 서로에 대한 적대감은 일순간에 사라졌다. 그 뒤로 두 사람은 좋은 친구 사이로 발전했다고 한다.

간섭 없이 자유로울 수 있을 때, 그리고 순간의 분노로 흥분하지 않고 작은 고민에 연연해하지 않는 여유를 가지게 되었을 때, 우리는 비로소 마음의 안정을 누릴 수 있다.

분노를 없애는 궁극적인 방법은 다른 각도에서 생각해보려고 노력하는 것이다. 예를 들어, 상대방이 정말 잘못했는데도 당신의 의견을 무시한다면 당신은 '어리석은 사람은 내가 아니라 당신이야'라고 바꿔서 생각해볼 수 있다. 타인의 언행과 사고가 당신의 감정을 지배하도록 내버려 두지 마라. 그래야만 분노 때문에 자기 자신을 해치는 일을 피할 수 있고, 마음의 평화에 도달할 수 있다.

🌿 자기감정을 스스로 컨트롤하라

당신은 평소에 화를 잘 내는 편인가? 그렇다면 일시적인 분노의 폭발 때문에 공들여 쌓은 탑이 무너질 수도 있음을 명심해야 한다. 한순간의 실수로 오랜 시간 정성을 들였던 일이 물거품이 될 수도 있다는 의미다. 간혹 화가 나서 내뱉은 말 한마디가 심각한 파문을 일으키기도 한다. 또한 많은 사람들이 분노로 인한 극도의 흥분으로 목숨을 잃는다. 실제로 분노는 각종 질병의 원인이 되고 있다.

웹스터Webster는 이런 말을 했다.

"침착함을 유지해야 한다. 어떤 이유에서건 분노는 합당하지 않기 때문이다.”

조지 허버트George Herbert는 “토론을 할 때는 부드럽고 평화적인 분위기를 유지하라. 지나친 광분은 작은 오류도 큰 실수로 부풀리고, 진리를 우스운 궤변으로 전락시킨다”고 말한 바 있다.

한 사람의 내재적인 역량을 가늠할 수 있는 척도는 자기감정으로 타인을 정복하는 능력이 아니라 자기감정의 기복을 스스로 통제할 수 있는 능력이다.

성질이 못된 남자아이가 있었다. 어느 날 그의 아버지가 그에게 못 한 주머니를 쥐어주면서 신경질이 날 때마다 뒤뜰 울타리에 못을 한 개씩 박으라고 했다. 첫날, 아이는 무려 37개의 못을 박았다. 그런데 그 뒤로 하루에 못을 박는 횟수가 서서히 줄어들기 시작했다. 왜냐하면 어느 순간부터 자신의 화를 삭이는 것이 못을 박는 것보다 훨씬 쉽다는 사실을 깨달았기 때문이다. 그러는 사이 아이는 더이상 참지 못하고 화부터 버럭 내는 습관이 없어졌다. 그래서 아버지에게 달려가 이 사실을 알렸다. 그랬더니 그의 아버지는 지금부터는 화를 한 번 참을 때마다 못을 하나씩 빼내라고 했다. 하루하루 시간이 지나고 아이는 결국 울타리에 박혀 있던 못들을 전부 빼내기에 이르렀다.

이 사실을 전해들은 아버지는 아들의 손을 잡고 뒤뜰로 가 이렇게 말했다.

“내 착한 아들, 정말 잘 해냈구나. 하지만 저기 울타리 위에 뚫린 구멍들을 좀 보렴. 이 울타리를 더이상 예전의 깨끗한 모습으로 되돌릴 수 없게 되었구나. 네가 화가 나서 내뱉는 말들도 결국 이 못들처럼 지울 수 없는 상처자국을 남긴단다. 네가 칼을 들고 다른 사람의 마음을 들쑤신 적이 있었다면 네가 아무리 미안하다고 말해도 그 상처는 영원히 남는 거란다. 말로 인해 입은 상처도 진짜 상처와 마찬가지로 쓰리고 괴로운 거야."

세상에는 자기감정에 대한 통제력이 부족한 사람들이 많다. 그들은 욕망을 자제하지 못하고 늘 감정에 이끌려 다닌다. 즉, 슬플 때든 기쁠 때든 너무나 헤프게 감정표현을 한다. 반면 감정을 자제할 줄 아는 사람들은 절대 감정의 지배를 받지 않는다. 그들은 강인한 의지로 절망을 이겨내는 한편, 순간적인 기쁨에 도취되어 지나치게 동요하지도 않는다. 지나친 흥분과 절망 모두 인간을 불행의 나락으로 빠뜨릴 수 있기 때문이다. 어떤 사람들은 성격이 급해서라는 핑계로 자신의 잘못이나 어리석은 행동에 대해서 용서를 구하려고 한다. 하지만 자기 자신을 잘 제어하는 사람들은 화를 누그러뜨리고 분노로 인한 흥분을 악행이 아닌 선행의 원동력으로 전환시킨다. 그렇게 통제된 분노는 중요한 역량으로 대체되어 오히려 일을 추진하는 유용한 에너지로 활용되기도 한다. 마치 증기기관의 열기가 차를 움직이는 에너지로 전환되는 것처럼 말이다.

자기통제력을 상실해버린 사람은 한순간에 모든 것을 잃어버리게 된다. 절제력을 상실하면 참을성도 없어지고 심지어 자신을 관리하는 능력 또한 점점 사라진다. 그렇게 되면 그 사람은 자신에 대한 믿음을 저버리게 되고, 결국 의지와 능력, 식견까지 모두 상실해버리는 비극적인 상황을 맞게 된다.

당신은 노골적으로 당한 모욕 때문에 얼굴이 창백해지고 입술이 떨리면서도 아무렇지 않은 듯 상대방을 대하는 사람을 본 적이 있는가? 속으로는 매우 고통스러운데도 불구하고 자기감정을 통제하며 태연해 보이려고 애쓰는 사람을 본 적이 있는가? 매일 절망과 좌절에 시달리면서도 내색하지 않고 단 한 번도 자신을 해친 자에 대해 험담하지 않는 사람을 본 적이 있는가? 이것이 바로 힘이다. 그런 사람들이야말로 진정한 내면의 힘을 가진 사람들이다.

가슴 가득 분노와 흥분이 타오르는데도 늘 담담한 태도를 유지할 수 있는 사람, 분노가 치밀어도 유연한 태도를 보이며 속을 있는 그대로 드러내지 않는 사람, 자기 자신에게는 차갑고 엄격하면서도 타인에게는 항상 부드럽고 관대한 사람, 이런 사람이야말로 진정한 강자이며 정신세계를 이끄는 영웅이다.

자신을 정복하는 것, 이는 인류가 누려야 할 가장 위대한 마지막 승리이다.

🌿 자신의 언행을 이성적으로 극복하라

우리는 하루에도 몇 번씩 '자유'가 마치 최고의 영예인 양 떠받드는 사람들을 만나게 된다. 사실 좀더 넓게 바라본다면 자유는 최고의 영예가 아니라 일종의 동물적인 속성일 뿐이다. 아무리 위대하고 인내심이 강한 사람이라도 바다 속 물고기만큼 자유로울 수는 없다. 사람은 해야 할 일과 하지 말아야 할 일이 확연하게 구분되어 있는 반면, 물고기는 자유롭게 왔다 갔다 하면서 마음대로 살 수 있지 않은가. 이 세상에 존재하는 모든 나라를 하나로 합친다 해도 바다의 절반에도 채 못 미친다. 그리고 기존에 있던 것이든 향후 발명할 것이든 간에 이 세상 어떠한 철도와 차량도 물고기 지느러미만큼 유연하고 자유롭지는 못할 것이다.

조금만 더 깊게 생각해본다면 결국 인간이 존중을 받을 수 있었던 것도

자유가 아니라 절제능력 때문임을 알 수 있다. 설령 단순한 동물이라 할
지라도 통제력이 뛰어난 종은 더욱 존중받게 마련이다. 실제로 나비는 꿀
벌보다 자유롭지만 사람들은 집단 내 질서와 규율의 통제를 받고 있는 꿀
벌을 더 높게 평가한다.

그동안 사람들은 '자유'와 '절제'라는 두 가지 추상적인 개념 중에서
'절제'의 미덕을 더욱 소중히 여겨왔던 것으로 보인다. 물론 다른 상황에
서도 마찬가지겠지만 추상적인 개념만으로 최종 결론을 내려서는 안 된
다. 이 두 가지만을 놓고 볼 때 탁월한 선택을 하면 인간에게 이롭고, 비
굴한 선택을 하면 사회를 망치기 때문이다. 두 개념 중에서는 '절제'만이
고등동물의 특징을 대변할 수 있으며 하등동물을 진화시킬 수 있다. 게다
가 위로는 전설 속에 나오는 하늘나라의 천사에서부터 아래로는 부지런
히 돌아다니는 곤충들까지, 그리고 서로 평형을 이루는 행성에서부터 대
지의 중심으로 빨려 들어가는 먼지에 이르기까지 모든 생명이 있는 사물
과 물질의 힘은 하나같이 자유가 아닌 복종에서 비롯된다. 태양은 원래
바람따라 표류하는 낙엽과는 달리 자유롭지 못한 존재다. 물질로 구성된
사람도 마찬가지다. 완전한 자유가 주어지는 순간 인류는 여지없이 멸망
과 타락의 길로 접어들게 될 것이다.

소문난 악처였던 소크라테스의 아내는 툭하면 남편을 모질게 구박했다
고 한다. 한번은 그 아내가 잔소리를 늘어놓고 있었는데 소크라테스는 묵
묵부답으로 일관했다. 남편의 무반응에 더욱 화가 난 아내는 물 한 바가
지를 떠와 그에게 쏟아 부었다. 온몸이 축축하게 젖은 소크라테스가 그제
야 조용히 입을 열었다.

"원래 천둥소리가 들리고 나면 소나기가 쏟아지게 마련이지."

이성에 의한 감정의 통제는 성공을 꿈꾸는 사람들을 구속하는 족쇄가 아니다. 몸에 걸치면 무겁고 답답하지만 돌발적으로 닥칠 수 있는 부상의 위협으로부터 그들을 보호해주는 든든한 호신용 갑옷과 같다. 존경받는 사람일수록 자신의 일상적 언행을 잘 통제할 수 있어야 한다.

"자신의 분노를 극복할 수 있다면 최강의 적과도 싸워서 이길 수 있다."

이는 더크Dirk의 말이다.

평소 당신은 다른 사람에게 화를 내는 스타일인가, 아니면 다른 사람의 화풀이 대상이 되어주는 스타일인가? 만약 전자라면 좀더 부드러운 마음으로 상대방을 대하도록 노력해야 하며, 후자라면 인내심을 가지고 받아줄 수 있는 포용력을 더욱 키워야 할 것이다.

악감정을 일에까지 연장시키지 마라

이성은 창이 아니라 방패이며, 분노는 그 반대이다.

충분한 이성이 전제된 분노는 악행의 활보를 막아 인간세상에 정의를 심어준다. 반면 이성이 결여된 분노는 잔인한 장난과 같아서 스스로를 질식시켜 죽음으로 내몰기도 한다.

어느 심리학자의 말에 따르면 "분노는 인성의 최대 약점이자 심리적 불평형 상태"라고 한다. 또 어느 철학자는 "분노는 억압의 산물이며, 억압되었던 욕망이 분출해 이성의 한계수위를 넘어섰음을 알리는 적색경보"라고 표현했다.

정의로움에서 비롯된 가치 있는 분노를 굴욕과 눈물로 써 내려간 아름다운 시에 비유한다면, 무절제하고 무의미한 분노는 어두운 무대 위에서 혼자 연기하는 비극적 결말의 모노드라마인 셈이다.

오마르Omar는 영국 역사상 지금까지도 이름이 남아 있는 유일한 검사劍士, 검객다. 그에게는 실력이 막상막하인 라이벌이 하나 있었는데 그들 둘은 30년 동안 겨루면서도 승부를 내지 못하고 있었다. 한번은 결투를 하던 중 상대가 말에서 미끄러져 떨어진 일이 있었다. 이때다 싶었던 오마르는 칼을 들고 그를 향해 쏜살같이 달려들었다. 1분 내에 상대방을 죽일 수 있는 절호의 찬스였다.

그러나 그 순간 상대방이 그의 얼굴을 향해 침을 퉤 뱉었다. 그러자 오마르가 멈춰 서면서 상대에게 말했다.

"우리, 내일 다시 겨루자고."

상대방은 어안이 벙벙해졌다.

오마르가 말을 이었다.

"지난 30년 동안 나는 화가 난 상태에서는 절대 싸우지 않겠노라고 다짐해왔네. 그렇기 때문에 불패신화를 이룰 수 있었던 거야. 방금 자네가 침을 뱉은 순간부터 나는 화가 치밀어 올라 참을 수가 없더군. 이런 기분으로 자네를 죽이게 되면 난 더이상 승리의 기분을 맛볼 수 없을 거야. 그러니 내일 다시 붙도록 하지."

다음 날 재개하기로 했던 전투는 영원히 시작되지 않았다. 그 일을 계기로 상대방이 오마르를 스승으로 모시기 시작했기 때문이다. 상대는 분노의 감정을 싸움에 끌어들이지 않는 그의 올곧은 방식에 감동한 것이었다.

화는 종종 이성의 수문水門을 비틀어 열어 격류를 쏟아냄으로써 우정의 나무를 집어삼키고, 사랑의 꽃도, 자신이 정성 들여 가꾼 아름다운 정원도 모두 쑥대밭으로 만들어버린다. 이로써 스스로 세상과 소통할 수 있는 창문을 굳게 닫아버리는 결과를 가져오게 된다.

누구나 화가 날 때가 있다. 하지만 분노의 억제방법에 대해서는 각자 자기만의 방법을 가지고 있을 것이다. 화가 치밀어 오를 때 마음속으로 '이러면 안 되지'라는 말을 되풀이하며 자신을 다독여보자.

그러한 반성을 통해 일의 핵심과 해결방법을 깨닫게 되면 화는 자연스럽게 누그러진다.

화를 삭이는 방법은 다양하다. 예를 들어 가슴이 꽉 막힌 듯 답답해진다면 마음속으로 성경을 외운다거나 하나, 둘, 셋, 넷 숫자를 차례대로 세어봐도 좋다.

가슴속에 쌓이고 쌓인 분을 시원하게 풀어버리고 싶다면 적절한 임시대책을 강구해보라. 예를 들면, 빈 병을 깨부수는 것이다. 빈 병은 워낙 싸기 때문에 몇 개가 깨져 없어져도 아깝다는 생각이 들지 않는다. 그러나 이때 주의해야 할 점은 절대 그 병을 다른 사람에게 던져서는 안 된다는 것이다.

삶에서 일어나는 모든 일들을 심사숙고한 뒤 실행에 옮긴다면 이 세상에 우리를 힘들게 하는 일은 없을 것이다.

눈앞에 큰일이 벌어져도 침착해라. 교양 있는 사람들은 의외의 사건이나 돌발적인 치욕과 위험에 직면하고도 절대 흐트러진 모습을 보이지 않고 냉정하게 대처한다. 그들은 넓은 아량과 기지, 유머를 동원해 위기상황을 평정하고 실패를 승리로 전환해낸다.

분노의 악감정을 일의 영역으로 끌어들이지 마라. 분노는 이성이 결여된 어리석은 행동을 낳는다.

🌿 사랑으로 원수를 감싸주어라

누군가에게 원한을 품는 것은 상대방을 죽이는 것보다 더 무서운 일이다. 원한은 가끔 인간의 이성을 마비시킨다. 그리고 친구에게 원한의 감정을 키우면 결국 자신의 적을 하나 더 만드는 셈이 된다. 또한 원한은 강한 위력을 지닌 시한폭탄과 같아서 그것을 늘 마음에 묻어두고 다닌다면 언젠가 폭발해서 당신의 마음을 갈기갈기 찢어놓을 것이다.

누군가를 증오하게 되었다면 당신은 즐겁고 편안한 삶을 포기한 채 스스로를 고통의 바다로 내몰고 있는 것이다. 원한은 사람의 마음을 한없이 좁게 만드는 동시에 사랑의 빛까지 바래게 해서 결국 사랑에 대한 당신의 감정을 완전히 마비시켜버리기 때문이다.

삶의 경험을 통해 이미 알고 있겠지만 어떤 이유에서 비롯되었든 간에 '원한'이라는 감정은 그다지 장려할 게 못 된다.

옛날에 한 부자상인이 살고 있었다. 고령의 나이로 접어든 그는 재산을 세 아들에게 나누어주기로 결심했다. 재산을 분배하기 전 그가 세 아들에게 내건 조건은 여행을 다니며 장사를 해보라는 것이었다.

상인은 길을 떠나는 아들들에게 이렇게 당부했다.

"일 년 후에는 반드시 집으로 돌아오너라. 돌아와서 일 년 동안 했던 일 중에 가장 대단하다고 생각하는 일을 나에게 얘기해주렴. 나는 재산을 쪼개고 싶지 않다. 한 사람에게 몰아줘서 다음 대가 더욱 부유해지도록 해주려고 한다. 일 년이 지난 후에 가장 장한 일을 한 사람에게 내 전 재산을 물려주마."

정확히 1년 후, 세 아들은 아버지 곁으로 돌아와서 각자의 경험에 대해 얘기했다.

장남이 먼저 이야기보따리를 풀었다.

"저는 여행하는 동안 어떤 낯선 사람을 만났습니다. 그 사람은 저를 신뢰했는지 금화 한 주머니를 제게 맡기더군요. 그런데 후에 그 사람이 세상을 떠났다는 소식을 들었어요. 그래서 전 그 금화주머니를 그의 가족에게 그대로 다 돌려주었습니다."

아버지가 말했다.

"잘했구나. 하지만 그런 정직한 마음은 인간으로서 당연히 갖춰야 하는 품성이지 그리 대단한 일은 아닌 것 같구나."

이번에는 둘째가 입을 열었다.

"저는 한 빈민촌을 여행하다가 낡은 누더기를 걸친 거지아이가 강물에 빠져 허우적대는 걸 봤어요. 그래서 제가 용감하게 강으로 뛰어들어 그 소년을 구해줬답니다."

그러자 아버지가 대답했다.

"아주 잘했다. 하지만 사람을 구해줘야 한다는 것은 너무나 당연한 이치 아니겠느냐? 역시 대단한 행동까지는 못 되는구나."

마지막으로 막내아들이 주저주저하며 말을 시작했다.

"저에게는 원수가 하나 있습니다. 그 사람은 온갖 방법을 다 동원해 저를 해치려고 합니다. 그 사람 손에 죽을 뻔한 적이 한두 번이 아니에요. 어느 날인가 밤에 혼자 말을 타고 절벽 주변을 지나고 있었는데 그 원수가 낭떠러지 주변의 나무 옆에서 잠들어 있는 것을 발견했죠. 제가 살짝만 발로 쳐도 그 사람은 절벽 아래로 떨어질 수 있었어요. 하지만 전 그렇게 하지 않았습니다. 그 사람을 깨워서 위험하니 어서 가던 길을 가라고 말해줬어요. 뭐 그리 대단해 보이지 않는 일이긴 하지만……."

이때 아버지가 정색하며 말했다.

"아들아, 자신의 원수를 도와줄 수 있는 마음이야말로 정말 신성하고 고귀한 것이란다. 그 대단한 일을 네가 해냈구나. 내 전 재산을 너에게 물려주겠다."

사랑은 사랑을 낳고, 증오는 증오를 낳는다. 너그러운 마음으로 자신의 원수까지 감싸줄 수 있고, 심지어 상대방이 위기에서 벗어나도록 도와줄 수 있는 사람이야말로 진정 고귀한 사람이다.

분노와 증오가 솟아오를 때 별빛으로 총총하게 수놓아진 밤하늘을 올려다보며 청명한 바람과 밝은 달의 기운을 느껴보라. 그러면 원한의 마음도 슬며시 자취를 감출 것이다.

증오는 당신의 시기와 질투 때문에 생겼는지도 모른다. 상대방의 비열한 성격에 물들어 당신도 어느새 그와 똑같은 수준으로 놀아났던 것일지도 모른다. 지나친 자만심 때문에 모든 사람들이 당신을 좋아해주기를 바라고 스스로를 하느님과 같은 존재로 착각하고 있었는지도 모른다. 이 모든 것이 원한을 불러온 화근이었는지도 모른다.

'사랑'의 난로로 원한의 감정을 녹여버려라. 우리가 영화를 보고 어두운 극장에서 나오는 순간 악역배우에 대한 분노와 미움이 햇살 속에 녹아 사라지듯이 말이다.

❦ 질투심으로 스스로에게 상처주지 말자

질투는 인류가 가진 고질병이다. 이미지, 외모, 지혜, 능력, 지위, 권력, 재산 등 여러 분야에서 타인을 능가하는 사람은 다른 사람들에게 질투의 대상이 된다. 질투는 뛰어난 인재가 두각을 나타내지 못하도록 방해할 뿐 아니라 심각한 경우에는 인재를 매장시키기도 한다.

고대 그리스에서는 달리기 경주가 자주 열렸다. 경주 때마다 각지에서 몰려온 뛰어난 영웅호걸들이 한자리에 모여 각축을 벌였다.

한번은 어떤 선수가 우승을 차지해 월계관을 손에 넣었는데, 2등으로 들어온 선수가 1등을 한 선수를 매우 시기했다. 그래서 그는 한밤중에 사람들이 우승자를 위해 세워준 비석으로 달려갔다. 그는 그 비석을 망가뜨려서 대신 분풀이를 하려던 것이었다.

그가 있는 힘을 다해 땅을 파내자 비석이 위태롭게 흔들리기 시작했다. 그런데 비석은 쓰러지면서 공교롭게도 그의 몸을 정면으로 덮쳤고 그 바람에 그는 비석에 깔려 압사하고 말았다.

다음 날 그가 사람들에게 발견되었을 때는 이미 숨을 거둔 지 한참이 지난 후였다.

베이컨이 말했듯이, 질투는 일시적인 쾌감을 가져올지는 모르나 결국 더욱 크고 쓰라린 불행을 자초할 뿐이다. 그 유혹에 빠져들기는 쉽지만 결말은 죽음보다 더 비참하고 무서운 것이 바로 질투이다.

한 마피아 조직이 자신들의 불법행위를 눈감아 줄 관할구역 경찰을 매수하려고 계획 중이었다. 그러나 그 지역 담당경찰은 워낙 대쪽 같아서 경찰생활을 하는 동안 단 한 번도 뇌물을 받아본 적이 없는 사람이었다.

이렇게 정의와 준법이 몸에 밴 경찰이다보니 암흑가 조직에서는 그가 눈엣가시일 수밖에 없었다. 마피아들은 당근과 채찍을 번갈아 사용해가며 온갖 수단과 방법으로 그 경찰을 끌어들이려고 했다.

하지만 그 담당경찰도 그리 호락호락한 인물은 아니었다. 아무리 돈으로 유혹해도 본체만체했고, 마피아들이 도발적 공격을 감행하면 그에 맞서 더욱 고단수로 대응했다. 그러면서 마피아 불량배들을 하나하나 감옥에 집어넣었다.

더욱 대단한 것은 이 경찰이 죽음도 불사하고 필사적으로 달려드는 데다 마피아 집단의 위협에도 눈 하나 깜빡하지 않는 대담함을 보여서 오히려 그를 찾아온 불량배들이 허탕을 치거나 호되게 당하는 경우가 많았다는 것이다.

이 용감무쌍한 경찰의 이야기를 들은 마피아 두목은 부하들을 비웃으며 말했다.

"너희들이 하나같이 고리타분한 방식으로 접근해서 그런 것이다. 이번에는 내가 직접 나서서 한 수 가르쳐주마."

마피아 두목은 경찰이 혼자 술집에서 술을 마시고 있는 틈을 타 조용히 곁으로 다가가 속삭였다.

"이봐, 경찰학교 시절 자네 후배가 벌써 경찰국장이 되었다는데 소식 들었나?"

바로 그때 경찰의 손에 들려 있던 술잔이 바닥으로 떨어져 산산조각 났고 자신만만했던 경찰의 얼굴이 굳어지면서 질투의 표정이 역력해졌다.

그렇게 해서 마피아 두목은 그 경찰을 매수하는 데 성공할 수 있었다.

질투의 힘이란 정말 놀랍다. 혹시 당신도 누군가의 성공을 보면 괜히 마음이 뒤틀리고 샘이 나지는 않는가? 만약 그렇다면 그러한 느낌을 종이에 써서 갈기갈기 찢어버려라. 질투의 감정을 미련 없이 날려버리고 스스로의 마음에 더이상 상처를 입히지 않도록 하라.

워싱턴 대통령에게 배우는
성공하는 사람들의
인간관계

상대방을 폄하하거나 지나치게 띄워주지 마라

상대방을 너무 과소평가해서도 안 되며,
그렇다고 지나치게 칭찬해서도 안 된다.

진심에서 우러나온 칭찬이 진짜 칭찬이다

워싱턴의 명언 중에 이런 말이 있다.

"상대방을 너무 과소평가해서도 안 되며, 그렇다고 지나치게 칭찬해서도 안 된다."

이 말에는 칭찬에 대한 진리가 담겨 있다.

칭찬은 한 사람의 재능과 인품을 반영한다. 사실 이는 거울에 비춰진 물체의 상과 같이 비현실적인 허상일 뿐이다. 평범한 사람들의 과장된 칭찬은 보통 진심이 아니라 허위일 가능성이 많다. 칭찬을 좋아하는 사람들은 종종 지덕을 겸비한 사람이 아니라 허영심이 많은 사람들이다. 보통 사람들은 정말 위대하고 숭고한 미덕에 대해 잘 이해하지 못한다. 그래서 그들은 가장 표면적으로 드러나는 값싼 재능에 대해 가장 먼저 입이 마르도록 칭찬한다. 중간 정도의 재능에 대해서는 그저 마음속으로 감탄하거나 부러워한다. 그러나 정작 가장 높은 수준의 능력에 대해서는 전혀 의식하거나 깨닫지 못한다.

에머슨Emerson은 어린 시절 자신의 경험을 다음과 같이 회상했다.

어느 이른 아침, 도끼를 둘러멘 낯선 남자가 문 앞을 서성거렸다. 그는 나를 보자 다정하게 말을 걸었다.

"안녕, 꼬마야. 혹시 집에 숫돌 있니?"

"네, 있어요."

나는 사실대로 대답했다.

"착하구나. 도끼날을 좀 갈려고 하는데 내가 너희 집 숫돌을 좀 빌려 쓸 수 있을까?"

"물론 되고말고요."

그의 정중한 태도에 나는 흔쾌히 대답했다.

그 남자는 내 머리를 쓰다듬으면서 계속 물었다.

"몇 살이니? 이름은 뭐야? 넌 분명 똑똑하고 착한 아이일 거야! 미안하지만 나 대신 몇 분간만 이 도끼날을 좀 갈아줄 수 있겠니?"

계속되는 그의 칭찬에 기분이 좋아진 나는 있는 힘을 다해서 날을 갈기 시작했다. 그의 도끼는 녹이 많이 슨 데다 둔탁해서 날을 가는 데 힘이 많이 들었다. 그래서인지 어느새 내 손에는 물집이 잡혔다. 등교시간은 다가오는데 도끼날은 겨우 반 정도 갈렸을 뿐이었다.

도끼날을 다 갈자, 그 남자의 태도가 갑자기 돌변하더니 나를 막 대하기 시작했다.

"이 게으름뱅이 녀석, 학교까지 결석할 참이냐? 어서 빨리 뛰어가지 않고 뭐해? 그리고 손놀림 좀 빨리빨리 할 수 없어?"

당시 나는 무척 화가 났다. 아침 내내 힘을 빼가며 도와줬건만 정작 그 남자는 거친 욕설로 보답한 것이다.

나는 살면서 이 일을 한 번도 잊어본 적이 없다. 지금까지도 다른 사람들의 아부성 발언을 듣고 있으면 당시 그 남자의 얼굴, 그리고 그가 내 기분을 맞추기 위해 거침없이 내뱉던 칭찬의 말들이 떠오른다.

우리 주변에는 진실하지 못한 가식적인 칭찬들이 널려 있다. 실제로 어떤 칭찬은 상대방을 모함하기 위해 쳐놓은 덫일 때도 있다.

당신을 칭찬한 사람이 그저 평범한 아첨꾼이라면 그가 당신에게 한 말은 누구에게나 하는 접대용 멘트일 것이다.

어떤 칭찬은 선행을 위한 도구로 활용되기도 한다. 이는 소위 '격려 차원의 칭찬'이다. 옛날 현명한 신하들은 이러한 방법으로 군주의 행동을 바로잡았다고 한다. 그들이 군주에게 어떻다고 칭찬하는 것은 사실 군주가 그렇게 행동해야 한다는 간언의 의미를 담고 있었다.

간혹 저주보다 더 악독한 칭찬들도 있다. 이는 주변 사람들이 당신을 증오하도록 부추기는 칭찬이다. 옛말에 "가장 악랄한 적은 현재 당신을 칭찬하고 있는 사람이다"라는 말이 있다. 또한 그리스 사람들은 "코를 다쳐도 가식적인 칭찬의 향기에 현혹되지 않도록 조심하라"고 경고했다.

비록 선의에서 출발한 칭찬이라 하더라도 그 정도가 적절해야 한다. 솔로몬은 "매일 아침마다 당신을 지나치게 칭찬하는 친구는 사실 속으로는 당신을 저주하고 있다"라고 말했다. 장점에 대한 칭찬도 너무 도가 지나치면 오히려 역효과를 불러올 수 있음을 명심해야 한다.

🌿 지나친 과장은 자제하라

언어는 이미지다. 말하는 모습은 그 사람의 이미지를 대변해준다. 자기 이미지를 구축하는 일은 당신 스스로 할 일이지 다른 사람이 도와줄 수 있는 일이 아니다.

언어는 대외홍보의 수단이다. 이 홍보의 포인트는 무슨 말을 해야 할지 아는 게 아니라 해서는 안 될 말이 무엇인지 아는 데 있다. 신중하지 못한

한 마디가 감동적이었던 열 마디를 한순간에 무색하게 만들고 스스로에게도 결코 메울 수 없는 손해와 아쉬움을 남길 수 있다.

언어는 상대방의 기분을 좋게 할 수도 있고 나쁘게 할 수도 있다. 그러나 일정 한계선을 넘어서 상대방을 지나치게 치켜세우면 오히려 상처가 되고, 상대방을 지나치게 몰아세우면 오히려 칭찬이 될 수도 있다.

우리는 앞에서는 쓴소리를 해도 뒤에서는 칭찬해주는 습관을 키워나가야 한다.

일반적으로 자존심에 상처를 받은 사람들이 상대방을 폄하하거나 공격하는 말을 자주 사용한다. 그러나 나약한 자존심 지키기에만 신경을 곤두세우다보면 그렇게 목숨 걸고 지켜내려 했던 자존심조차도 상처에 대한 면역력과 방어력을 상실하고 만다.

부적절한 말 때문에 벌어진 웃지 못할 일화 하나를 소개하겠다.

꼬마들이 둘러앉아 이야기를 나누고 있었다.

한 아이가 말했다.

"우리 아빠는 이제까지 한 번도 거짓말을 한 적이 없으셔. 뭘 사준다고 약속하면 반드시 사주시거든."

다른 아이가 이에 질세라 자랑을 늘어놨다.

"우리 아빠는 이 세상에서 제일 훌륭해. 술, 담배를 전혀 안 하시거든. 돈이 생기면 항상 나한테 좋은 옷을 사다주셔."

또 다른 한 아이는 친구들의 아버지 자랑을 듣다보니 은근히 심술이 났다. 그래서 뒤질 수 없다는 듯 소리쳤다.

"너희들 그렇게 부풀려서 말하지 마! 누구 아빠가 가장 대단하냐고? 사실 우리 아빠가 제일 훌륭해. 우리 아빠는 한 번도 여자와 놀아난 적이 없거든."

그러자 주변 아이들이 갑자기 웃음을 터뜨렸다.

"그렇다면 넌 도대체 어디서 나온 건데?"

이 질문에 그 아이는 꿀 먹은 벙어리가 되고 말았다.

욕하고 비방하는 것은 물론 나쁘지만 필요 이상의 과다한 칭찬이나 입에 발린 칭찬 또한 좋지 않다. 말할 때도 어느 정도 분수를 지킬 필요가 있다.

과장된 언어의 남용은 현명한 표현방식이 아니다. 가식적인 언어를 남발하면 진리에도 위배되지만 일단 많은 사람들이 당신의 판단력에 의심을 품게 된다. 가식과 과장으로 가득한 언어는 당신의 낮은 지적 수준과 저열한 인품을 대변할 뿐이다.

칭찬은 호기심을 유발하고, 호기심은 욕망을 생성한다. 나중에 당신의 가식적인 모습이 탄로 났을 때 사람들은 자신들의 기대감이 조롱당했다는 느낌에 보복심리가 발동할지도 모른다. 그래서 결국 칭찬해준 사람과 칭찬받은 사람 모두 파탄을 맞이하는 최악의 결과를 초래할지도 모를 일이다.

신중한 사람들은 과장된 언어를 구사하느니 표현을 절제하는 게 낫다는 사실을 잘 알고 있다. 갖가지 미사여구로 포장된 필요 이상의 칭찬을 자제하라. 과장된 칭찬은 거짓말하는 것과 같아서 다른 사람에게 좋게 비쳐졌던 당신의 이미지를 흔들어놓을 수 있고 심지어 당신의 명성을 처참히 무너뜨릴 수도 있다.

🌿 칭찬도 상황에 맞게 하라

칭찬도 때와 장소에 따라 적절하게 해야 한다. 누군가의 집을 방문했다면 영양가 없는 칭찬을 늘어놓기보다 인테리어가 개성에 넘친다고 칭찬하거나 벽에 걸린 그림에 관심을 보인다거나 혹은 분재실력에 감탄해주는 편이 훨씬 낫다. 즉, 주인의 기분을 살려주려면 그 사람의 취향에 동감을 표시하거나 관심을 나타내주는 게 좋다.

졸업 후 좋은 직장에 발령받은 두 학생이 학교를 떠나기 전에 교수님께 인사를 드리러 찾아갔다.

교수님은 근엄한 표정을 지으며 그들에게 충고했다.

"요즘 사회는 워낙 각박해져서 인심이 예전 같지 않지만 너희들은 원칙을 지킬 줄 아는 바른 사람이 되거라. 세속에 물들어 대충 살아가는 일은 없길 바란다. 그리고 매사에 착실하고, 다른 사람에게 아첨하거나 부정행위를 저질러서는 절대 안 된다. 이 점 명심하거라."

한 학생이 대답했다

"선생님 말씀에 전적으로 공감합니다. 요즘 세상에 선생님만큼 청렴하고 바르신 분도 정말 드물 겁니다."

이 말을 들은 교수는 무척 기뻐했다.

교수실을 나오자마자 방금 말했던 학생이 비아냥거렸다.

"봐. 내가 비행기 태워주니까 약발이 먹히잖아."

상대방의 비위를 맞추는 것도 적당히 해야지 그렇지 않으면 손해가 고스란히 자기에게 돌아온다.

진심에서 우러나온 칭찬이라야 상대방이 부담 없이 받아들인다. 상대방에 대해 아직 잘 알지 못한다면 대놓고 칭찬하는 일은 삼가는 게 좋다.

실제와 부합하지 않는 칭찬은 도리어 상대방의 반감과 미움을 불러올 뿐이다.

특히 사회적으로 잘 알려진 인물을 칭찬할 때는 어휘선택에 좀더 세심한 주의를 기울여야 한다. 우선 그들이 유명인사가 될 수 있었던 것은 분명 어느 한 부문에서 탁월한 성과를 냈기 때문일 테고 유명해진 후에는 그의 성과를 칭찬하는 사람들이 굉장히 많았을 것이다. 칭찬도 많이 들으면 무뎌지는 법이거늘, 만약 당신이 다른 사람들이 사용했던 구문을 그대로 모방해서 상대를 칭찬한다면 그는 그다지 달가워하지 않을 것이다. 당신이 하는 말은 이미 그의 귀에 딱지가 앉을 정도로 수없이 들어왔던 말이기 때문이다.

여성에 대해서도 마찬가지다. 여성에게 대놓고 예쁘다고 칭찬하는 것은 실례다. 상대방이 평소 본인의 외모에 대해 그다지 만족하지 못하던 여성일 경우, 당신이 두서없이 '예쁘다'고 칭찬하면 그녀는 당신을 매우 경박한 사람으로 취급할 것이다. 같은 여성이라도 각자 서로 다른 매력과 장점을 가지고 있게 마련이니 칭찬을 하더라도 각자의 장점에 주파수를 맞춰 선택적으로 해줄 필요가 있다.

진실이 담겨 있지 않은 형식적인 인사말은 듣는 사람의 관심을 끌 수 없다. 예를 들어 '그동안 말씀 많이 들었습니다', '사업 번창하시기 바랍니다', '제가 많이 못나고 부족하니 모든 부분에서 지도편달 부탁드립니다' 등…… 이젠 완전히 공식으로 굳어진 듯한 이런 감정 결여형 인사말들은 대화 분위기를 딱딱하고 구태의연하게 만든다. 평소 대화에서 이런 문장을 즐겨 쓰고 있다면 조금씩이라도 개선하려고 노력하라.

'말에는 진심이 담겨 있어야 한다.'

이는 대화의 필수요건이다. '말씀 많이 들었습니다'라는 기계적인 말을 반복하는 것보다는 '소설의 결말 부분이 참 의외였습니다'와 같이 자신의 느낌을 직접적으로 전달하는 게 더욱 인간적으로 보인다. 또한 상대방의 사업성공을 칭찬하는 것보다는 그의 경영 노하우 자체를 칭찬해 주는 것이 더 좋다. '지도편달을 바란다'는 요청은 오히려 상대방의 부담을 가중시킬 수 있다. 상대방이 잘하는 특정분야에 대해서 조언을 구하고 싶다고 표현하는 게 받아들이는 입장에서도 훨씬 편안하고 덜 부담스러울 것이다.

칭찬에 인색하게 굴지 말되 그렇다고 상황판단 없이 아무 데서나 과다하게 남용하지 마라. 그리고 칭찬을 할 때는 한 가지 화법으로 여러 번 재탕하지 말고 상황에 맞는 다양한 표현들을 구사해야 한다.

🌿 성의 있는 칭찬을 하라

사람과의 만남에서 상대방에 대해 적당한 칭찬을 건넬 줄 아는 사람은 예의와 교양을 갖춘 사람들이다. 필요한 만큼의 적절한 칭찬은 좋은 인연을 맺게 해주는 동시에 서로 마음의 문을 여는 계기를 만들어주어 어색했던 분위기를 반전시킨다.

게다가 적당한 칭찬은 상대방의 존엄성을 높여주기에 상대방과의 협력기반을 더욱 확고하게 한다.

인간은 생각의 동물이라서 상대방의 특징에 따라 다양한 처세술을 구사한다. 그러나 상대방의 마음을 감동시키지 않고서는 쉽게 성공하기 힘들다. 타인의 마음을 감동시키는 방법은 단 한 가지, 강제적인 방식이 아닌 상대방의 경험과 이성을 최대한 활용하는 것이다.

누군가에게 잘 보이고 싶다면 분수에 넘치는 과도한 칭찬은 금물이다. 반드시 상대방으로 하여금 '칭찬받을 만한 부분'에 대해서 적절하게 칭찬받고 있다는 기분이 들게 해야 한다.

세계적인 작가 뒤마Dumas가 러시아를 여행할 때의 일이다. 한 도시를 방문하게 된 그는 그 도시에서 가장 큰 서점을 둘러보기로 결정했다.

소식을 접한 서점주인은 세계적으로 유명한 프랑스 작가를 맞이할 생각에 한껏 들떠 있었다. 그래서 어떻게 하면 그를 즐겁게 해줄 수 있을까 궁리하기 시작했다. 궁리 끝에 주인은 책꽂이 전체에 뒤마의 작품만을 꽂아놓았다.

서점에 들른 뒤마는 온통 자신의 책으로 도배가 되어 있는 서가를 보고 깜짝 놀랐다. 그는 이해가 안 된다는 표정으로 서점주인에게 물었다.

"여기 다른 작가들의 작품은 없나요?"

"다른 작가들요?"

순간 당황해서 몸 둘 바를 몰라하던 주인이 덜컥 이렇게 말해버렸다.

"전부 다 팔렸답니다!"

당초 뒤마에게 잘 보이고 싶었던 서점주인은 결국 말 한마디 때문에 역효과만 내고 말았다.

상황이나 시기가 적절하지 못하거나 핵심을 제대로 전달하지 못할 경우 칭찬은 오히려 심각한 부작용을 초래할 수 있다. 그럴 바엔 차라리 아예 말을 하지 않는 게 낫다.

그렇다면 상대방을 칭찬할 때는 어떻게 해야 할까?

우선 현장의 분위기를 살핀 후 제3자가 있을 경우에는 그들의 심리까지도 감안해서 그들의 심기를 건드리지 않고 가급적 오해의 소지를 만들지 않도록 해야 한다. 다음으로는 당신의 진심이 왜곡되지 않도록 언어선택에도 각별한 주의를 기울여야 한다. 또한 반드시 적절한 대상에 대해서 성의 있게 칭찬해야 한다.

형식적인 치켜세우기도 최대한 자제해야 할 행동이다.

일례로 평범한 외모를 지닌 여성에게 너무 예쁘다며 과장된 칭찬을 해서는 안 된다. 그러면 그녀는 당신이 자신을 희롱하고 있다고 생각할지 모른다. 결국 칭찬의 효과는 기대에도 못 미치게 된다. 여성을 칭찬할 때 반드시 '예쁘다'라는 형용사에만 얽매일 필요는 없다. 그 여성의 헤어스타일, 액세서리 등을 칭찬의 대상으로 삼아도 좋고, 온화한 품성이나 그녀가 가진 개성을 칭찬해줘도 괜찮다. 이런 접근법이 오히려 더 성의 있어 보이고, 당신이 상대방을 잘 이해하고 있다는 인상을 남겨줄 수 있다.

오스트레일리아의 심리학자인 베빌Beville은 이렇게 말했다.

"누군가를 칭찬하고 싶은데 칭찬할 만한 점을 발견하지 못했다면 그의 가족이나 그와 관련된 사물을 칭찬해보라."

서로의 체면을 다치지 않게 하는 일에 대해서는 다른 사람과 타협해도 무관하다. 하지만 문제의 본질에 있어서는 거절할 부분은 확실히 거절하고 동의할 부분은 확실히 동의할 수 있어야 한다. 이는 대인관계에서 매우 중요한 사항이다. 그렇게 하지 않고 상대방을 맹목적으로 떠받들고 치켜세우다 보면 언젠가는 그 관계가 일방적인 희생을 강요당하는 '퍼주기식 종속관계'로 변질될지도 모른다.

🌿 비단 위에 아무렇게나 꽃을 뿌리지 마라

사람들은 대부분 칭찬받는 것을 좋아하며, 어느 성인은 "세상에서 가장 아름다운 언어는 칭찬이다"라는 말을 남기기도 했다. 그렇지만 실제로 '칭찬'이라는 언어를 사용하고자 할 때는 적당한 한도를 지켜야 한다.

예상치도 못한 칭찬을 들으면 왠지 기분이 좋아진다. 설령 당신이 누군가에게 화를 내던 중이었다고 해도 칭찬을 들으면 자기도 모르게 슬며시 미소가 지어지는 것이 사실이다.

혁혁한 전공을 세운 어느 프랑스 장군의 이야기다. 그는 전쟁에 나가기만 하면 무조건 승리해 백전백승의 신화를 기록하고 있었다.

전쟁에서 승리하고 돌아올 때마다 그는 무수한 꽃과 수많은 군중들의 박수소리에 에워싸였다. 군중들은 그를 치켜세우며 말했다.

"당신은 정말 최고의 군인입니다."

"장군, 당신은 우리의 자랑이자 프랑스 국민 전체의 영웅이오."

그러나 정작 그는 그러한 칭찬에도 별 감응이 없었다. 전쟁에서의 승리는 뛰어난 군인으로서 마땅히 해야 할 의무일 뿐 그다지 칭찬받을 만한 일이 못 된다고 생각했기 때문이었다.

그러던 어느 날 상대방의 심리를 잘 꿰뚫어 보는 부하사병이 말했다. "장군님, 수염이 정말 멋지십니다. 촘촘하게 잘 가꿔진 수풀 같아요."

그러자 장군이 큰 소리로 웃었다. 부하로부터 생각지도 못한 칭찬을 들어서인지 장군은 모처럼 마음이 즐거워졌다. 물론 그 사병은 장군에게서 동료들이 모두 부러워할 만큼의 후한 보답을 받았다. 이는 상대방이 예상치 못한 칭찬을 적절히 활용해 상대의 마음잡기에 성공한 대표적인 경우다.

그러나 여기서 한 가지 주의할 점은 너무 지나친 칭찬은 오히려 상대방의 불안감을 증폭시킬 수 있다는 것이다. 이러한 방법은 상사들이 주로 부하직원들을 자극하거나 격려하기 위해 종종 활용한다.

예를 들어 한 신입사원이 글씨를 잘 쓴다고 상사에게 칭찬을 들었다고 하자. 그 신입사원은 아마 기쁨보다는 불안함과 반신반의하는 마음이 더 클 것이다. 직무와 무관한 사소한 일에 대해서만 상사의 칭찬을 듣게 되는 것은 분명 자신의 업무처리 능력이 신통치 않은 탓이라고 여길 것이기 때문이다.

이러한 방법은 상대방에게 심리적 부담감을 안겨주는 동시에 실제로 자신의 능력이 떨어지는 것은 아닌지 의심하도록 만든다. 상사가 업무와 별개인 사소한 일에 대해서만 침이 마르도록 칭찬하고 업무현황에 대해서는 전혀 언급하지 않는다면 아마 그것은 암묵적인 경고의 메시지일 것이다. 결국 부하직원은 무의식중에 약간의 반항심리가 발동해 더욱 열심히 일에 매진하게 된다. 이는 현명한 상사가 부하의 감정을 통제함으로써 소기의 목적을 달성하기 위해 활용하는 방법이다.

대부분의 사람들은 칭찬을 들으면 기분이 좋아진다. 이는 두 가지로 해석될 수 있다. 하나는 '자아확인'에서 오는 기쁨이다. 다시 말해 자신의 장점과 능력을 재차 확인하고 상대방과 동일한 느낌을 공유할 수 있기에 즐거워지는 것이다. 또 하나는 '자기발전'에 대한 만족감이다. 즉 겉으로 드러나지는 않지만 타인의 칭찬이 자신에게 유익할 거라고 잠재적으로 생각하는 것이다.

언어적 효과 면에서는 후자가 전자보다 훨씬 낫다. 유사한 상황은 여론에서 자주 목격된다. 기자의 카메라에 포착되는 화제의 인물들 중에는 어느 누구도 여론의 규탄대상이 되기를 원하지 않는다. 만약 그렇게 될 경우 그들은 불쾌한 심기를 드러낸다.

🌿 아첨꾼이 되지 마라

남을 치켜세우는 것이 반드시 나쁜 일만은 아니다. 그러나 상대방이 들어서 입에 발린 아부라는 느낌이 들지 않도록 하려면 일종의 기교가 필요하다.

상대방에 대한 칭찬도 적절한 선에서 너무 과장되지 않게 해야 상대의 기분을 편안하고 즐겁게 해줄 수 있다. 내공이 부족한 당신의 과장된 칭찬 때문에 상대방이 소름이 돋을 정도가 된다거나 아부의 도가 지나쳐서 당신이 상대방을 조롱하고 있다는 느낌을 주게 되면 일은 완전히 뒤틀리게 된다. 상대방의 비위를 맞춰 기분 좋게 해주려다가 적정한계를 넘어서는 바람에 된서리를 맞을 수도 있다는 의미다.

평소 취미로 시 쓰기를 즐기는 국왕이 있었다. 한번은 그가 시를 한 편 지었는데 아무리 봐도 어딘가 허전하고 마음에 들지 않았다. 때마침 수하의 장군이 그를 알현하러 들어왔다. 왕은 자신의 시를 장군에게 보여주고 난 뒤 말했다.

"이보게, 내가 보기엔 이 시가 영 별로인데 자네 생각은 어떤가?"

장군은 시를 대충 한번 쓱 보더니 대답했다.

"폐하께서 말씀하신 대로 정말 형편없습니다."

그 말을 들은 국왕은 일부러 그의 마음을 다시 한 번 떠보았다.

"이 시를 지은 사람은 분명 바보일 거야."

"맞습니다! 분명히 멍청한 사람일 겁니다."

장군은 국왕의 말에 맞장구쳤다. 그러자 국왕이 정색하며 천천히 입을 뗐다.

"음, 고맙네! 사실 그 바보가 바로 나라네."

순간 장군의 표정에는 당황한 기색이 역력했다. 그는 얼굴이 빨갛게 달아올랐다.

"폐, 폐하…… 제가 다시 한 번 볼 수 있을까요? 아까는 대충 훑어보기만 하고 자세히 읽지 않았거든요."

아부의 기교가 능숙하지 못한 것은 그나마 봐줄 만하다. 그보다 더 비참한 것은, 열심히 기분을 맞춘다고 노력했는데 결국 상대방의 아픈 상처를 덧나게 만들어 상대를 더욱 고통스럽게 하는 것이다. 그러니 확실하지 않고 애매모호한 상황에서는 가능하면 잘난 척하며 나서지 않는 게 좋다.

그렇지만 사람이라면 누구나 귀가 즐거운 말을 듣고 싶어 하게 마련이고, 인간의 이러한 허영심을 채워주는 것도 어떤 면에서는 도덕적 행위다. 그러므로 적절하게 상대의 기분을 맞춰줄 수 있는 기술도 익혀둘 필요가 있다.

다음과 같은 방법을 시도해보면 어떨까?

적당한 시점에서 상대방의 관점에 동조함으로써 호의적인 반응을 보여준다. 상대방과 자신의 공통점을 찾아서 이를 통해 서로의 소통공간을 찾고 거리를 좁혀간다. 상대방과 생각이 일치할 때는 바로 적극적인 지지를 표시해서 공감대를 형성할 수 있도록 도와준다. 상황에 따라 상대방의 논점에 보충설명을 함으로써 상대방의 의견과 입장에 찬성함을 드러낸다. 상대방이 줄곧 자랑스럽게 생각했던 일을 부각시켜 강조해준다. 상대방의 닭살을 돋우지 않는 한에서 유머러스하면서도 담백한 어조로 적당히 듣기 좋은 말을 해준다. 진솔한 대화가 오갈 수 있도록 즐겁고 편안한 분위기를 연출한다.

또 하나 기억해야 할 점은 절대 아첨꾼이 되지 마라는 것이다. 칭찬과 아첨은 엄연히 다르다. 전자가 진심이 뒷받침되어 있고 내면에서 우러나온 것이라면, 후자는 가식과 이기심이 숨어 있는 얄팍한 술책에 불과하다. 판단력이 뛰어난 사람들에게는 그런 아첨이 전혀 통하지 않을 것이다.

영국의 조지5세는 버킹엄궁 내 서재에 여섯 가지 인생지침을 붙여놓았다. 그중 한 조항에 이런 문구가 있다.

"양심을 속인 채 마음에도 없는 아부를 하지 말자. 아부는 소장가치가 없는 싸구려 칭찬일 뿐이다."

🌿 훈계의 기술을 배워라

누군가의 잘못을 바로잡아주고 싶다면 반대로 상대방의 다른 장점들을 칭찬해보자. 그러면 상대는 당신의 기대치에 기꺼이 부응해 자신의 결함을 고쳐나갈 것이다.

미국 제30대 대통령 캘빈 쿨리지Calvin Coolidge는 막 취임했을 당시 한 여비서를 채용했다. 이 젊은 여비서는 외모는 출중했으나 일을 할 때 실수가 잦았다. 문서에 오타를 내거나 시간을 잘못 기록해서 쿨리지의 일정에 지장을 초래한 적이 한두 번이 아니었다.

어느 날 집무실로 들어온 여비서에게 쿨리지는 옷이 굉장히 잘 어울린다고 칭찬했다. 여비서는 갑작스런 칭찬에 몸 둘 바를 몰라했다. 쿨리지는 계속 말을 이어나갔다.

"외모가 예쁜 만큼 일도 멋지고 완벽하게 해내리라 믿어요."

과연 그날 이후 여비서가 작성한 문서에서는 한 치의 오차도 발견되지 않았다. 전후내막을 들은 한 상원의원이 대통령을 찾아와 궁금하다는 듯 물었다.

"정말 절묘한 방법이네요. 어떻게 생각해내셨습니까?"

그러자 쿨리지가 빙그레 웃음을 지었다.

"아주 간단해. 이발사가 손님들에게 면도를 해주기 전에 먼저 상쾌한 쉐이빙폼을 발라주지 않는가? 그걸 바르는 이유는 면도할 때 상처가 안 나도록 하기 위함이지. 난 단지 그 방식을 내 일상에 적용했을 뿐이네."

칭찬 뒤의 잔소리가 잔소리 뒤의 칭찬보다 훨씬 효과적이다. 상대방의 잘못을 교정하는 게 충고의 목적이라면 그 방법을 탄력적으로 활용할 줄 알아야 한다. 직설적으로 핵심을 찔어주는 방법이 통하지 않는다면 충고하는 방법을 바꿔야 한다. 가던 길이 막혀 있으면 다른 길을 찾아보는 유연함을 발휘해야 하는 것이다. 목적을 달성할 수만 있다면 모두 좋은 방법들이다.

우리 주변에서는 엄격한 팀장이 한 기색 하나 없이 부하들을 야단치거나 질타하는 경우를 종종 본다. 이때 부하직원들은 겉으로는 순종하는 것처럼 행동하지만 억울함과 분함을 쌓고 있을 것이다. 이러한 방식은 팀 분위기를 경직시키고 구성원들의 사기를 떨어뜨린다. 기왕 칭찬 뒤의 쓴소리가 효과가 있다면 처음부터 아예 보다 넓은 마음, 유머가 섞인 언어, 좀 더 세련된 표현방법, 보다 진실한 태도로 상대방에게 다가가 보자. 그것이 바로 면도 전에 바르는 상쾌하고 시원한 쉐

이빙폼이 되어줄 것이다. '면도'라는 소기의 목적도 달성하면서 상대방에게 상처도 입히지 않으니 꿩 먹고 알 먹는 셈 아니겠는가.

🌿 칭찬해야 할 때 칭찬하라

대부분의 사람들이 듣기 좋은 소리에 귀가 솔깃해지는 건 부인할 수 없는 사실이다. 특히 자신에 대한 칭찬을 들으면 으쓱해져서 자아를 망각하는 경우도 있다.

아무리 들어도 질리지 않고 많이 들을수록 좋은 게 칭찬이라지만 도처에 도사리고 있는 유혹의 손길에는 쉽게 현혹되지 않도록 조심해야 한다. 진짜 칭찬인지 사탕발림 유혹인지 스스로 구분이 안 된다면 아마 당신은 이미 누군가가 계획한 함정에 빠져 있는지도 모른다.

고양이에게 늘 시달리기만 하던 쥐가 하루는 고양이에게 복수할 심산으로 한 가지 묘안을 생각해냈다.

쥐가 고양이에게 말했다.

"선생님, 당신의 그 위풍당당함은 우리 쥐들을 항상 주눅 들게 만들지요. 아무리 생각해도 동물의 왕으로 선생님만 한 재목이 없는 것 같아요."

이 말에 고양이는 날아갈 듯 기뻤다.

고양이가 기뻐하는 모습을 보며 쥐는 계속 말을 이어나갔다.

"제가 우리 쥐들을 대표해서 영원히 당신의 충복이 되겠다고 맹세하죠. 당신처럼 훌륭한 왕을 모실 수 있다면 정말 영광일 겁니다."

계속되는 칭찬 앞에서 고양이는 얼굴 가득 희색이 돌며 자신을 아예 잊어버린 듯했다.

기쁨에 도취되어 우쭐해진 고양이의 모습을 보면서 쥐는 지레 겁먹은 표정을 지으며 더듬더듬 입을 열었다.

"다만…… 한 가지……."

"원하는 게 뭐냐? 시원하게 털어놔 봐!"

고양이가 고개를 꼿꼿이 세운 채 소리쳤다.

"그게 말입니다, 대왕님. 제가 생각할 때 그 수염을 잘라버리신다면 좀 더 젊어 보이실 것 같은데요? 그러면 더욱 위엄 있고 젊은 왕이 되실 수 있지 않겠습니까?"

"그런 요구사항이라면 얼마든지 들어주지. 괜찮은 아이디어군그래!"

얼마 후 고양이는 왕은 고사하고 전보다 더 둔하고 볼품없는 고양이로 전락하고 말았다. 수염이 없어지니 장애물에 대해서 더이상 민첩한 반응을 할 수 없었던 것이다.

이는 입에 발린 칭찬을 맹신하는 자의 비참한 최후를 잘 보여준다. 자신의 분수와 능력을 무시한 채 타인의 달콤한 유혹에만 끌려 다니다보면 결국 방향을 잃고 절망의 나락으로 빠지게 된다.

어쨌거나 칭찬은 상대방의 자존심을 끌어 올려주는 명약이다. 칭찬 한 마디로 상대방의 에너지와 자신감을 가득 충전시켜줄 수 있기 때문이다. 그러나 칭찬이 적절하게 활용되지 못할 경우 오히려 역효과를 초래할 수도 있다.

칭찬은 대인관계를 형성하는 데 없어서는 안 될 요소다. 타인의 장점을 칭찬하는 데 인색하게 굴면 당신 역시 아무리 잘해도 상대방의 칭찬을 듣기 힘들다. 대접을 받으려면 먼저 대접을 해야 하는 법이다.

비록 칭찬이 상대방의 호감을 불러일으켜 더욱 친밀한 인간관계 형성에 도움이 된다고는 하지만 칭찬해야 할 때와 그렇지 않아야 할 때를 분명히 구분할 줄도 알아야 한다. 그래야만 순수한 칭찬이 상대방의 기분을 불편하게 만드는 불순한 아첨으로 변질되는 것을 막을 수 있다.

칭찬을 해야 할 분위기인지 자제해야 할 분위기인지를 사전에 파악해 두어야만 일이 어그러지지 않는다.

❧ 칭찬도 기술이 필요하다

사람들은 누구나 삶의 청량제와 같은 칭찬에 목말라한다. 그렇다면 어떻게 칭찬해주는 것이 가장 효과적일까?

1. 아첨이라는 오해를 사지 않도록 구체적인 '칭찬 대상'을 언급하라.

사실 칭찬과 아첨은 한 끗 차이로 이는 '구체적인' 사물을 언급했는지 여부에서 드러난다. 아첨하는 말은 세상 어느 곳에나 마음대로 흘릴 수 있지만 진정한 칭찬의 말은 영원히 마음속에 존재한다. 아부라도 들으면 기분이 좋다는 사람들도 일부 있지만 충직한 사람들은 '아첨'의 배후에 뭔가 꿍꿍이가 있음을 감지하기 때문에 아예 외면해버린다.

보통 말재주가 없는 사람들은 칭찬에 대한 자신의 표현방식이 어눌하고 부족하다고 생각한다. 하지만 사실 말주변이 없는 사람일수록 더욱 구체적으로 칭찬을 한다. 예를 들면 이렇게 말이다.

"케이크 만드는 솜씨가 참 좋으세요. 우리 아이들이 당신이 직접 만든 딸기 케이크를 너무 좋아한답니다."

이런 식으로 빙빙 돌리지 않고 구체적인 대상을 칭찬해주면 오히려 상대방은 더욱 좋아한다.

나는 한 남성독자로부터 이런 편지를 받은 적이 있다.

"『관혼상제 입문』이라는 선생님의 작품을 읽었습니다. 여느 작가들의 작품과는 좀 다른 느낌이더군요. 실제 경험담들이 가미되어 있어서 그런지 선생님만의 스타일이 잘 살아 있는 것 같았죠. 읽으면서 제게 도움이 많이 된 책이라서 제 딸아이가 결혼할 때 선물로 한 권 사주었답니다."

이 편지를 받아 든 순간 나는 평생 잊지 못할 감동을 받았다. 그의 편지에는 '이 책 정말 좋다', '정말 유용한 책이다'와 같은 두루뭉술한 칭찬 일색이 아니라 '실제 경험담이 가미되었다', '딸아이에게 선물해주었다'처럼 구체적인 칭찬이 담겨 있었기 때문이다. 당시 이 한 장의 편지로 인해 나는 칭찬의 핵심이 무엇인지를 더욱 확실히 깨닫게 되었다.

2. 직접 칭찬하기보다 연장자 앞에서 상대방을 칭찬해주어라.

타인에게 칭찬을 받는 일만큼 기분 좋은 일은 없다. 더군다나 연장자나 상사에게서 칭찬을 듣는다면 희열은 물론이고 일종의 자부심과 감동까지 곁들어질 것이다. 물론 남에게 잘 보이기 위해서 일을 하는 것은 아니지만 당신의 성공을 인정받고, 게다가 존경하는 사람으로부터 칭찬을 받게 되면 분명 더욱 흥분되고 분발하게 된다.

백화점에서는 '미소 아가씨', '친선대사' 등의 선발행사를 자주 기획한다. 이런 이벤트는 보통 백화점에 대한 고객들의 공감을 얻어내기 위한 취지에서 열린다. 특히 상사, 팀장 등 회사 내 임원진들을 통해 행사가 홍보되면 그만큼 가치가 높아져서 많은 사람들이 눈독을 들이게 된다. 그래서 칭찬의 효과를 최상의 경지로 끌어올릴 수 있다.

3. 타인의 신뢰와 동의를 얻으려면 가식적인 칭찬을 자제하라.

'비위 맞추기용 아첨', '입에 발린 말' 등은 들을 때는 귀가 즐겁다. 하지만 진실이 결여되어 있기 때문에 금세 과장되고 꾸며냈다는 느낌을 주어 신뢰감을 떨어뜨린다.

한번은 모임에 참석하기 위해 연미복을 입어야 했는데, 체격이 있는 나로선 부담스러웠지만 어쩔 수 없었다. 그런데 당시 내 모습을 본 어떤 이가 "선생님, 그렇게 입으시니 정말 날씬해 보여요"라고 띄워주는 게 아닌가. 그러나 정작 듣고 있는 나는 기분이 썩 좋지 않았다. 이런 형식적인 칭찬은 안 하느니만 못하다.

이 세상 사람들 누구나 칭찬받기를 좋아하는 것은 사실이지만 진심에서 우러나온 성의 있는 칭찬 한 마디가 일부러 꾸며낸 백 마디 가식적인 말보다 상대방의 마음을 더욱 감동시킬 수 있음을 명심하라.

나만 옳다는 사고방식을 버려라

논쟁을 할 때 자기의견만 고집해서는 안 된다.
별로 대수롭지 않은 일이라면 대다수의 의견을 따라줘라.

사사건건 대립하지 마라

워싱턴은 말했다.

"논쟁을 할 때 자기의견만 고집해서는 안 된다. 별로 대수롭지 않은 일이라면 대다수의 의견을 따라줘라."

여론과 반대노선을 걸으면 자기만 힘들어질 뿐이며 결국 돌아오는 건 타인의 원망 어린 시선들이다. 현명한 사람들은 그런 결과를 빚어내지 않으려고 노력한다. 물론 사사건건 이의를 제시하는 사람들이 독창적인 사고를 많이 하는 것은 사실이다. 그러나 그렇다고 대중과 어긋나게 자기의견만 고집하는 것은 어리석은 행동이다. 그런 사람들은 화기애애하게 풀 수 있는 대화를 설전으로 몰고 가기를 좋아한다. 주변 친구들에 대해서도 의견이 엇갈리면 바로 정색하고 적대적으로 대한다. 아무리 맛있는 음식을 먹고 있어도 그 자리에서 논쟁이 오간다면 딱딱한 돌을 씹고 있는 듯한 느낌을 지울 수 없게 된다. 근거 없는 반박은 분위기를 싸늘하게 만든다.

아름답고 탐스러운 날개를 가지고 태어난 고집스런 새 한 마리가 있었다. 그런데 그 새는 태어날 때부터 매일 두 발로 땅 위를 총총 뛰어다니기만 할 뿐 날개를 펼쳐 하늘을 날아보려고 하지 않았다.

이 광경을 지켜보다 못한 친구들은 그렇게 발로만 팔짝팔짝 뛰어다니지 말고 날개를 이용해서 높이 날아보라고 했다. 그러나 그 새는 고집불통이었다.

"괜찮아. 나는 두 발이 튼튼해서 얼마든지 잘 뛰어다닐 수 있어."

튼튼한 두 발로 제아무리 1년 내내 팔짝댄들 드넓은 세계를 내려다보며 거침없이 하늘을 비상하는 것과 비교가 되겠는가?

보통 사람들도 이 새와 같은 실수를 자주 범한다. 다른 사람과 엇박자로 가기를 좋아하는 이런 사람들은 대부분 나만 옳고 잘났다는 사고방식에 사로잡혀, 상대방의 제안을 받아들이지 않고 자기주장만을 끝까지 고집한다. 사실 이런 고집스런 행동은 삶을 편협한 시각으로 바라보게 할 수도 있다.

누군가와 의견이 대립되었을 때 차분한 마음으로 스스로에게 이러한 질문을 던져보자.

1. 의견대립이 발생한 원인은 무엇인가?

2. 양보하지 않고 내 의견만 고집할 필요가 있는가?

3. 내가 상대방을 오해하지는 않았는가?

4. 정말 둘 사이에 의견차이가 벌어진 것일까? 아니면 내가 너무 과민 반응하는 것일까?

5. 이렇게 대립할 필요가 있는가? 이런 대립구도가 나에게 유익한가?

6. 상대방은 이런 대립상태에 대해서 어떻게 생각하는가?

상술한 문제들을 하나하나 따지다보면 아마 대부분의 의견대립이 비생산적이고 무의미하다는 사실을 깨닫게 될 것이다. 만약 서로 이미 심각하게 대립하고 있다면 확실하게 해명할 기회를 만들거나 쌍방이 모두 신뢰하는 사람을 중재자로 내세워 분위기를 전환할 필요가 있다.

🌿 지나친 고집은 극단으로 치닫기 쉽다

어느 한 가지 신념에 집착하는 사람은 그 강인한 의지만으로도 충분히 존경받을 만하다. 하지만 집착의 도가 지나치면 고집으로 변질되는 법이다. 어떤 일, 어떤 사람, 혹은 어떤 추상적 개념에 지나치게 빠지면 자칫 잘못된 길로 들어서기 쉽다.

어리석은 사람들은 대부분 고집스럽고, 고집스러운 사람은 모두 어리석다. 이들은 잘못된 관점에 더욱 집착하고 그러다 결국 방향감각을 잃어버린다. 설령 자신의 의견이 정확하더라도 한 발 물러나는 미덕을 보여주는 게 좋다. 그러면 언젠가 사람들은 당신 생각이 옳다는 것을 인정하게 될 것이고, 당신이 가진 양보의 여유와 관대함에 감탄하게 될 것이다. 고집이 초래하는 손해는 타인을 다치게 함으로써 얻는 소득을 훨씬 능가한다. 고집을 부리는 순간 당신이 옹호하고자 하는 것은 진리가 아니라 비합리성이 된다. 머리가 딱딱하게 굳어버려 집요하게 자기의견만 주장하는 사람들을 설득할 방법은 없다. 고집이 비현실적인 공상과 접목되면 치료불능의 우매함으로 전락된다. 의지는 고집스럽게 유지해나가야 하지만 판단을 내릴 때는 그럴 필요가 없다. 물론 예외상황이 있기는 하지만 고집스러움 때문에 판단을 자꾸 유보하지 마라. 일단 과감하게 결단을 내리고 행동으로 옮기는 과정에서 흔들리지 않아야 한다.

어느 마을에 큰비가 쏟아져 마을 전체가 침수될 위험에 처해 있었다. 그때 이 마을의 신부는 성당에서 무릎을 꿇고 기도를 하고 있었는데 이미 물이 무릎까지 차오른 상태였다.

이때 구조원이 뗏목을 타고 성당으로 와서 다급하게 신부를 불렀다.

"신부님, 어서 올라타세요. 안 그러면 홍수에 휩쓸려갈지도 모릅니다."

그러자 신부가 대답했다.

"아니오. 나는 성당을 지켜야 하오. 하늘이 나를 구원해주실 겁니다. 하느님은 늘 저와 함께 계십니다."

잠시 후 물이 신부의 가슴까지 차올랐고 신부는 할 수 없이 제단 위로 올라갔다.

이 무렵 경찰 한 명이 보트를 몰고 와 신부를 설득했다.

"신부님, 빨리 올라타십시오. 안 그러면 정말 익사하실 수도 있어요."

신부는 여전히 완강했다.

"아니오. 나는 성당을 지켜야 합니다. 하느님이 분명 저를 구하러 오실 겁니다. 어서 가서 다른 사람들이나 구해요!"

얼마 후 성당 전체가 물에 잠겼다. 신부는 결국 지붕 꼭대기에 있는 십자가를 붙잡고 매달려 있어야 했다.

바로 그때 헬리콥터가 천천히 그를 향해 다가왔다. 헬리콥터에 타고 있던 비행사는 줄사다리를 내리며 소리쳤다.

"신부님, 어서 올라오세요. 이번이 마지막 기회입니다. 저희는 신부님이 휩쓸려가시는 모습을 차마 볼 수가 없어요."

신부는 단호하게 대답했다.

"아니, 나는 괜찮아요. 나는 성당을 지키겠소. 하늘이 날 지켜주실 테니 걱정 말고 가서 다른 사람들이나 구해줘요."

그러나 이 말이 끝나기가 무섭게 거센 물살이 신부를 덮쳤다. 그렇게 고집을 부리던 신부는 결국 물살에 휩쓸려가고 말았다.

때로 비현실적이고 일방적인 집착은 우매함과 무지의 상징이다. 살다 보면 가끔 포기할 줄 아는 지혜도 필요하다.

외곬적 성향인 사람이 정상적인 대인관계를 유지하지 못하는 이유는 다음 몇 가지로 추려볼 수 있다.

첫째, 자기 자신에 대해서도 이성적인 판단을 하지 못하기 때문에 타인을 객관적이고 공정하게 평가하거나 타인의 이해와 신뢰를 받는 것은 더욱 어렵다. 둘째, 자기 생각만을 강요하는 태도 때문에 상대방의 반감을 불러일으켜 둘 사이에 심리적 갈등이 쌓이게 된다. 셋째, 내 것만을 고집하다보면 논쟁으로 귀결되고 이는 결국 타인과의 정신적 교류와 상호융합에 악영향을 끼치게 된다.

어떠한 상황이든 극단으로 가는 것은 좋지 않다. 논쟁할 때는 자기의견만 고집하지 말고, 대수롭지 않은 사안에 대해서는 대다수의 의견을 따르거나 타인의 견해를 존중해주어라.

🍃 집요한 논쟁은 금물이다

"논쟁에서 싸우지 않고 이기는 단 하나의 방법은 아예 논쟁을 하지 않는 것이다."

이는 카네기가 남긴 유명한 말이다. 사람들과 어울려 살다보면 서로 의견이 엇갈리는 경우가 자주 발생한다. 그럴 때마다 논쟁으로 풀어가려고 한들 상대편 주장의 설득력만 더 강화시켜줄 뿐이다. 당신은 논쟁에서 영원히 이길 수 없다. 상대방을 설득시키지 못하고 손을 들었다면 그건 당연히 진 것이다. 하지만 설령 이겼다 할지라도 사실은 진 거나 다름없다. 게다가 당신의 승리가 상대방의 자존심에 상처를 낸 대가로 얻어진 것이라면 결과는 더 참담하다. 상대방은 당신의 승리에 불복함과 동시에 당신을 적대시할 것이다. 정말 그렇게 적대적인 시선을 감수하면서까지 논쟁에서 승리를 차지하고 싶은가?

미국인 여성을 아내로 맞은 영국 작가 키플링Kipling은 미국 버몬트주에 훌륭한 저택을 지어 그곳에서 여생을 보내고 있었다. 어느 날 키플링과 그의 처남이 정원에 풀을 심을지 꽃을 심을지에 대해서 의논하다가 서로 의견이 엇갈렸다. 한참 옥신각신하더니 결국엔 거친 욕설까지 오갔고 친구처럼 지내던 둘 사이는 이 작은 사건 하나로 인해 원수지간이 되었다. 그 뒤로도 두 사람은 사소한 일 때문에 여러 번 시비가 붙었고 이는 결국 법정싸움으로까지 번지고 말았다. 키플링은 재판에서 아내와 함께 살고 있는 집에서 영원히 떠나라는 선고를 받았다. 결국 그의 처남이 승리한 것이었다. 하지만 그러한 승리가 과연 무슨 의미가 있을까?

석가모니는 "원망은 원망으로 지워지는 게 아니라, 오직 사랑으로만 종식시킬 수 있다"고 강조했다. 지나친 경쟁의식과 강요만으로는 상대방을 설득시킬 수 없으며, 사랑과 관용으로 다가서야 진정한 승리의 고지를 점할 수 있다. 아무리 당신의 말이 옳다 하더라도 다짜고짜 논쟁으로 상대방의 생각을 바꾸려들면 결국 둘 다 상처를 떠안게 된다.

어느 날 게 두 마리가 강변에서 마주쳤다. 그들은 서로 먼저 강에 들어가기 위해 이를 악물고 팽팽한 신경전을 벌였다. 그중 한 마리가 화가 나서 집게발을 높이 치켜들더니 상대편 게를 후려쳤다.

"내가 먼저 물에 들어가야 해! 이 무례한 놈아."

이에 분노한 또 다른 게도 거품을 물며 상대방을 있는 힘껏 꼬집었다. 그러고는 씩씩대며 소리쳤다.

"무슨 소리! 분명 내가 먼저 강가에 도착했어. 이런 깡패 같으니라고!"

둘은 서로 엉켜 붙어서 치고 박고 싸우기 시작했다.

마침 그곳을 지나던 한 어부가 게들을 발견하고는 쓱 집어 올려서 자기 낚시통 안으로 골인시켰다.

게들은 어두컴컴한 통 안에 던져져 갇힌 신세가 되었음에도 이번에는 통 안의 좋은 자리를 차지하겠다고 싸움을 벌였다.

그중 한 마리는 통 안으로 떨어지는 도중에 집게를 다쳤는데, 그럼에도 불구하고 조금도 투지가 꺾이지 않은 듯했다. 그 게는 어두운 상황에서도 상대편 게를 향해 마구잡이로 꼬집고 찔러댔다. 다른 한 마리 게 역시 방금 떨어지면서 머리를 심하게 부딪쳤지만 여전히 기세등등했다. 어둠 속에서도 상대편 게의 그림자를 포착해내 흠씬 두들겨 팼다.

어부는 툭하면 들러붙어 싸워대는 이 게들을 도저히 떼어낼 방법이 없어 결국은 그들을 펄펄 끓는 솥에다 함께 집어넣어 버렸다.

겸손과 양보는 우리 일상에서 매우 중요한 미덕이다. 이를 실천하면 상대방과 동질감을 형성할 수 있을 뿐 아니라 작은 것 때문에 큰 것을 놓치는 실수를 피할 수 있다.

콩스탕Constant의 『나폴레옹의 사생활 회상록』 제1편에는 나폴레옹이 평소 조세핀과 당구를 즐겨 쳤다는 대목이 나온다. 그는 나폴레옹이 이런 말을 자주 했다고 적고 있다.

"내 당구기술이 더 뛰어나긴 하지만 나는 그녀가 기뻐하는 모습을 보기 위해 항상 그녀가 이기도록 배려한다."

이 말 속에는 '사소한 경쟁에서는 내 고객, 친구, 남편, 아내가 이길 수 있도록 배려하라'는 교훈적인 메시지가 담겨 있다.

링컨도 다음과 같은 말을 남긴 바 있다.

"성공에 대한 강인한 의지가 있는 사람일수록 사적인 논쟁에 시간을 소모하지 않는다. 그들은 논쟁으로 인한 부정적 결과, 즉 성질의 악화나 자제력 감퇴 등의 결과를 굳이 감수하려들지 않는다."

서로의 의견이 모두 어느 정도 타당성을 가지고 있다고 인정될 때는 당신이 먼저 한발 뒤로 물러서는 게 좋다. 또한 아무리 봐도 당신이 옳다고 생각되는 일에 대해서도 너무 집요하게 물고 늘어지지 말고 조금은 양보해보자.

🌿 잘못을 솔직히 시인하라

누구나 실수를 저지르는 법이다. 자신의 잘못이 상대방의 비난이나 질타의 대상이 되었을 때 화부터 내거나 잡아떼면서 오히려 자기 실수를 두둔하는 것은 정말 현명하지 못한 처사다.

잘못과 악의는 절대 선의의 맞수가 될 수 없다. 당신 스스로 실수에 대해 집요하게 변호한다면 그보다 더 어리석은 행동은 없을 것이다. 집요한 행동은 딱딱한 언어보다 위험하다. 일반적으로 행동이 말보다 위험부담이 더 크기 때문이다. 지나친 고집은 무지에서 나온다. 그래서 평소 고집스런 사람들은 반박을 좋아하고 진리를 방치하며, 비효율적인 논쟁을 선호하는 경향이 강하다. 반면 매사에 신중한 사람들은 아예 처음부터 이성적으로 행동하거나 이미 실수를 저질렀다면 발견 즉시 바로잡으려고 노력한다. 그들은 이성을 신뢰하지 순간적으로 끓어오르는 흥분과는 절대 타협하지 않는다.

월리엄이라는 한 상업 예술가는 '자기잘못 시인법'을 통해 신경질적이고 까탈스러운 고객의 마음을 단번에 사로잡았다.

월리엄은 이렇게 말한다.

"상업광고와 출판물에서는 한 치의 오차도 없는 정확함이 생명입니다. 어떤 예술 편집장들은 그들이 주는 임무를 빠른 시간 안에 완성해내기를 요구합니다. 그런 상황에는 종종 작은 실수들을 피할 수 없게 마련이죠. 제가 아는 분 중 어떻게든 꼬투리 잡기를 좋아하는 분이 하나 있었어요. 일 이야기를 하고 그의 사무실에서 나올 때면 늘 기분이 엉망이었죠. 나에 대한 지적 때문이 아니라 그가 나를 공격하는 방법이 영 마음에 들지 않았거든요. 얼마 전에도 그가 요구한 설계도를 부랴부랴 완성해서 보내줬더니 전화를 걸어서는 문제가 생겼다며 당장 사무실로 와달라고 하더 군요. 사무실에 도착해보니 예상했던 대로 분위기가 심상치 않았어요. 그는 나를 보더니 트집거리가 생겨서 신이 난 사람처럼 온갖 쓴소리들을 다 퍼부었습니다. 그때 저는 제가 배웠던 '자기비평'의 방식을 써먹을 때가 왔구나 싶었어요. 그래서 말했죠.

'선생님 말씀이 백 번이고 옳습니다. 제 잘못은 정말 용서받지 못할 거예요. 선생님과 거래한 지 그렇게 오래되었으면서 선생님의 취향과 요구 하나 제대로 맞춰드리지 못했어요. 정말 부끄럽기 짝이 없습니다.'

그랬더니 그 사람이 갑자기 태도를 누그러뜨리며 말하더군요.

'그래, 자네 말이 맞긴 하지. 하지만 자네가 그렇게 심각한 실수를 저지른 건 아니네. 다만 한 가지……'

저는 그의 말을 끊으며 이렇게 말했답니다.

'어떠한 잘못이든 치러야 할 대가는 크게 마련입니다. 제가 너무 심려를 끼쳐드렸어요.'

그는 다시 끼어들려고 했지만 제가 틈을 주지 않았죠. 속으로 매우 만족스러웠어요. 태어나 처음으로 자아비평을 해보는 것이었지만 그다지 싫지 않더군요. 저는 계속 말을 이어나갔어요.

'제가 조금더 조심했어야 해요. 매번 일도 많이 주시는데 당연히 제가 100퍼센트 만족시켜 드려야죠. 이번 건은 처음부터 다시 해오겠습니다.'

'아니, 아니야!'

그가 손을 내저으며 말리더군요.

'자네를 번거롭게 할 생각은 없네.'

그러면서 갑자기 제 작품을 칭찬하더니 조금만 수정해주면 문제없다고 하는 거예요. 그러고는 작은 잘못 하나로 시간과 돈을 더 낭비할 수는 없다며 대수롭지 않은 일이었으니 신경 쓰지 마라고 하더군요. 저의 진지한 자아비평에 그의 화는 완전히 풀렸습니다. 결국 그는 저에게 점심식사를 대접한 뒤 헤어지기 전에 돈을 건네며 또 다른 작품까지 의뢰하더군요."

어리석은 사람들은 자신의 잘못을 인정하지 않고 이리저리 핑계 대기에 바쁘다. 반면 자신의 잘못을 시인할 줄 아는 사람들은 쉽게 용서를 받으며 상대방에게 겸손하고 공손한 이미지를 남긴다.

내가 옳다고 생각되면 부드럽고 우회적인 방법으로 상대방의 동의를 이끌어내고, 내가 틀렸다면 솔직 담백하게 잘못을 시인해보자. 이 기술을 잘 활용하면 어떠한 상황에서건 긍정적이고 놀라운 효과를 누릴 수 있을 것이다.

🌿 싸우지 말고 양보하라

다툼도 삶의 한 단면이다. 전혀 싸우지 않고 살아갈 수는 없다.

남성의 경우 이해관계에서 여성과 불화가 생길 때만큼 마음이 괴롭고 복잡할 때도 없을 것이다. 그들은 이때 사람들과 가장 많이 부딪친다고 한다.

"가난한 부부는 모든 일이 다 슬프다"라는 말도 있듯 다툼은 대개 가난 때문에 빚어지는 경우가 많다.

한 집안에 살림을 책임지는 사람이 두 명이라면 사사건건 부딪쳐서 바람 잘 날이 없게 된다. 지구상에 두 개의 태양이 공존할 수는 없는 법이다. 그럴 경우 닥쳐올 암울한 결과에 대해서는 감히 상상조차 할 수 없다. 신세대와 구세대들도 관점이나 시각에 있어 많은 차이를 보인다. 또한 분쟁은 종종 대수롭지 않은 작은 일에서 시작된다. 친구들끼리도 의견충돌이 잦으면 결국 서로 간의 거리도 점점 멀어지게 된다. 또 얼굴을 붉혀가며 심각하게 싸울 때는 그 틈을 타서 한몫 챙기려는 사람들을 조심해야 한다.

다툼이 끊이지 않는 집안에서 자란 아이들 중에는 성격이 온순하고 부드러운 아이가 거의 없다. 집안에서의 다툼을 영원히 피할 수 있다면 그만큼 좋은 대안은 없을 것이다.

바보들이나 다툼에 시간과 힘을 낭비하지, 현명한 사람들은 타인의 의견에 관대하며 그들과 공감대를 형성하려고 노력한다. 사소한 다툼 하나 때문에 그 이상의 비싼 대가를 치를 수도 있으니 싸움은 피할 수 있으면 최대한 피하는 게 상책이다.

어느 날 영국의 문학가 버나드 쇼Bernard Show가 한적한 시골길을 따라

산책을 하고 있었다. 이때 평소 그에게 악감정을 품고 있던 귀족이 맞은 편에서 걸어오고 있었다. 버나드 쇼를 발견한 그 귀족은 이 기회에 그를 골탕 먹여야겠다고 생각했다. 두 사람의 거리가 점점 가까워지자 그가 길의 중앙에 떡 버티고 서더니 소리쳤다.

"미안하지만 나는 멍청한 놈들한테 길을 양보해준 적이 없네!"

그러자 버나드 쇼가 미소를 머금은 채 길가 쪽으로 비켜서며 대답했다.

"저는 그 반대입니다."

다툼으로는 만족스런 결과를 얻어낼 수 없지만 양보를 통해서는 당초 기대치를 훨씬 뛰어넘는 결과를 얻을 수 있다.

누군가와 시비가 붙었을 때는 먼저 당신이 지나치게 자신의 의견만 고집하는 것은 아닌지 돌아보자. 만약 당신의 의견이 틀림없이 정확하다고 생각되더라도 겸손하게 물러나라. 그러지 않고 싸움으로 치닫게 되면 상대방은 결국 자신의 주장이 옳다고 더욱 맹신하게 될 것이다.

다툼을 하면 그 자체만으로도 양쪽 모두 잘못을 저지르는 것이다. 논쟁이 파국으로 치달으면 결국 두 사람 모두 곤란해질 뿐이다. 서로 상대방의 입장을 배려하고 분노를 새로운 에너지로 전환할 수 있다면 남을 위해 뭔가 좋은 일을 한 것처럼 마음이 뿌듯해질 것이다.

상대방에 대한 요구치가 너무 높을 경우에도 싸움으로 번지는 경우가 많다. 어떤 사람들은 상대방이 요구에 따라주지 않고 실망감을 안겨주면 감정이 격해져서 상대의 약점을 들춰가며 분풀이를 한다. 그들은 타인에 대한 가혹한 요구가 비도덕적인 행동임을 전혀 자각하지 못하는 듯하다. 그러면 결국 자기 자신만 손해다.

그렇다고 정확한 진리가 마냥 파묻혀서도 안 된다. 타인과의 싸움은 최대한 피하되 일단 논쟁이 시작되었으면 상대방이 진리를 깨닫도록 해줘야 한다.

논쟁은 정상적인 인간관계를 유지하는 데 꼭 필요한 요소다. 의견충돌이 없으면 관계도 건전하게 발전할 수 없다. 밀접한 사이일수록 그러한 논쟁은 더욱 중요하다. 논쟁이 좋지 않은 습관이라고 해서 무조건 자제하기만 해서도 안 된다. 그러면 갈등은 계속될 수밖에 없다. 그게 쌓이고 쌓이면 시간이 흐를수록 서로의 관계는 파행을 걷게 된다.

상대방을 배려하는 성의 있는 논쟁은 우정을 더욱 단단히 다져준다. 단한 번도 싸우지 않은 친구 사이는 그만큼 쉽게 깨지게 마련이다.

논쟁을 할 때는 이기적인 마음을 버리고 공정하고 호의적으로 해야 한다. 물과 기름처럼 서로를 배척하기만 할 게 아니라 좀더 현실적으로 다가서야 한다. 협박이나 속임수를 동원해서도 안 되고, 오해의 소지가 다분한 부적절한 언어사용도 자제해야 한다.

적대적이고 불필요한 소모전으로, 아름다워야 할 우리의 삶을 얼룩지게 하지 말자.

✿ 상대방에게 표현의 기회를 줘라

논쟁을 할 때는 상대방을 몰아세우기만 하지 말고 그의 의견을 충분히 들어줄 수 있어야 한다.

인간은 자신의 행동기준에 비추어 타인의 행동까지 지배하려 한다고 심리학자들은 지적한다.

이는 정확한 지적이다. 미국의 해군에서도 유사한 실험을 한 적이 있다. 그 실험을 통해 다른 사람이 큰 소리로 부르면 상대방이 보이지 않아도 자기도 모르게 큰 소리로 대답하게 된다는 사실을 도출했다. 이는 타인의 행동이 우리 자신의 행동을 변화시킬 수 있으며 상대방의 반응에 따라 우리의 태도가 달라질 수 있음을 암시하고 있다.

중세의 유명한 인문학자 에라스무스Erasmus는 다른 사람들에게 욕을 먹어도 얼굴색 하나 변하지 않고 태연했다. 어느 날 에라스무스의 친구는 누군가 에라스무스에게 귀에 거슬리는 욕설을 퍼붓는 모습을 보고는 기가 막혀서 물었다.

"어째서 가타부타 해명을 하지 않는 거지?"

에라스무스는 침착한 표정으로 대답했다.

"어리석은 사람들은 아무리 설명을 해줘도 현명한 사람들의 행동을 이해하지 못하는 법이야. 그러니 심하게 욕을 먹을수록 내가 더 현명하다는 것이 입증되는 셈이지. 화나기는커녕 오히려 영광이라고 생각하네."

비록 타인의 행동이 우리의 태도에 영향을 준다지만 스스로 거기에 휘말리거나 동요되지 않으려고 해야 한다. 아무리 듣기 거북한 비난이나 가혹한 공격이라 할지라도 가슴에 손을 얹고 양심에 거리낄 게 없다면 전혀 개의할 필요가 없다.

자신이 그 정도의 내공까지 갖추지 못했다고 생각한다면 다음의 일화를 살펴보자. 아마 갈등이 생기거나 비난을 받을 때 어떻게 풀어야 할지에 대한 방향을 제시해줄 것이다.

미국에서 '껌의 왕'이라 불리는 윌리엄 리글리William Wrigley는 한때 비누 세일즈를 했었다. 한번은 그가 비누를 팔기 위해 어느 잡화점 안으로 무작정 들어갔다. 나중에 안 사실이지만 이 가게의 주인은 리글리가 다니던 회사와 그 제품을 매우 불신하고 있었다.

주인은 못마땅한 듯 리글리를 향해 소리쳤다.

"썩 나가시오. 당신도 당신네 그 잘난 회사와 함께 뒈져버려!"

젊은 리글리는 샘플들을 정리하면서 차분하게 주인에게 물었다.

"보아하니 선생님 가게에서 제품을 팔기는 힘들 것 같군요. 그런데 한 가지 여쭤보고 싶은 게 있습니다. 가능하다면 선생님의 조언을 좀 듣고 싶어서요. 저는 이제 막 입사한 신입사원입니다. 물건을 잘 팔려면 제가 앞으로 어떻게 고객들을 대해야 하나요?"

"그 일에 관해서라면 당신은 앞으로……."

주인은 마치 기다렸다는 듯 이야기보따리를 풀기 시작했다. 그리고 자신이 왜 그 회사 제품을 거부했는지에 대해서도 상세하게 해명해주었다. 자기생각을 한참 늘어놓은 주인은 결국엔 리글리의 비누를 사주었다.

젊은 리글리에게서 우리는 중요한 삶의 지혜 하나를 배울 수 있다. 맞불작전으로 대응하지 않고 먼저 상대방에게 말할 기회를 줬던 그의 행동을 기억하자.

이 방법이 과연 효과가 있을까? 대부분의 사람들은 자신의 이야기를 하는 것을 좋아한다. 리글리처럼 상대편에게 말할 기회를 줌으로써 표현에 대한 갈증을 풀어주면 당신이 직접 나서서 그를 설득할 필요가 없다. 상대방의 기분을 먼저 배려하고 그의 의견에 귀 기울이면 무의미한 논쟁을 피할 수 있을 뿐 아니라 서로의 오해와 갈등 또한 자연스럽게 녹여낼 수 있다.

떳떳하다고 너무 강압적으로 나서지 마라

사람들 사이에서 벌어지는 논쟁, 싸움, 속임수, 박해 등은 하나같이 무의미한 소모전일 뿐이다. 이치를 내세우며 끝까지 논쟁하기보다는 먼저 한발 양보하는 게 낫다. 상대방 스스로 자신의 역량부족을 깨닫고 물러서도록 하면 분쟁도 자연스럽게 종식된다.

미국의 루스벨트 대통령은 유명인사가 되기 전부터 마음이 넓고 강직한 인물이라는 소문이 자자했었다.

어느 날 루스벨트의 손목시계가 감쪽같이 사라지는 일이 벌어졌다. 그는 여기저기 수소문 끝에 이웃사람이 그의 시계를 훔쳐갔다는 사실을 알아냈다. 증거까지 확보되자 주위 사람들은 볼거리가 하나 생기겠거니 생각하며 기다리고 있었다. 도둑질을 한 그 사람의 최후가 어떨지 보고 싶었던 것이다. 그러나 루스벨트는 아무런 대응도 하지 않았다. 그 이웃을 찾아가서 시계를 돌려달라고도 하지 않았고, 그 일에 대해 더이상 추궁하지도 않았다. 그렇게 그 절도사건은 흐지부지 마무리되고 말았다.

나중에 오지랖 넓은 마을주민 하나가 궁금함을 참지 못하고 루스벨트에게 물었다.

"사건의 진상이 완전히 드러났는데 왜 나서서 확실히 처리하지 않으십니까?"

루스벨트의 대답은 이러했다.

"내가 그 사람을 찾아가서 따지면 시계는 돌려받을 수 있겠지요. 하지만 그 후에는 다들 얼굴 보기가 난감해질 겁니다. 그렇게 되면 저한테도 별로 좋은 일은 아니지요. 제가 먼저 잘하면 다른 사람도 일부러 저를 괴롭히지 않을 거고, 다들 화목하게 잘 살 수 있을 겁니다. 그러니 그깟 시계 하나가 대수겠습니까?"

루스벨트는 일상에서 늘 다른 사람들과의 어울림을 먼저 생각했다. 세심한 부분도 관대하고 개방적인 마음으로 대하기 위해 노력했고 어떠한 고난에도 쉽게 굴복하지 않았다. 그의 여유 있는 마음과 포용력은 오늘날까지도 많은 사람들의 귀감이 되고 있다.

그중에서 무엇보다 대단한 것은 그가 다른 사람들을 탓하지 않고 늘 자신을 먼저 반성하고 돌아봤다는 점이다. 스스로 본분을 지키며 생활하다 보면 어느 누구도 자신에게 도발적인 행동을 취할 수 없을 거라는 믿음 때문이었다.

아무리 이치에 맞고 떳떳하다고 해도 너무 직설적이고 강압적인 태도로 어필하려들지 마라. 용서할 수 있는 부분에 대해서는 최대한 관대해져라. 지나치게 시비에 집착하다보면 서로의 적개심과 보복심만 자극할 뿐이다. 사실 이치를 주장하는 방법이 꼭 '채찍' 같은 고압적인 도구만 있는 것은 아니지 않은가?

✿ 작은 일에 연연해하지 마라

실수로 필통을 떨어뜨리는 등의 사소한 일 때문에 학교 친구들끼리 욕하고 싸우는 모습, 작은 의견차로 인해 이웃들끼리 서로 얼굴을 붉히는 모습, 콩나물시루 같은 버스에서 승객들끼리 서로 언성을 높이고 핏대를 세우는 모습……, 우리가 일상에서 너무나도 자주 접하는 장면들이다. 하지만 이는 따지고 보면 원칙에서 벗어난 충돌이며 무의미한 집착일 뿐이다.

적극적인 사람들은 아까운 시간과 힘을 작은 일에 소진하지 않는다. 작은 일에 자꾸 신경 쓰다보면 정작 중요한 목표와 핵심사항을 놓치게 된다는 게 그들의 생각이다. 대수롭지 않은 사소한 일에 지나치게 얽매이면 원래 가야 할 길에서 자꾸 빗나가게 된다.

다음은 사소한 일에 대해 돌이킬 수 없는 선택을 한 경우들이다.

스웨덴은 1654년 폴란드를 공격해 전쟁을 일으켰다. 그런데 그 이유가 좀 황당하다. 스웨덴 국왕이 어느 공문서에서 자신의 이름 뒤에는 두 개의 직함만 적혀 있고 폴란드 국왕의 이름 뒤에는 세 개의 직함이 부여되어 있음을 발견했기 때문이었다.

약 900년 전 유럽 전체를 짓밟았던 한 전쟁도 작은 통 하나 때문에 일어났다. 그 유명한 영불전쟁은 어떤 사람이 실수로 유리잔 안의 물을 토레 후작의 머리 위에 튀긴 사건이 발단이 되었다.

또한 한 남자아이가 그루이스 공작에게 자갈을 던진 사건이 일파만파로 번져 결국 발렌시아 대학살과 30년전쟁이라는 최악의 상황이 초래되기도 하였다.

비록 우리는 작은 사건 하나 때문에 전쟁을 일으키거나 할 정도까지는 아니어도 사소한 일로 주변 사람들을 불쾌하게 할 수는 있다.

논쟁이 접점 없이 계속 평행선을 달리는 이유는 당사자들이 저마다 자신의 일방적이고 단편적인 견해에 근거해 거기에 딱 들어맞는 결론을 얻고자 하기 때문이다. 하지만 만약 쌍방 모두가 자기의견만을 고집하고 어느 누구도 양보를 하지 않거나 상대방의 의견을 받아들이려 하지 않는다면 결론은커녕 더 큰 분쟁으로 확산될 수도 있다. 결국 쌍방 모두에게 좋을 게 없다.

그렇다면 격렬한 논쟁에 휘말렸을 때 스스로 분노나 과민반응을 억제할 수 있는 방법은 없을까?

물론 있다. 우리는 "부드러운 대답은 화를 누그러뜨릴 수 있고, 가시 돋친 말은 화를 더 돋운다"라는 솔로몬 왕의 말에서 그 해답을 찾을 수 있다.

일각에서는 솔로몬 왕을 세상에서 가장 지혜로운 인물이라고 평가한다. 그는 화를 잘 내지 않는 사람은 넓은 포용력을 지니고 있고 곧잘 화를 내는 사람은 바보 같은 행동만 한다고 믿었다.

그렇다. 얼굴 가득 분노가 서려 있는 사람은 이성에 의한 통제력을 유지할 수 없다. 화가 풀리지 않아 울분이 가시지 않는 상태에서는 비정상적이고 어리석은 행동을 하게 되어 다른 사람은 물론 자기 자신에게도 커다란 상처를 남긴다. 그러므로 논쟁을 할 때는 다음 몇 가지 사항에 유의하자.

1. 부드럽게 대답한다.
2. 상대방의 말에 절대 격분하지 않는다.
3. 화가 나도 절대 과민하게 반응하지 않는다.
4. 비열한 행동을 자제한다.

이는 솔로몬 왕의 충고다. 언뜻 보면 간단해 보이지만 이를 실천으로 옮길 수만 있다면 작은 일 때문에 지루한 논쟁을 벌이는 일은 없을 것이다.

🌿 큰일을 위해 정당하게 싸워라

자부심이 강하고 자만하는 사람들은 화를 잘 내고 쉽게 흥분한다. 그렇다면 신중하고 겸손한 사람들은 어떨까? 물론 그들도 화를 낸다. 하지만 적어도 사소한 일 때문에 논쟁을 벌이지는 않는다.

겸손함과 침착함이 몸에 밴 사람들은 지식과 도덕규범의 영향으로 스스로를 통제할 수 있는 충분한 내공이 다져진 사람들이다. 그래서 작은 일과 예의범절에 있어서는 늘 유연하고 절도 있는 모습을 보여준다. 그들은 쉽게 신경질을 부리는 사람들보다 훨씬 일의 진상을 잘 파악하며, 보다 확실한 처세원칙을 세워두고 있다. 그래서 아예 화를 내지 않거나 일단 화를 내면 대단한 행동으로 세상을 깜짝 놀라게 한다.

워싱턴처럼 천성이 온순해서 신경질이나 난폭함과는 거리가 먼 사람도 화를 낼 줄 알까? 물론 답은 화를 낸다는 것이다. 온순함과 무원칙은 동격이 아니다. 워싱턴은 동시대의 선각자들처럼 '자유'라는 원칙을 가장 소중하게 여겼다.

1769년 4월 5일, 워싱턴은 메이슨George Mason에게 보내는 편지에 이렇게 적었다.

"안하무인인 영국인들이 우리의 자유를 모조리 갈취하려고 합니다. 이를 막기 위해 뭔가 조치를 취해야 할 때입니다. 조상으로부터 물려받은 소중한 자유를 지켜내야 합니다. 하지만 어떤 방법이 가장 효과적인지에 대해서는 의론이 분분한 상태입니다.

우리 미국인의 운명과 직결된 이 소중한 자유를 수호하기 위해서 우리 모두가 용감하게 무기를 들어야 합니다. …… 이게 바로 저의 단도직입적인 의견입니다. 하지만 한 가지 보충한다면 무기는 최후의 수단, 즉 절체절명의 마지막 순간에 펼치는 비장의 카드여야 한다는 것입니다. 영국 국왕에게 탄원서를 제출하거나 의회에 상정해도 별다른 수확이 없었다고 들었습니다. 상품 불매운동을 전개해 그들과의 무역을 거절하면 그들도 어느 정도 마음을 돌려서 우리의 권리를 보장해줄 것 같으니 한번 시도해 봅시다."

이렇게 불편한 심기를 토로한 그는 자신의 생각을 직접 행동으로 옮기기로 결심했다.

1771년 1월 1일, 워싱턴이 로버트 모리스Robert Morris 등에게 보낸 편지에는 그의 확고한 신념이 더욱 잘 반영되어 있다.

"저는 우리가 자유를 지키기 위해 무기를 들었음을 항시 기억하겠습니다. 하지만 일단 자유를 쟁취하고 나면 가장 먼저 버려야 할 게 바로 무기입니다."

온화한 성품의 워싱턴도 결국 인내심에 한계를 느껴 무기를 들고 싸움에 나섰다. 1775년 6월 15일, 그는 육군 총사령관으로 임명되어 군인으로서의 위대한 여정을 시작하게 된다. 국가가 외세의 침략을 받지 않도록 하기 위해, 국민의 자유를 위해 워싱턴은 싸움이라는 방식을 동원할 수밖에 없었던 것이다.

행동의 원동력이 되고 목표를 향해 전진하는 촉매제가 될 수 있는 분노는 건설적이고 정당한 분노다. 국가를 대신해 매국노를 벌하거나 국민을 위해 자유를 부르짖는 것은 모두 정의와 호소력이 짙은 분노다. 이러한 정서가 대중들 속에 깊이 퍼지고 스며들면 역량이 하나로 결집되어 최악의 현상을 좋은 방향으로 개선해나갈 수 있을 것이다.

워싱턴은 정신력이 약한 사람은 재난에 의해 쉽게 무너지고, 정신력이 강한 사람은 재난을 한 걸음 더 나아가기 위한 기회로 전환시킨다고 했다. 정의, 진리, 자유 같은 근본적인 시비 앞에서 '희로애락'이라는 개인적 감정은 한없이 무색해질 뿐이다.

자신의 개인적인 감정에만 마냥 젖어 있어서는 안 된다. 때로는 보다 근본적이고 위대한 원칙을 우선순위로 삼아 실천해보자. 그것이 바로 우리가 인간으로서 지녀야 할 도리이다.

얼마나 큰 일에 화를 내는지가 그의 포부와 아량을 나타내는 척도임을 기억하라.

워싱턴 대통령에게 배우는
성공하는 사람들의
인간관계

타인에게는 관대하고 자신에게는 엄격하라

타인의 결점을 부여잡고 끝까지 추궁해서는 안 된다.
친구와의 비밀은 절대 다른 사람에게 새어나가지 않도록 한다.

타인에게 관대하라

워싱턴은 "타인의 결점을 부여잡고 끝까지 매달리지 마라"고 했다. 다른 사람의 잘못이나 결점은 쉽게 눈에 띄는 법이다. 그래서 어머니들은 조바심에서 별것 아닌 작은 일을 되풀이하여 이야기한다. 하지만 부모님이든 선생님이든, 아이나 학생들의 인생과 관련된 그들 최대의 결점에 대해서는 자각하지 못하는 경우가 많다. 결국 인간은 스스로의 모습을 되돌아보는 자기성찰에 인색하다.

타인에게 각박하게 대하지 말고 관용을 베풀어야 한다. 관용은 '내주는 것'이다. 그런데 타인에게 퍼줄수록 자신의 내면은 더욱 알차고 풍성해진다. 관용은 온갖 물이 모여드는 바다와 같은 것이다. 반면, 각박함은 '흡수하는 것'이다. 그러나 아무리 흡수해도 촉촉해지지 않고 메말라버린다. 건조해서 갈라지는 하천처럼 말이다.

관용을 베풀려면 '바다같이 넓은 마음'은 물론 자기수양으로 다듬어진 지혜도 필요하다. 사실 도량이 넓은 사람들은 일상에서 자연스럽게 관용을 실천한다. 교주가 의자를 옮기도록 시켜서 교도들을 '일벌백계一罰百戒' 하려고 했다면 그것은 단순한 솜방망이 역할에 그칠 뿐이다. 교도들은 그 순간에는 행동을 조심할지 모르나 진정으로 반성할 기미는 보이지 않는다. 마찬가지로 선생님들은 학생의 짓궂은 장난에 대해 일반적으로 화를 내고 호되게 꾸짖는다. 그러나 방법이 너무나도 구태의연하기 때문에 획기적인 효과를 기대하기는 힘들다. 사실 이는 '인간과 인간의 대응관계를 어떻게 바로잡아서 조화의 경지에 이르게 할 수 있을까'라는 하나의 문제로 귀결된다. 이것도 하나의 예술이다. 규범의 틀에 따라 상대방을 관리하고 곧은 길로 가도록 인도하는 건 좋지만 그 과정에서 관용이 배제된다면 인간의 적응력과 독창성을 소멸시키는 결과를 불러온다.

1754년 장교 신분의 워싱턴이 부하들을 이끌고 알렉산더 시에 주둔하고 있을 때였다. 당시 버지니아 주에서는 국회의원 선거가 한창이었는데 윌리엄 펜William Penn이라는 사람이 워싱턴이 지지하는 후보를 반대하고 나섰다.

워싱턴은 펜과 선거문제와 관련해서 격렬한 논쟁을 벌이다가 펜의 자존심을 건드리는 말을 했다. 화가 치밀어 오른 펜은 주먹을 날려 워싱턴을 때려눕혔다. 그때 워싱턴의 부하들이 달려와 펜을 손봐주려고 하자 워싱턴이 다급하게 말리며 군대로 돌아가라고 충고했다.

다음날 이른 아침, 워싱턴은 인편으로 펜에게 어느 술집에서 만나자는 내용의 쪽지를 보냈다.

이를 한판 붙자는 뜻으로 해석한 펜은 마음의 준비를 단단히 하고 약속장소로 갔다. 그런데 놀랍게도 그를 기다리고 있었던 것은 차가운 권총이 아니라 달콤한 술이었다.

워싱턴은 펜을 보자 일어나 환영의 표시로 손을 내밀며 말했다.

"펜 선생, 사람은 누구나 실수를 하는 법 아니겠소. 어제는 분명 내가 잘못했습니다. 해서는 안 될 말을 했어요. 하지만 이미 절 때렸으니 체면 회복은 하신 셈이겠죠? 만약 그 정도로 해결이 가능하다면 제 손을 잡아 주세요. 친구로 지내고 싶습니다."

그 후로 펜은 워싱턴의 열렬한 팬이자 지지자가 되었다.

위대한 사람들은 속 좁게 행동하지 않는다. 뜻은 높게 세워야 하지만 타인과 의견을 교환할 때 특히 토론의 주제가 그다지 유쾌하지 못하다면 작은 것까지 일일이 신경 쓸 필요가 없다. 중요한 맥이 되는 한 가지에만 주의를 기울이되 약간은 여유를 가져라. 대화가 꼬치꼬치 캐묻는 듯한 추궁으로 흘러가면 좋지 않다. 상대방에게 정중한 태도와 넓은 아량을 보여주어라.

❧ 타인의 결점을 들쑤시지 마라

타인의 장점이나 좋은 면은 발견하지 못하고 단점이나 잘못만을 끄집어내어 그에 대한 악감정을 키워나가는 사람들이 있다.

누군가를 증오하는 데 특별한 이유가 있는 것은 아니다. 악감정은 호감보다 쉽게 생겨나며, 복수에 대한 욕망은 승리에 대한 소망보다 더 강렬하다. 어떤 사람은 타인의 미움을 자초하기도 하는데, 아마 그들은 그렇게 해서 일부러 불화를 만들려 하거나 원래 그것을 즐기는 사람일지도 모른다. 그들에게 원망의 마음은 한번 생겨나면 지우기 힘들다.

재능이 출중해 흠잡을 데 없는 한 사장이 있었다. 다만, 아이러니한 점은 그런 그의 능력에 비해 사업이 잘 풀리지 않는다는 것이었다. 왜 그럴까? 중요한 이유 중 하나는 그가 너무 똑똑해서였다. 매번 친구들과 모임을 가질 때 그의 입에서 나오는 말은 파트너나 고객, 부하직원들에 대한 원망과 비난 일색이었다. 주변 사람들의 약점과 흠을 일일이 늘어놓으면서 그런 사람들과 함께 일하는 게 너무 곤욕이라며 한탄하는 것이다.

그러자 친구들이 그에게 충고했다.

"사람을 쓰고, 사람과 함께 어울리려면 먼저 상대방의 장점을 보려고 노력해야지 다짜고짜 단점만 캐내 몰아세워서야 되겠는가? 자네가 앞으로도 계속 그렇게 행동한다면 사업도 호전되기 힘들 것이네."

우리 주변에서 잘났다고 인정받는 소위 엘리트들 중에는 이와 같은 오류를 범하는 경우가 많다. 그들은 높은 자부심과 자신을 통제하는 엄격한 철칙을 가지고 있다. 그들의 눈에는 주변 사람들의 행동이 하나같이 못마땅하고 비위에 거슬린다. 항상 자기만의 잣대와 기준으로 타인을 평가하고, 그들에게 거기에 맞는 요구사항을 강요하려들기 때문이다. 그들은 똑똑함에 있어서는 전혀 뒤지지 않지만 남을 받아들이고 배려하는 포용력은 결여되어 있다.

타인의 악명을 떠벌리는 데 혈안이 된 사람은 이미 구제불능이다. 다른 사람의 잘못을 핑곗거리로 악용해 자신의 죄를 씻으려 하거나 타인의 과오를 비웃음으로써 자신의 죗값을 덜어내려는 행동은 정말 우매함의 극치다. 그러한 사람들은 썩은 물이 흐르는 도랑과 다를 게 없다. 그들은 자신들이 내뿜는 악취를 전혀 감지하지 못한다. 상대방의 흠을 들춰내는 것은 시궁창을 파내는 것과 같다. 깊이 파낼수록 진흙이 묻고 더 심한 악취가 진동할 뿐이다.

부모로부터 유전된 것이든 후천적인 습관에 의해 생겨난 것이든 이 세상에 결점 없는 사람은 없다. 진정한 성인은 타인의 결점을 색안경으로 보거나 화제로 삼지 않는다. 스스로를 세상을 악취로 더럽히는 오염원으로 전락시키지 않기 위함이다.

🌿 사람을 미워하지 마라, 누구나 장점은 있다

원망은 당신의 명예를 실추시킬 뿐이다. 원망을 하면 연민과 위안으로 돌아오는 게 아니라 상대방의 흥분과 무례함을 부추길 수 있다. 또 당신의 원망을 들어주던 사람도 당신이 욕하는 사람들에게 더욱 연민을 느낄지 모른다. 지나간 잘못에 대한 원망은 미래의 또 다른 잘못을 야기한다. 사람이 누군가에게 원망스러움을 토로할 때는 도움과 위안을 받고 싶어서일 것이다. 하지만 그 모든 것을 고스란히 들어야 하는 상대는 오히려 당신을 다시 보거나 심지어 경멸하게 될지도 모른다. 타인이 당신에게 베풀었던 은혜를 칭찬함으로써 그들로부터 더 많은 도움을 얻어내는 것, 이것이 더욱 현명한 전략이다. 현장에 없는 사람에게 어떤 식으로 은혜를 입었었는지 칭찬해주면 그 자리에 있는 사람들도 그의 선행에 동화된다. 현명한 사람은 타인의 결점에 대한 불평을 늘어놓는 것이 아니라 상대방에 대한 호감이나 칭찬을 화제로 삼는다. 그러면 당신의 적군은 반으로 줄어들 것이다.

로레인 핸스베리 원작 『태양 아래의 건포도A Raisin in the Sun』에는 잊지 못할 감동적인 장면이 나온다. 극 중 미국 국적의 한 아프리카계 가족이 아버지 명의로 1만 달러에 달하는 생명보험금을 지급받았다. 어머니는 이 유산을 가지고 지겨웠던 할렘 빈민가를 벗어나 한적한 시골에 정원이 있는 집을 짓고 살 수 있겠다고 생각했다. 똑똑했던 딸은 그 돈으로 의과대학에 들어가겠다는 꿈에 부풀어 있었다.

그러나 큰아들이 가족들에게 차마 거절할 수 없는 제안을 해왔다. 그는 친구와 사업을 할 수 있도록 보험금을 자신에게 달라고 애원했다. 사업으로 성공을 거두면 집안 형편도 더 좋아질 거라고 가족들을 설득했고, 또 오랜 세월 가난 때문에 고생한 가족들을 호강시켜주겠노라고 약속했다.

어머니는 내심 마음에 걸리면서도 결국 아들에게 선뜻 그 돈을 건네주었다. 아들에게 지금까지 그런 좋은 기회가 없었으니 투자할 기회를 마련해주는 게 우선일 것 같았기 때문이다.

그러나 마른하늘에 날벼락이라고 동업을 하겠다던 아들의 친구가 돈을 챙겨 줄행랑을 치고 말았다. 잔뜩 실망한 아들은 사기를 당하는 바람에 가족들의 꿈이 산산조각 났고 성공도 물 건너갔다는 안 좋은 소식을 전할 수밖에 없었다. 여동생은 온갖 욕설을 들먹거리며 그를 비난하고 질책했다. 아무리 욕을 해도 오빠에 대한 원망과 경멸이 풀리지 않았다.

그녀가 욕을 하느라 진이 빠졌을 무렵 어머니가 조용히 말했다.

"내가 그렇게 오빠를 사랑하라고 가르쳤거늘."

딸이 못마땅한 표정이었다.

"사랑이라고요? 어디 사랑할 만한 구석이 있어야 말이죠."

그러자 어머니가 대답했다.

"얘야, 누구에게나 본받을 만한 점은 있다는 걸 명심하거라. 네가 이 점을 깨닫지 못한다면 뭘 배워도 다 소용없다. 너는 오빠를 위해 눈물을 흘려본 적 있니? 우리 가족이 그 돈을 잃어버렸다는 사실 때문에 억울해서가 아니라 네 오빠가 겪었을 고통에 대해서 말이다. 얘야, 너는 사람을 가장 사랑해야 할 때가 언제라고 생각하니? 그 사람이 일을 잘해서 자랑스러울 때? 그렇다면 넌 아직 멀었다. 우리가 상대방을 사랑으로 감싸줘야 할 때는 바로 그가 좌절할 때, 자신조차 믿지 못하고 세상으로부터 고통받고 있을 때란다. 타인을 평가할 때는 그 사람의 정곡을 바라볼 줄 알아야 한다. 그가 얼마나 험난한 과정을 걸어왔는지를 분명히 이해해야 하는 거란다.”

은혜란 얻을 자격은 없는데도 주어지는 커다란 사랑이다. 사랑과 용서의 마음이 맑은 시냇물처럼 조용히 흘러 들어와 분노와 원망의 불씨를 꺼 버리는 것, 이것이 바로 은혜다.

타인을 칭찬하는 법을 배워라

타인을 칭찬하는 것은 상대방을 존중하는 것이며, 타인으로부터 칭찬을 받는 것은 자신이 사회적으로 인정받는 것이다. 주변에 칭찬해줄 사람이 없다는 것은 정말 불행한 일이다.

간혹 보면 자신이 아주 뛰어나기 때문에 다른 사람을 무시해도 된다고 착각하는 사람들이 있다. 그들은 자기에 대한 애착이 너무도 강해서 다른 사람들은 아예 안중에도 두지 않는다.

이런 사람들은 아무리 천재적인 자질을 타고났다 하더라도 위인이라고 불릴 자격이 없다. 오히려 평범하지만 타인을 존중할 줄 아는 사람들이 더욱 위대한 품성을 발휘한다. 안타깝게도 우리 주변에는 자신의 잘못이나 실수는 직시하기 꺼려하면서 다른 사람의 실수에 대해서는 뻥튀기를 하거나 끝까지 캐내려는 사람들이 많다.

어느 날 한 원숭이가 거울에 비친 곰의 흉물스런 모습을 보고 곰을 다리로 툭툭 치며 말했다.

“이봐, 친구. 거울 좀 쳐다보지그래!”

“봐서 뭐하게?”

그러자 원숭이가 경멸하는 눈초리로 비아냥댔다.

"저기 네 못생긴 얼굴 좀 보라고. 이마 위 자글자글한 주름하며, 이상하고 희한하게 생긴 얼굴하며. 내가 너처럼 생겼다면 너무 괴로워서 진작 목을 매고 죽었을 거야. 더 불행한 건 내 친구들 중에 너처럼 못생긴 애들이 아마 반 다스는 더 있을 거라는 거지."

곰은 언짢은 듯 대답했다.

"친구들까지 들먹거릴 필요 있어? 일단 네 자신부터 자세히 살펴보지그래?"

다른 사람의 결점을 찾아내는 것은 식은 죽 먹기지만 자신의 결점을 찾는 것은 그리 쉬운 일이 아니다. 인간이란 원래 자기도피, 특히 자신의 잘못은 최대한 감추고 덮어두려는 성향이 강하기 때문이다.

이는 우리가 다른 사람들을 무시하면서도 그들에게 존경받길 원하는 이유에 대한 해답을 제시한다. 심리학자들은 연구를 통해 인간은 세 가지 잠재적인 욕구가 있는데 이러한 욕구 때문에 자기존재의 중요성을 확인받고 싶어 한다는 사실을 밝혀냈다.

■ **타인의 칭찬을 얻고 싶은 욕구** : 이러한 욕구는 잠재의식 깊은 곳에 가라앉아 있어 쉽게 드러나지 않지만 일단 무시당하면 위험해질 수 있다. 그러나 일상에서 타인을 배려하고 존경한다면 타인의 칭찬에 대한 갈증은 해소될 수 있다.

■ **존중받고 싶은 욕구** : 타인의 성과를 존중해주고, 타인이 당신을 위해 해준 일에 대해 감사해하면 당신도 존중받을 수 있다. 사람은 누구나 본받고 칭찬해줄 만한 점을 가지고 있다. 그러니 상대방의 장점을 찾아내 공개적으로 존경을 표시해보자.

■ **중요한 위치에 있고 싶은 욕구** : 요직을 차지하고 있는 사람은 이미 이러한 욕구에 대해 만족감을 느낄 것이다. 하지만 평범한 사람들도 내심 자신이 어떤 집단에서 중요한 역할을 할 수 있기를 바란다. 그러니 상대방의 중요성을 자꾸 각인시켜주도록 노력하라.

사람은 누구든지 다른 사람들을 능가하는 뛰어난 장점을 한 가지씩은 가지고 있다. 상대방이 당신에게 많은 혜택과 도움을 줄 수 있는 소중한 존재임을 깨닫게 해주어야 한다. 현명한 사람들은 누구에게나 배울 점이 있다는 사실을 잘 알기 때문에 주변의 모든 사람들을 소중히 대한다. 그러나 바보들은 다른 사람들을 무시하는 경향이 강하다. 무지해서 그렇기도 하지만 늘 상대방의 안 좋은 면만 바라보기 때문이다.

🍃 아무 생각 없이 돌을 던지지 마라

자기도취에 빠진 사람들은 걸핏하면 다른 사람들을 비난하고 자신이 마냥 우월하다고 생각한다. 사실 이러한 행동은 상대방에게 모욕감을 주게 되고 결국은 그 화살이 고스란히 자신에게 돌아와 박힌다.

현명한 사람들은 최대한 다른 사람들의 질타대상이 되지 않으려고 노력하고, 스스로도 타인을 비난하지 않으려 한다. 그들이라고 타인을 책망하고 싶은 마음이 왜 없겠냐마는 적어도 그들은 자기통제력을 발휘하기에 공공연한 장소에서 누군가를 손가락질하지는 않는다.

인간의 감정은 자유로운 것이므로 어떠한 이유로도 침해받아서는 안 된다.

링컨 대통령이 마지막 숨을 거두던 순간 육군장관 스탠튼Edwin Stanton은 비통한 심정으로 이렇게 말했다.

"여기 인류 역사상 가장 완벽한 지도자가 누워 계십니다."

링컨이 대중들에게 이렇게 높은 평을 받을 수 있었던 이유는 무엇일까? 이는 그의 역사적 공적도 있지만 무엇보다 삶에서 보여준 그만의 인생철학 때문이다. 젊은 시절 링컨은 시비 가리기를 좋아하고 타인을 풍자하는 편지나 시 쓰기를 즐겼다고 한다. 당시 그는 비난을 담은 편지를 써서 행인들의 눈에 잘 띄는 길에다 슬쩍 떨어뜨려 놓았다. 그러면 그 편지의 내용은 순식간에 사람들의 입 소문을 타고 당사자의 귀에까지 들어갔다.

어느 해 가을, 그는 스스로 청렴하다고 자부하던 정치인 제임스 시어스James Sears를 비꼬는 글을 써서 한 신문사에 익명으로 제보했다. 이 사건은 당시 온 도시를 시끄럽게 만들었다. 예민한 성격에 워낙 자존심이 강했던 시어스는 화가 나서 펄쩍 뛰었다. 수소문 끝에 제보 출처를 알아낸 그는 링컨에게 결투신청을 했다. 링컨은 결투라면 질색이었지만 상황이 상황이니만큼 할 수 없이 도전을 받아들였다. 링컨에게는 무기를 선택할 권리가 있었다. 그는 기병용 칼을 선택하고 군사학교 졸업생에게 칼 다루는 법을 배웠다. 드디어 약속날짜가 되었고 링컨과 시어스는 미시시피 강변에 마주 서서 생사를 건 결투를 준비하고 있었는데, 다행히 결정적인 순간에 누군가가 달려와 그들을 저지하는 바람에 결투는 성사되지 못했다.

링컨에게 이 사건은 가장 두려웠던 경험이었다고 한다. 또한 이 일로 인해 링컨은 사람들과 어울리는 방법을 터득하였다. 그 뒤로 그는 절대 타인을 비방하는 편지를 쓰지 않았고, 다른 사람들을 함부로 비웃지도 않

있다. 바로 그 순간부터 링컨은 어떠한 이유에서건 어느 누구도 질책하지
않았다고 한다.

🌿 함부로 다른 사람을 비난하지 마라

일반적으로 사람들은 타인을 이러쿵저러쿵 비평하기는 좋아하면서 자
신의 약점이 도마에 오르는 것은 못 견뎌한다.

그 이유는 무엇인가? 그것은 바로 사람들이 선천적으로 자신이 스스로
를 가장 잘 이해하고 있고 자신의 눈이 가장 정확하다는 편견을 가지고
있기 때문이다.

사실이 그렇다. 우리들은 자기 내면에 존재하는 욕망의 실체에 대해 너
무나 잘 알고 있지만 정작 그러한 욕망의 감정이 왜 생겨났으며, 우리의
마음을 어떻게 차지하게 되었는지 그 내막에 대해서는 잘 모른다.

위대한 철학가 소크라테스는 그의 제자들 앞에서 "내가 유일하게 알고
있는 것은 바로 내가 아무것도 모른다는 사실이다"라는 말을 항상 입에
달고 다녔다. 당시 누군가가 지혜의 여신을 찾아가 소크라테스가 정말 세
상에서 가장 똑똑한 인물인지를 물었다. 그때 지혜의 여신은 분명 그렇다
고 대답했다.

이 세상에는 우리가 모르는 일들이 너무나 많이 존재하기 때문에 함부
로 내가 월등하게 똑똑한 사람이라고 단정해서는 안 된다. 그러므로 주변
사람들과 교제할 때는 상대방이 저지른 잘못을 함부로 들춰내지 마라. 자
신의 생각을 타인에게 억지로 주입시키려 해서는 더더욱 안 된다. 당신의
견해가 반드시 옳다는 보장도 없지 않은가.

게다가 사람들은 직설적인 비평을 좋아하지 않는다. 그러한 비난은 상대방의 체면을 노골적으로 무너뜨리고 자존심에 커다란 상처를 준다. 그렇기 때문에 그들은 자신을 비난하는 사람에게 고마워하기보다는 오히려 반감을 가지게 되고 결국 둘 사이는 수습 불가능한 최악의 국면으로 치닫게 된다.

용서의 미덕을 발휘하라

다른 사람이 아무리 심각한 잘못을 저질렀더라도 한 번은 용서해줄 수 있어야 한다. 그래야만 상대방도 부끄러운 마음으로 조심스럽게 행동하게 되고 두 번 다시 당신에게 똑같은 실수를 반복하지 않는다. 상대방을 용서하는 것은 보다 나은 미래를 보장하기 위한 여지를 남겨두는 것이다.

유명한 테스트 파일럿 밥 후버Bob Hoover는 종종 항공박람회에 초청되어 환상적인 에어쇼를 펼쳤다.

한번은 그가 샌디에이고 항공전람회에서 공연을 마치고 로스엔젤레스 상공을 향해 비행하고 있는데 갑자기 비행기 엔진이 꺼져버렸다. 후버는 다년간의 숙련된 기술로 비행기를 안전하게 불시착시켰다. 다행히 부상자는 없었으나 비행기 기체에 심각한 손상이 갔다.

강제착륙에 성공한 후 후버는 가장 먼저 비행기 연료를 검사하기 시작했다. 과연 그의 예상이 들어맞았다. 그가 몰았던 비행기의 기종은 2차 세계대전 당시 사용했던 프로펠러 비행기였는데 어이없게도 제트기용 연료가 떡하니 장착되어 있었던 것이다.

비행장으로 돌아오자마자 후버는 자신의 비행기를 정비하는 기술자를 불렀다.

젊은 정비사는 자신이 저지른 어이없는 실수에 대해 무척 난처해했다. 자신의 실수 하나 때문에 비싼 비행기 한 대가 망가진 것은 물론 하마터면 조종사 세 명의 목숨이 날아갈 뻔했기 때문이다.

사람들은 모두 후버가 몹시 화가 나 있을 거라 여기고 숨죽여 지켜보았다. 게다가 평소 일처리가 워낙 빈틈없는 그인지라 분명 정비사의 실수에 대해 심하게 꾸짖을 거라고 예상했다. 그러나 후버는 모두의 예상을 뒤엎고 정비사를 책망하기는커녕 싫은 소리 한마디 하지 않았다.

후버는 두 손으로 정비사의 어깨를 꽉 잡으며 말했다.

"나는 자네가 두 번 다시 같은 실수를 하지 않을 거라고 믿네. 내일 다시 내 비행기를 점검해주게."

정비사의 실수임이 명백히 드러난 상황인 만큼 후버에게는 그를 호되게 질책할 명분이 있었다. 하지만 그는 그렇게 하지 않았다. 후버는 용서를 선택함으로써 정비사의 체면을 세워준 동시에 자신을 위한 퇴로를 남겨두었다.

다른 사람이 부주의로 실수를 해도 절대 비난하지 마라는 이야기가 아니다. 직접적인 비난보다 더 효과적인 방법을 찾아보자는 의미다. 기왕에 실수가 저질러진 상황이라면 아무리 비난하고 욕한들 되돌릴 수 없는 노릇이다. 그것보다는 상대방이 자신의 실수에 대해 스스로 반성하도록 하는 게 훨씬 효과적이다. 그러면 그 사람도 다음부터는 더욱 조심할 것이고, 실수를 감싸준 당신에 대해서도 무한한 감동을 느낄 것이다.

🌿 참고 용서하면 분명 보답이 있다

사소한 결점 하나까지 일일이 들춰내서 폭로하는 사람은 좋은 가족, 좋은 친구가 될 수 없다. 작은 결점에 대해서는 눈감고 용서해줄 수 있어야 진정한 가족이며 친구다.

인내와 용서는 다른 사람들과의 관계를 더욱 끈끈하게 해주는 동시에 자신의 행동이 가혹하거나 극단적으로 흐르는 것을 방지한다.

참고 용서하면 언젠가 돌아오는 게 있게 마련이다. 세상을 감싸 안아줄 수 있는 사람만이 세상 사람들의 배려와 용서를 얻을 수 있다. 무지개가 보고 싶다면 빗방울을 감수해야 하는 것이다.

다른 사람을 용서할 때 지켜야 할 세 가지 원칙이 있다. 첫째, 세세한 잘못까지 건드려서 트집 잡으려고 하지 마라. 둘째, 상대방의 사생활과 관련된 비밀은 절대 지켜주어라. 셋째, 과거에 저질렀던 잘못을 마음에 담아두지 마라.

용서하고 보듬어주면 사람들과의 관계가 더욱 친밀해질 뿐만 아니라 가정의 분위기도 화목해진다. 남녀 사이에서도 상대방의 작은 결점을 덮어주려고 배려하면 갈등은 자연히 줄어든다.

갓 시집온 며느리를 영 못마땅하게 여기던 시어머니가 있었다. 며느리가 작은 실수만 해도 시어머니는 불같이 화를 냈다.

양파, 마늘, 부추도 제대로 구분할 줄 모르고 요리솜씨도 형편없다고 구박하는가 하면, 집안일에 무심한 데다 야근하느라 밤늦게 들어오기가 일쑤라며 원망도 했다. 어떤 때는 야근하는 게 아니라 어디 밖에서 놀다 들어오는 것이 아니냐며 몰아세우기까지 했다. 그녀는 심지어 손자가 감기에 걸리거나 열이 나도 며느리 탓으로 돌렸고, 남편도 제대로 챙기지 않으면서 무슨 아내 자격이 있느냐고 성화였다.

그러던 어느 날, 시어머니의 친구가 집으로 놀러왔는데 시어머니는 그 새 또 며느리 흉을 보기 시작했다. 그녀는 베란다에 널어놓은 옷들을 가 리키며 말했다.

"난 도대체 친정어머니가 그 아이한테 뭘 가르쳐서 보냈는지 알 수가 없어. 빨래 하나도 제대로 못 한다니까. 저것 보라고, 옷에 아직 얼룩이 남아 있는 거. 한참을 빨아도 저 모양이니 빨래한 물이 아깝지 원."

시어머니의 말을 듣고 있던 친구는 베란다 쪽을 유심히 살펴보더니 문 제의 원인을 찾아냈다. 그는 걸레로 창문을 쓱 닦은 후에 시어머니를 끌 어당기며 다시 베란다 쪽을 보게 했다. 그녀는 깜짝 놀랐다. 베란다에 널 려 있는 옷들이 갑자기 얼룩 하나 없이 깨끗해진 게 아닌가. 그제서야 시 어머니는 며느리가 빨래를 못해서가 아니라 집 안의 창문이 더러워서 그 렇게 보였다는 것을 깨달았다.

그 후로 그녀는 다시는 색안경을 끼고 며느리를 대하지 않았고, 고부 사이도 갈수록 좋아져서 친모녀, 아니 친자매처럼 허물없는 사이로 발전 했다.

대부분의 경우 한 걸음만 살짝 뒤로 물러나면 상황을 더욱 분명하고 객 관적으로 바라볼 수 있다.

현명한 자는 모든 것을 자기 탓으로 돌리고, 어리석은 자는 모든 것을 남의 탓으로 돌린다. 관대하고 포근한 마음은 살랑거리는 봄바람과 같아 서 만물을 소생시키고, 편협하고 이기적인 마음은 한겨울 매서운 눈보라 와 같아서 만물을 꼼짝없이 얼어 죽게 만든다.

타인의 잘못을 너무 자세하게 파고들다 보면 오히려 자신의 잘못은 깨

닿지 못한다. 용서하고 참아주는 것은 일종의 아량이다. 가끔은 먼지가 쌓이지 않도록 마음의 창을 깨끗이 닦아줄 필요가 있다. 창이 깨끗해야 더욱 멀리, 더욱 높이 바라볼 수 있기 때문이다.

❧ '스캔들 바이러스'가 되지 마라

보통 모임에서는 온갖 잡담들이 오간다. 모임에 참가한 사람들은 이런 저런 이야기를 한 보따리씩 듣고 집으로 돌아와서는 그것을 각자 서로 다른 방식으로 처리한다.

어떤 사람은 보따리 속에 담긴 잡담들을 흔적도 없이 말끔하게 불태워 버린다. 그들은 불을 붙일 때에도 마음속에 전혀 응어리가 없고, 다 태우고 나서도 미련이나 아쉬움을 가지지 않는다. 또 어떤 이들은 보따리를 풀어서 잡담들을 꺼내놓고 처음부터 끝까지 다시 한 번 복습한다. 그러고 는 다시 기억창고 속에 저장해놓고 다른 모임에 참석할 때 그 내용을 고 스란히 내뱉는다. 물론 집으로 돌아오자마자 기다렸다는 듯이 이야기 하 나하나에 날개를 달아서 온 천하에 퍼뜨리는 사람도 있다. 또 어떤 사람 은 그 이야기들을 보따리에서 꺼내 거기에 온갖 양념을 가미해서 요리한 다. 그러고 난 후에 새롭게 포장된 그 '물건'을 도처에 무료로 뿌리고 다 닌다.

간혹 그 이야기보따리를 무슨 진귀한 선물이라도 되는 양 이야기 속에 등장했던 주인공을 찾아가 공손하게 선물하는 사람도 있다. 잡담을 하는 과정에서 그도 분명 적지 않은 '소재'를 제공했을 것이다. 하지만 그가 그 선물을 당사자에게 주는 순간 그는 희생정신이 강하고 정의로운 사람으로 돌변하게 된다.

만약 소문의 당사자가 그 '선물'을 별 생각 없이 받아들였다면 그때부터 그에게는 수많은 가상의 적이 생기는 것이다. 하지만 그때 그 당사자는 자신에게 '선물'을 준 그 사람이야말로 자신의 최대적수라는 사실을 미처 깨닫지 못한다.

누군가 이런 실험을 한 적이 있다.

20명의 사람이 둥글게 원을 그려 선 상태에서 임의로 한 사람을 기준으로 지목했다. 그 사람이 하고 싶은 말을 귓속말로 왼쪽 사람에게 전달하면 이야기를 들은 사람은 그 내용을 또다시 왼편에 있는 사람에게 전달했다. 이러한 방식으로 계속 반복해나가면서 한 바퀴를 돌아 다시 처음 기준이었던 사람에게까지 왔다. 그러나 그의 귀에 들어온 말은 당초 그가 했던 말과는 전혀 의미가 달랐다.

이처럼 일단 생성된 잡담은 갈수록 가공되고 왜곡된다. 여러 사람의 입을 거치면서 정보가 변질되는 이유는, 말을 전달하는 사람들이 당사자가 실제로 어떻게 말을 했는지 잘 모르기 때문이다. 이 점은 매우 중요하다. 어감이나 태도의 차이에 의해서도 말의 의미는 완전히 달라질 수 있다.

예를 하나 들어보자.

'나는' 그녀가 내 돈을 훔쳤다고 말한 적 없어. (하지만 다른 사람은 그렇게 말했다)

나는 그녀가 내 돈을 훔쳤다고 말한 '적 없어'. (나는 분명 그렇게 말하지 않았다)

나는 그녀가 내 돈을 훔쳤다고 '말한' 적 없어. (그렇지만 나는 그렇게 암시

했을 뿐이다)

나는 '그녀'가 내 돈을 훔쳤다고 말한 적 없어. (그렇지만 누군가가 훔치긴 훔쳤다)

나는 그녀가 내 돈을 '훔쳤다고' 말한 적 없어. (그러나 그녀는 이 돈에 대해 뭔가 하기는 했다)

나는 그녀가 '내 돈을' 훔쳤다고 말한 적 없어. (그녀는 다른 사람의 돈을 훔쳤다)

나는 그녀가 내 '돈'을 훔쳤다고 말한 적 없어. (그녀는 내 다른 물건을 훔쳤다)

처음부터 끝까지 한 자도 빠짐없이 똑같은 문장이지만 어조, 태도, 억양을 어떻게 하느냐에 따라 이렇게 다른 의미를 내포하고 있다. 그러니 다른 사람에게 들은 말에 대해서 어떻게 당신이 쉽사리 결론을 내릴 수 있겠는가?

소문을 퍼뜨리는 자들이 바로 시비를 부추기는 골칫덩어리다. 근거 없는 소문은 아무런 가치도 없다. 소문을 막는 가장 좋은 방법은 믿지도 말고 퍼뜨리지도 않는 것이다. 타인의 스캔들에 너무 열중해서는 안 되며, 그것을 여기저기 퍼뜨려서는 더더욱 안 된다. 주변 사람들은 대단한 흥미를 드러낼지 모르겠지만 냉정하게 생각해본다면 그러한 행동은 분명 백해무익하다. 그것이 터무니없이 날조된 소문이라면 당사자에게 돌이킬 수 없는 막중한 피해를 입히게 됨을 명심해야 한다.

🌿 비밀을 지켜야 신뢰를 얻는다

워싱턴은 "친구와의 비밀은 절대 다른 사람에게 발설하지 않아야 한다"고 충고했다.

비밀은 언제까지나 비밀이다. 그것을 아는 사람은 끝까지 입을 다물어야 한다. 하지만 대부분의 사람들은 무심결에 타인의 비밀을 발설한 경험이 한두 번씩은 있을 것이다. 인간이라면 누구나 비밀을 밖으로 표출하고 싶은 자연스러운 욕구를 거부하지 못하기 때문이다. 가장 은밀하고 비밀스러운 일일수록 나중에 가서는 가장 대중적인 정보로 변해 있는 경우를 종종 발견할 수 있다. 그만큼 비밀을 완벽하게 지켜주는 사람이 극소수에 불과하다는 의미다.

사실 다른 사람에게 비밀을 알려주는 것은 유쾌한 일이다. 누군가와 비밀을 공유한다는 것 자체가 상대방에 대한 믿음의 표시이고 관계를 더욱 친밀하게 좁혀주는 계기가 되기 때문이다.

특히 누군가가 당신의 귀에 대고 비밀을 이야기한다면 상대방은 "나는 너를 믿으니까 이 정보를 함께 공유해도 된다고 생각해. 너는 충분히 그럴 만한 가치가 있어"라는 마음일 것이다. 그러나 다른 사람이 당신을 신뢰하는 마음에 털어놓은 그 비밀을 당신이 또 다른 누군가에게 발설한다면 이는 정말 무례하고 비상식적인 행동이다. 더군다나 이 행동은 당신에 대한 상대방의 믿음을 철저하게 깨버리는 것이다.

소크라테스의 제자 하나가 다급히 뛰어 들어와 소크라테스를 찾았다. 그는 가쁜 숨을 몰아쉬며 흥분한 어조로 말했다.

"선생님, 절대 상상하지도 못할 일이……."

"잠시만."

소크라테스가 가차 없이 그의 말을 제지했다.

"지금 나한테 하려는 말, 세 가지 체로 다 걸러냈느냐?"

상황이 심상치 않음을 알아챈 제자는 고개를 설레설레 저었다.

소크라테스가 계속 말을 이었다.

"다른 사람에 관한 일을 이야기할 때는 적어도 세 가지 체를 사용해서 한 번씩은 걸러내야 한다. 첫 번째는 바로 '진실'의 체다. 지금 하려던 말이 진실한 것이냐?"

"그냥 길에서 들은 이야기입니다. 다들 그렇게 말하고 있지만 그게 진실인지는 저도 잘 모르겠습니다."

"그러면 두 번째 체로 검증해봐야겠구나. 만약 진실이 아니라면 적어도 선의에서 나오는 것이라야 한다. 방금 하려던 이야기가 선의에 의한 것이냐?"

"아뇨, 그 반대입니다."

제자는 부끄러운 듯 고개를 떨구었다.

소크라테스는 여유 있게 다음 말을 이어나갔다.

"그렇다면 우리 세 번째 체를 통해 다시 검사해보자꾸나. 네가 그토록 다급하게 나에게 알려주려던 그 일이 그렇게도 중요한 것이더냐?"

"그다지 중요하지는 않습니다만……."

소크라테스가 그의 말을 가로막았다.

"중요하지도 않고, 선의에서 비롯한 것도 아니고, 그렇다고 진위여부도 알 길이 없는데 어찌하여 말하려 하는가? 말해봤자 결국 우리 두 사람만 불편해질 뿐이다."

타인의 사생활을 엿듣고 간섭하는 것은 부도덕한 행동이며 사람들 사이에 갈등과 분쟁을 조장할 뿐이다.

작가 제임스 볼드윈James Baldwin은 다음과 같이 서술했다.

"우리가 타인과의 신뢰를 깨뜨린다면 거대한 해일이 우리를 덮칠 것이며, 빛은 그 순간부터 사라질 것이다."

비밀을 지키면 타인에 대한 존중을 나타낼 수 있을 뿐 아니라 타인으로부터 신임도 얻을 수 있다. 입을 꾹 닫고 남이 당신에게 말했던 비밀을 머릿속에서 지워버려라!

대화에 신중을 기하라

말을 할 때는 사전에 심사숙고하고 발음을 정확히 해야 한다.
너무 서두르지 말고, 또렷하고 논리 정연하게 대화를 이끌어나가라.

대화의 기법

워싱턴은 "말을 할 때는 사전에 심사숙고하고 발음을 정확히 해야 한다. 너무 서두르지 말고, 또렷하고 논리 정연하게 대화를 이끌어나가라"고 말했다.

대화의 기술이 부족하거나, 대화에서 결정을 내리기 위한 침묵의 시간이 주어지지 않는다는 것은 정말 불행한 일이다.

"나라도 입을 열고 침묵을 깨줘야지 그렇지 않으면 마음이 불편해!"

많은 사람들은 이렇게 말한다. 그러나 침묵을 견딜 수 없어서 입을 여는 것과 할 말이 있어서 입을 여는 것은 천양지차다.

적절한 대화기법으로 듣는 이의 마음을 편하게 해주는 것은 결코 쉬운 일이 아니다.

어느 날 워싱턴이 말 한 마리를 도둑맞았다. 그래서 경찰과 함께 말을 훔친 사람의 농장에 찾아갔다. 그러나 그 사람은 말을 돌려주기는커녕 오리발을 내밀며 시치미를 뗐다.

"이건 제 말입니다."

워싱턴이 두 손으로 말의 두 눈을 가리며 그에게 물었다.

"이 말이 정말 당신 말이라면 한번 이야기해보시죠. 양쪽 눈 중에서 어느 쪽 눈이 멀었는지를."

말을 훔친 사람은 머뭇거리다가 대답했다.

"오른쪽 눈이오."

워싱턴은 말의 눈을 가렸던 손을 내렸다. 오른쪽 눈은 멀쩡했다.

"아니 제가 말을 잘못했군요. 왼쪽 눈이 실명되었소."

그는 다급히 말을 바꿨다.

워싱턴은 왼쪽 눈을 가렸던 손까지 마저 내렸다. 그러나 왼쪽 눈도 실명이 아니었다.

이 상황을 지켜보던 경찰이 말했다.

"또 틀리셨군요. 이것으로 이 말은 당신 것이 아님이 드러났소. 어서 말을 돌려주시오."

대화를 할 때 상대방의 심리상태를 절묘하게 이용하면 힘을 덜 들이고도 기대 이상의 효과를 거둘 수 있다. 이것이 바로 대화의 기술이다.

타인을 힐난하는 가장 좋은 방법은 상대방은 정신을 집중하도록 만들면서 자신은 그것과 무관한 듯 살짝 빠져 있는 것이다. 즉, 모순심리를 이용해 상대방의 마음을 혼란하게 하는 것이다. 이때 당신은 상대방을 불신하는 모습을 보임으로써 상대방이 자기 분에 못 이겨 비밀을 털어놓도록 유도한다. 이것이 바로 굳게 닫힌 성문을 여는 열쇠인 셈이다. 아무리 막막한 상황이라도 적절한 전략을 세워 접근한다면 상대방의 의중과 판단을 캐낼 수 있다. 상대방이 무심코 내던진 심오하고 난해한 한 마디에 대해 못 들은 척, 관심 없는 척하면서 실제로는 이를 근거로 깊은 곳에 감춰진 비밀을 기민하게 추적해나가는 것이다. 그렇게 조금씩 상대방의 내면에 감춰진 비밀을 입 밖으로 끌어내고 마지막에 가서 당신이 전략적으로 쳐놓은 그물에 걸려들도록 해야 한다.

매사에 신중한 사람들은 대화를 할 때 침묵의 방식을 적절히 활용해 상대방의 이야기를 끌어낸다. 그렇게 하면 상대방은 깊숙이 감춰야 할 내용을 자신도 모르게 누설하게 된다.

의도적으로 의심하는 듯한 태도를 연출하는 것은 당신의 호기심을 채워주는 만능열쇠다. 학문에 관한 문제에서도 마찬가지다. 뛰어난 학생들은 선생님의 의견을 반박할 때 의심의 태도를 보임으로써 진리를 가르치고자 하는 선생님의 마음을 더욱더 절실하게 자극한다. 이처럼 신중하고 절묘한 방식으로 도전장을 내밀면 이후 선생님의 가르침도 더욱 완벽하게 변한다.

❧ 당신의 혀를 컨트롤하라

영국 속담에 이런 말이 있다.

"필요 없는 말을 하는 것은 지나친 참견이며 타인의 원망을 자극할 뿐이다. 해서는 안 될 말을 하는 것은 허튼소리를 늘어놓는 것이며 화를 초래할 따름이다."

혀는 비록 크기는 작지만 대단한 힘을 지니고 있다. 특히 조직에 속해 있을 때는 언어사용에 각별히 주의해야 한다. 대부분의 사람들이 말 때문에 상처를 받았던 아픈 기억이 있을 것이다. 특히 절친한 사람들에게서 받은 상처는 잘 아물지도 않는다.

옛날에 어느 국왕이 똑똑한 한 신하에게 세상에서 가장 맛있는 음식을 만들어 대령하라고 지시했다. 며칠 후 국왕에게 올려진 것은 동물의 혀로 만든 음식이었다.

후에 국왕이 또 그 대신을 불러 세상에서 가장 맛없는 음식을 만들라고 했다. 며칠이 지난 후 대신은 완성된 요리를 왕 앞에 내밀었는데 이번에도 역시나 혀로 만든 것이었다.

이에 국왕은 엄연히 다른 요구사항을 제시했는데 어째서 똑같은 음식이 나왔는지 대신에게 물었다.

"혀는 잘 활용하면 위대한 재능이지만 무기로 악용하면 세상에서 가장 무서운 존재로 돌변하지요."

대신의 해명이었다.

"부드럽고 선량한 혀는 생명수와 같지만 터무니없고 악한 혀는 사람의 마음을 갈기갈기 찢어놓는 폭풍이다."

이는 혀의 이중성을 잘 보여주는 잠언이다.

말은 일단 입에서 나가면 이미 내 것이 아니다. 입에서 나온 말은 이미 타인의 마음에 자리 잡은 뒤 우리 힘으로는 통제할 수 없을 만큼 의미가 부풀어난다. 그러므로 자신의 혀를 스스로 통제할 줄 아는 사람이 가장 지혜로운 사람이다.

소크라테스는 철학자이자 언변에 능한 연설가였다. 그래서 많은 사람들이 그에게 연설기법을 배우려고 몰려들었다. 그의 명성을 듣고 찾아온 한 젊은이는 소크라테스의 제자가 되고 싶어 했다. 그는 소크라테스를 보자마자 앞으로 달려와 자기소개를 했다. 그러고는 이어서 자신의 화려한 경력부터 마음에 품고 있는 이상과 포부에 대해서까지 쉬지 않고 입을 놀렸다. 소크라테스는 웬만해선 말을 그칠 것 같지 않은 그를 한참 지켜보다가 결국 손으로 그의 입을 막으며 말했다.

"이봐, 젊은이. 자네는 수강료를 두 배로 내야 할 것 같네."

젊은이가 놀라 물었다.

"아니, 왜요?"

이에 소크라테스가 충고했다.

"보아하니 자네는 두 가지를 동시에 배워야 할 듯하거든. 일단 자네의 그 혀를 통제하는 법을 배운 후에, 혀를 어떻게 사용할지를 배워야겠어."

자신의 혀를 통제할 수 있어야 진정으로 지혜로운 사람이라는 것을 기억하라.

🌿 말의 분수를 지켜라

진리는 조금이라도 도가 지나치면 오류로 전락해버린다. 말도 적정한 한계선을 지키지 못하면 아무리 방법이나 취지가 좋다 하더라도 이상적인 효과를 거둘 수 없다.

어느 철학가는 세상의 모든 일을 '도리'와 '정도', 이 두 단어로 정리할 수 있다고 했다. 도리는 방향을 나타내는 원칙적인 것을 이르고, 정도는 분수와 한계를 의미한다. 큰 방향을 정확하게 잘 잡는 것도 중요하지만 세심한 부분에서 적절하게 분수를 지키는 것도 그에 못지않게 중요하다. 둘 중 어느 하나라도 틀어지면 일은 뒤죽박죽 엉키게 된다.

커다란 방향은 절대 틀리면 안 된다고 하지만 과연 '정도'를 지키는 일이 그렇게나 중요한 것일까?

이 '정도'의 중요성을 설명할 수 있는 가장 간단한 사례가 바로 술이다. 적당히 마시면 심신이 즐겁고 분위기도 화기애애해지지만, 지나치게 많이 마시면 스스로도 괴로운 데다 주변 사람들까지 힘들게 당신의 뒤치다꺼리를 해야 한다.

겸손은 반드시 필요한 미덕이지만 도가 지나치면 사람을 짜증나게 하고 결국 허위로 비춰진다. 자신감도 중요한 덕목 중 하나지만 도가 지나치면 자기도취에 빠져 결국 안하무인격으로 흐를 수 있다.

인간은 강해야 한다. 그러나 상황파악 못 하고 아무 데서나 강하게 굴고 위세를 부리면 승부와 출세에만 눈먼 사람이라고 낙인찍힌다. 다정하고 열정적인 것도 좋지만 그것도 적정선을 유지하지 못하고 아무에게나 속을 보여주게 되면 누구의 말을 따라야 할지 몰라 방황하는 상황이 발생한다.

이와 비슷한 예는 수도 없이 많다. 말의 한도를 어떻게 어디까지 지켜야 할지 아는 것은 우리에게 매우 중요한 문제다. 다음은 말에 관한 유용한 지침이다.

급한 일은 천천히 말하라!

큰 일은 분명히 말하라!

작은 일은 유머를 가미해 말하라!

확실하지 않은 일은 신중히 말하라!

아직 발생하지 않은 일은 함부로 말하지 마라!

하지 못할 일은 마음대로 떠벌리지 마라!

타인에게 상처를 주는 일은 말하지 마라!

거북한 일은 사람이 아닌 일 그 자체에 대해서만 말하라!

기쁜 일은 상황을 봐가면서 말하라!

슬픈 일은 보자마자 말하지 마라!

타인에 관한 일은 조심스럽게 말하라!

자기에 관한 일은 마음의 소리에 귀를 기울여라!

현재의 일은 다 완성한 후에 다시 언급하라!

미래의 일은 그때 가서 다시 언급하라!

나에 대해 불만족스러운 부분은 자신에게 분명히 말하라!

말은 신중히 잘 '요리'해야 한다. 무모하게 아무 말이나 내뱉지 않도록 말하기 전에 다시 한 번 신중히 생각해서 잘 걸러내자. 또한 상황이 아무리 절박하더라도 문제와 그 경위에 대해서는 상대방을 분명하게 납득시키고 넘어가자.

🌿 상황에 맞는 이야기를 골라서 하라

"단순한 말 한 마디도 상황에 적절하게 들어맞으면 은반 위에 금사과를 놓는 것과 같다"는 말이 있다.

상황에 따라 적절한 말을 골라서 할 줄 아는 것도 일종의 기술이다. 적재적소에 필요한 말을 골라 하는 습관을 들이면 대인관계 향상에도 상당히 플러스 효과가 있다. 또한 상황에 따라서 말하는 대상과 본인의 감정 등이 말하는 태도와 내용에 지대한 영향을 미친다.

예를 들어 선배나 웃어른들과 대화할 때는 공손하고 예의 바르게 행동하고, 완곡하면서도 순종적인 태도를 취해야 한다. 편한 동년배들과 대화할 때는 상대에 대한 기본적인 존중과 배려를 바탕으로 너무 비굴하거나 거만하지 않은 선에서 자연스럽게 행동하면 된다. 막역하고 거리낌 없는 사이라고 해서 경솔하게 막 대해서는 안 된다. 아랫사람과 대화할 때는 고압적인 태도를 보이거나 나이를 내세워 뻣뻣하게 굴지 말고 완급을 조절해가며 편안하게 해주어야 한다.

말하는 내용은 필요에 따라 조정해야 한다. 즐거운 장소에서는 들어서 기분 좋은 말을 하고, 엄숙한 장소에서는 천박하다는 인상을 주지 않도록 신중하게 행동할 필요가 있다. 이는 일부러 가식적으로 꾸며대라는 것이 아니라 분수에 맞게 행동하라는 의미다. 생각 없이 함부로 말을 하면 평화롭던 대화 분위기가 서먹해질 수 있고 나아가 자기 얼굴에 먹칠하는 결과를 가져온다.

동창회 모임 날, 한 여자가 공식적으로 결혼발표를 했다. 모두들 희소식에 축하인사를 건넸고 행복에 잠긴 그녀의 모습을 부러워했다. 그런데 갑자기 누군가가 찬물을 끼얹었다.

"아이고, 결혼이 뭐 다 좋은 건가? 얼마 전에 한스 부인이 또 나를 찾아와서 남편 흉을 보던걸. 글쎄, 남편이 결혼하고 나니까 태도가 싹 바뀌더라는 거야. 결혼생활이 결혼 전에 상상했던 것만큼 행복하지만은 않다나."

친구들의 결혼소식을 들으면 함께 기뻐하며 이런저런 덕담을 해주는 게 일반적인데, 그 와중에 찬물을 끼얹는 말을 한다면 고의성이 다분한 훼방작전이 아니고 무엇이겠는가? 설령 그녀가 한 말이 사실이라 할지라도 그게 모두 당연한 이치는 아니며 모든 이들이 새겨야 하는 금과옥조도 아니다. 어쩌면 특정한 개인에게만 해당하는 사안일지도 모른다. 이처럼 상황에 어울리지 않는 말을 툭툭 던지는 것은 좋았던 분위기만 흐려놓고 상대방을 거북하게 할 뿐이다.

난쟁이 앞에서 왜소하다는 말을 하거나, 결혼식에 가서 장례 이야기를 해서는 안 되는 법이다.

상황은 말의 효과를 결정짓는 중요한 환경적 요소다. 똑같은 말이라도 어떤 상황에 쓰였느냐에 따라 실질적인 효과는 천차만별이다. 당신의 인간관계를 더욱 탄탄하고 돈독하게 만들고 싶다면 분수에 맞는 말, 상황에 적절한 말을 골라서 쓸 수 있어야 한다. 상황을 무시하고 부적절한 언어를 남발하면 마치 결혼식장에서 신랑신부에게 이별노래를 축가로 선사하는 것과 같은 황당한 장면이 연출될 수 있다.

중국에는 "말 한마디로 국가를 일으키고, 말 한마디로 국가를 멸망시킨다"라는 속담이 있다. 물론 일상생활에서 우리가 하는 말이 한 나라의 흥망성쇠를 결정지을 만큼 대단한 능력을 가지지는 않겠지만 말실수 하나가 초래하는 살상력은 무시하지 못할 정도로 강력하다. 대화를 할 때 조심하지 않으면 인간관계에 빨간 불이 켜지면서 친구들에게 점점 배척당하게 될 것이다. 주변 사람들과 무난하게 잘 어울리고 그 속에서 환영받는 존재가 되고 싶다면, 또 다른 사람의 마음속에 좋은 인상으로 남기를 기대한다면 상황에 맞는 적절한 말을 할 줄 알아야 한다. 당시 정황과 상대방의 기분을 고려해 어울리는 말들만 골라 한다면 갑자기 분위기가 어색해진다거나 상대방의 따가운 시선을 받는다거나 하는 일은 없을 것이다.

말할 때 상대방의 반응을 주목하라

말은 누구나 다 할 수 있다. 하지만 말은 할 줄 알아도 어떻게 하면 그 말을 적절하게 요리할지는 모르는 사람들이 많은데, 말을 할 때도 지켜야 할 도리가 있다.

"사람을 만나면 사람 말을 하고, 귀신을 만나면 귀신 말을 하라"는 말이 있다. 이는, 나아가야 할지 물러서야 할지는 상대방의 성향을 보고 결정해야 하며 만나는 상대에 따라 말을 달리해야 함을 강조하고 있다.

성격이 급한 사람은 상대방을 보면 급하게 말부터 쏟아내서 종종 부정적인 효과를 자초한다. 이처럼 생각 없이 막말을 하면 자기도 모르는 사이에 타인의 오해와 미움을 사기 십상이다.

상대방의 특징과 심리를 파악하지 못한 채 쓸데없는 말만 잔뜩 늘어놓거나 상대방의 귀에 거슬리는 말만 한다면 아예 말을 꺼내지 않느니만 못하다.

그러므로 어떤 상황에서 어떤 말을 해야 하는지, 어떤 사람에게 어떤 방식으로 말해야 하는지는 그냥 말만 늘어놓는다고 자연스럽게 해결될 문제가 아니다.

반드시 대화의 분위기를 먼저 파악하고 대화 중에 상대방이 내비친 정보들을 이해한 후 그에 따라 유연하고 적절한 대책을 세워야 한다.

미국의 아이젠하워 장군이 어느 단체의 초청을 받아 강연을 할 때의 일이다. 주최측에서는 그 말고도 많은 연사들을 초청해놓은 상태였다. 그에 앞서 이미 다섯 명의 연사가 능숙한 말솜씨로 장광설을 늘어놓았다.

아이젠하워의 순서가 되었을 때는 이미 심야에 가까운 시간이었고, 청중들은 꾸벅거리며 졸고 있었다. 그는 주변을 둘러보며 말했다.

"제 앞의 몇 분 선생님들께서 해주신 강연내용을 다 합치면 흥미진진한 장편소설 하나가 탄생할 수 있을 듯하군요. 너무 대단해서 제가 더이상 덧붙일 말이 없습니다. 하지만 어느 작품에서나 구두점은 반드시 찍어야 하는 것 아니겠습니까? 제가 이 소설의 마지막을 알리는 마침표를 찍도록 하죠."

아이젠하워는 이 말을 마치자마자 그냥 자리로 돌아갔다. 그때 회의장 가득 박수갈채가 울려 퍼졌다. 그 강연에 참석한 사람들의 기억에 남았던 것은 앞부분의 장황한 '장편소설'이 아니라 아이젠하워의 '마침표'였다.

말을 많이 하는 것은 적게 하느니만 못하고, 말을 적게 하는 것은 말을 잘하느니만 못하다. 또한 간결하게 요점만 짚어 말하는 데도 지혜가 필요하다. 연사들은 청중들의 반응을 유심히 살피면서 적절한 타이밍에 자신의 말을 조정해나갈 필요가 있다.

말이란 자기만족을 위한 것이 아니라 다른 사람들을 만족시키고 그들에게 깊은 인상을 남기기 위한 것이다. 따라서 대화를 잘 이끌어나가고 싶다면 우선 상대방의 심리상태를 잘 탐색한 뒤 나보다는 상대방을 배려하는 태도를 초지일관할 수 있어야 한다.

대화할 때 상호 간의 친밀도를 높이고 싶다면 대화 시 태도나 거리, 자세, 행동 등에 대한 내공을 좀더 쌓아보길 바란다. 이 부분의 지식이나 기술에 대해서는 관련서적을 읽거나 커뮤니케이션 스킬 향상 프로그램에 참여함으로써 정보를 얻을 수 있고 이로써 자신이 부족했던 부분을 하나하나 채워나갈 수 있을 것이다.

말은 많이 하는 것보다 잘하는 것이 낫고, 잘하는 것보다는 기교 있게 하는 게 낫다는 사실을 기억하라.

말할 때는 여지를 남겨라

일을 할 때나 말을 할 때는 어떠한 상황에서든 여지를 남겨둘 필요가 있다. 차를 운전할 때 급하게 벽을 향해 곤두박질하면 방향을 틀어 돌아나오기 쉽지 않지만 약간의 여지를 남겨두면 방향 틀기가 쉬워지는 이치와 마찬가지다. "지나치게 설익거나 무르익은 밥은 먹지 말고, 정도가 지나친 말은 입에 담지 마라"는 속담이 있다. 이 말은 정말 일리가 있다. 특히 사람들과 어울리는 과정에서는 반드시 역지사지 정신을 발휘해 상대방에게 어느 정도 여지를 남겨두는 게 좋다. 아무리 사이가 나빠도 상대방을 막다른 골목까지 몰고 가서는 안 된다. 그렇게 심한 압박작전을 펼치면 상대방의 돌발적인 반격을 촉발하게 되고 본인 역시 예상치 못한 손해를 입게 된다.

러시아 황제 니콜라이 1세가 자유주의자들이 이끄는 반란을 평정한 후 주동자인 릴리예프를 사형에 처하기로 했다. 교수형이 집행되던 날이었다. 릴리예프가 사형대에서 목이 졸린 채로 발버둥 치고 있는데 줄이 뚝 하고 끊어짐과 동시에 그의 몸이 바닥으로 떨어졌다. 당시에는 그러한 상황이 벌어지면 하늘의 뜻이라고 생각하고 죄인을 사면해주는 것이 일반적인 관례였다. 그런데 릴리예프는 자리를 털고 일어나면서 군중들을 향해 외쳤다.

"이것 보시오. 이 사람들은 이런 줄 하나도 제대로 만들지 못하잖소."

그때 한 신하가 바로 궁전으로 달려가 교수형의 실패와 릴리예프가 했던 말을 그대로 전했다. 그러자 니콜라이가 말했다.

"그러면 절대 그렇지 않다는 사실을 똑똑히 보여줘야겠군."

다음날 릴리예프는 다시 교수대에 올려졌고, 끈이 끊어지는 '불상사'는 발생하지 않았다.

당신은 릴리예프의 어리석음에 조소를 보낼 것이다. 하지만 이와 유사한 상황들은 당신 주변에서도 얼마든지 일어날 수 있다. 지기 싫다는 괜한 오기 때문에 과격한 말을 내뱉은 적이 분명 있을 것이다.

언어로 상대방을 위협하고자 한다면 말을 아끼면서 해야 한다. 말을 많이 할수록 신비함이나 강도가 떨어지게 되고 결국에는 통제불능의 상황에 이른다. 또한 말이 많아질수록 어리석은 말들이 자꾸 섞여 나오게 된다. 반면 말을 자제하면 당신은 더욱 대단하고 위엄 있어 보일 것이다. 당신의 침묵이 다른 사람들을 부자연스럽게 만들기 때문이다. 인간이란 원래 뭐든지 속 시원한 해석과 변명을 듣고 싶어 하는 존재인지라 그들은 당신이 무슨 생각을 하고 있는지 궁금해한다. 그러므로 입 열기에 신중을 기하고 자제한다면 당신에 대한 신비감과 그들의 궁금증은 더욱 증폭될 것이다.

그래서 대부분의 경우 당신의 짧은 대답과 침묵 때문에 상대방은 자기 방어 태세를 갖추게 된다. 어색하고 긴장된 위기를 참지 못한 그들이 이런저런 화젯거리를 끌어 모아 침묵을 깨보려고 한다는 말이다. 그러다가 실수로 자신의 약점을 노출시키기도 한다. 그들은 당신의 한 마디 한 마디를 곱씹어 보고 짧은 의견에도 귀 기울이려고 한다. 그러는 과정에서 당신의 매력은 더욱 커질 수밖에 없다.

상대방에게 이런저런 말로써 당신이 원하는 방향으로 따라오도록 강요하는 방식은 거의 통하지 않는다. 그들은 당신의 황당한 이론에 반대할 것이고, 당신의 기대에 좀처럼 따라주지 않을 것이다. 그렇기 때문에 인생을 살아가는 과정에서 말은 적게 할수록 신비함을 더할 수 있다. 말을 자제할 줄 알아야 실제로 유리한 고지를 점할 확률도 더 높아진다는 사실을 기억해두자.

🌿 이왕이면 듣기 좋게 말하라

상대방 앞에서 좋은 말을 해주면 만사가 잘 풀린다.

옛말에 "다른 사람에게 듣기 좋은 말을 해주지 못할 거라면 아예 하지 않는 게 낫다"는 말이 있다.

이 격언은 현대사회를 살아가는 우리가 더욱 깊이 새겨두어야 한다. 크기에 상관없이 어떠한 조직에서든 근거 없는 유언비어들이 끊임없이 돌아다니게 마련이다. 한 가지 분명한 것은 당신이 다른 사람에 대해 안 좋은 말을 하면 그 말은 금세 날개를 달아 상대방의 귀에 들어간다는 점이다. 게다가 우리 앞에서 이러쿵저러쿵 타인의 흉을 보는 사람들은 다른 사람 앞에 가서도 우리를 들먹이며 욕하고 다닐 게 분명하다. 그러므로 우리는 다른 사람을 도마에 올려놓고 입방아를 찧어서도 안 될뿐더러 남의 흉을 들춰내는 저질대화에 가담해서도 안 된다. 상대방을 배려할 줄 아는 수준 있는 사람들과 어울려라. 그러면 타인에 대한 험담 때문에 고개 숙여 사과해야 할 일은 없을 것이다.

어느 날 밤 한 왕이 머리카락이 완전히 빠지는 꿈을 꾸었다. 놀라 잠에서 깬 그는 다급한 마음에 해몽가를 불러서 꿈에 담긴 의미를 물어봤다.

그 해몽가는 용하다고 그 일대에 소문이 자자한 사람이었는데 국왕의 꿈 이야기를 듣더니 탄식하며 말했다.

"국왕 폐하, 이 꿈은 흉몽입니다. 앞으로 폐하의 가족들이 예측불허의 재난을 당할 수도 있다는 암시입니다. 머리카락이 다 빠져나가는 것처럼 말이죠."

그러자 국왕이 탁자를 내리치며 버럭 화를 냈다.

"여봐라! 막말이나 지껄이는 이 자를 당장 끌고 가서 목을 베라."

말은 그렇게 했지만 국왕은 내심 불안감을 떨칠 수 없었다. 그래서 또 다른 해몽가를 불러 꿈의 의미를 해석해보라고 했다.

국왕의 이야기를 듣고 난 해몽가는 미소를 짓더니 국왕에게 머리를 조아렸다.

"축하합니다, 폐하. 이 꿈은 폐하께서 앞으로 다른 가족들보다 더 오래 사실 수 있다는 의미입니다."

이 말에 국왕은 마음에 들어앉아 있던 무거운 돌을 내려놓은 듯한 기분이 들어 그 해몽가에게 후한 상금을 내렸다.

두 상황 모두를 지켜보았던 호위병이 의아한 듯 해몽가에게 물었다.

"제가 듣기엔 두 분의 해몽이 별 차이가 없어 보이는데요. 폐하께선 어째서 지난번엔 화를 내시더니 이번에는 저렇게 좋아하시는 거죠?"

해몽가는 태연히 웃으며 대답했다.

"똑같은 뜻을 전달해도 그 사람은 국왕 폐하께 기분 나쁘게 들리도록 이야기했고, 나는 폐하가 들어서 기분이 좋도록 말을 했기 때문이지."

의미가 같은 말이라도 표현하는 방식에 따라서 결과는 완전히 달라질 수 있다.

거침없이 직언하는 충신들은 수명이 짧다. 반면 음흉한 속을 가지고 있으면서도 말은 달콤하게 하는 소인배들은 역사적으로 셀 수 없이 많았을 뿐 아니라 군주의 총애를 독차지했다.

직설적인 충고는 상대방의 귀에 거슬리게 마련이다. 사람이라면 누구나 귀가 즐거운 말, 기분 좋은 말을 듣고 싶어 한다. 그러니 굳이 타인의 아픈 곳을 대놓고 짓밟을 필요는 없지 않은가?

말하는 기술을 터득했다는 것은 듣기 좋은 말만 골라 한다는 의미가 아

니라 같은 말이라도 상대방이 더 듣기 좋도록 기술적으로 돌려서 할 줄
아는 것을 의미한다. 진실이 왜곡되지만 않는다면 이왕이면 듣기 좋은 소
리로 상대방을 즐겁게 해주는 게 낫지 않겠는가?

🌿 우물거리지 말고 당당하게 의사표시를 하라

자기가 하고 싶은 말을 적극적으로 표현할 수 있다면 삶을 바라보는 태
도도 상당히 긍정적이고 주동적으로 바뀔 것이다. 당당한 의사표시 능력
은 그 사람의 일생에 막대한 영향을 끼친다.

예를 들어 어느 상인이 원래 말주변이 있음에도 불구하고 너무 정중하
게 대하려고 한 나머지 고객들에게 말도 제대로 안 붙인다면 장사는 적자
에 시달릴 것이다. 그런 사람은 동종업계 모임에 참석해도 늘 멀찍이 떨
어져 있을 뿐 자신의 의견을 피력하지 않는다. 만약 그가 회사직원이라면
소극적인 태도 때문에 상사와 동료들에게 얼굴을 알릴 기회가 줄어들고,
다른 동료들 꽁무니만 졸졸 따라다니다가 결국 빈축만 사게 될 것이다.
어떻게 해서든 우리는 "자신의 생각을 말로 표현할 수 있도록" 자꾸 스스
로를 단련해야 한다. 그래야만 업무에서 주도적인 역할을 하며 능력을 발
휘할 수 있고 대인관계에서도 자신감을 회복할 수 있다.

심리학자 타고 아키라는 자신의 경험담을 다음과 같이 서술했다.

얼마 전에 친구로부터 전화가 걸려왔다.

"지금 우리 회사에 직원이 한 명 급하게 필요한데 혹시 적당한 사람 없
을까?"

마침 나는 이번에 졸업한 학생 중에 조건이 잘 맞는 학생이 있어서 면접을 볼 수 있도록 연결해주었다.

그날 저녁, 다시 친구의 전화가 걸려왔다. 나는 그가 내 학생을 채용하기로 했다는 좋은 소식을 전해주기를 은근히 기대했다. 그런데 그의 말은 뜻밖이었다.

"자네 제자는 능력도 좋고 사람도 좋아 보이더군. 그런데 너무 내성적이고 우울해 보여서 느낌이 별로야. 그래서 채용하기는 힘들 것 같아."

이 말을 듣고 나는 그 학생이 평소 말을 할 때 거의 혼잣말하듯이 조용조용한 것이 흠이었다는 사실을 기억해냈다.

그래서 곧바로 친구에게 부탁했다.

"그 아이에게 다시 한 번만 면접 볼 기회를 주지 않겠나? 그 애가 원래는 참 명랑하고 우수한 학생이거든."

친구는 차마 거절하지 못하고 그렇게 하겠다고 약속해주었다. 그러고 나서 나는 그 학생을 찾아가 말을 할 때는 큰 소리로 자신감 있게 하라고 일러주었다.

그 후 두 번째 면접을 보고 난 친구의 반응은 확연히 달랐다.

"그 친구, 그렇게 우울한 성격은 아니더군. 아마 처음이라 너무 긴장했었나봐."

결국 그 학생은 친구의 회사에 취직되었다.

할 말이 있으면 당당하게 이야기하라. 정 말을 할 수 없겠거든 차라리 침묵을 유지하라. 입속으로 웅얼거리는 것만 한 꼴불견은 없다.

큰 소리로 말하기를 꺼려하는 사람은 강한 두려움에 사로잡혀 있는 경우가 많다. 이런 공포감이 형성되는 주된 이유는 실패를 무서워하는 마음 때문이다. 그런 사람들은 거센 바람이 불지 않는 조용하고 안락한 곳에 안주해 있기를 바란다. 실패가 두려워 아예 실패를 거부하고 피해버리는 것이다. 또한 그들은 대중의 손가락질을 받을까봐 당당히 앞에 나서서 자신의 의견을 표현하지 못한다. 많은 관중들 앞에서 연설하는 것은 더더욱 말할 것도 없다. 혹시나 연설을 하다 실수를 저질러 망신당하지는 않을까 지레 겁부터 먹는다.

능력이 뛰어난 사람은 자신만만하고 결단력 있으며 회의에서도 담담하고 안정된 모습을 보이고, 말도 거침없이 잘한다는 것이 우리 사회의 보편적인 인식이다. 반대로 능력이 떨어지는 사람은 대부분 말을 할 때 주저주저하고 아예 입을 열지 못한다고 생각한다.

중요한 순간에 침묵으로 일관하는 것은 위험한 일이다. 다른 사람들은 열심히 토론하고 있는데 당신이 한 마디도 안 하고 있다면 그들은 당신의 존재를 까맣게 잊어버릴지도 모른다. 그리고 너무 작은 소리로 말을 한다면 당신이 능력이 부족해서 위축되어 있다는 오해를 살 수도 있다.

가는 곳마다 일부러 큰 소리로 악을 쓸 필요는 없다. 다만 공공장소에서나 중요한 순간에는 보다 적극적이고 당당하게 자신의 견해와 의견을 표현해야 한다. 이때는 또렷한 발음과 너무 흥분되지 않은 차분한 어조로 분명하게 전달해야 할 것이다.

🌿 정확한 표현으로 오해의 소지를 제거하라

한꺼번에 너무 많은 생각을 품는 바람에 그것들을 밖으로 제대로 꺼내지 못하는 사람들이 있다. 다시 말해 표현의 부정확함 때문에 마음속의 생각들이 있는 그대로 전달되지 못하는 것이다. 속에 든 건 많은데 정작 쏟아내라고 하면 찔끔찔끔 내보이는 사람이 있는가 하면, 자신의 생각을 통쾌하고 유감없이 표현해내는 사람들도 있다. 의지는 과감하게 결단을 내리는 것이고, 현명함은 자신을 분명하게 표현하는 것이다. 이 두 가지 모두 위대한 품성이다.

일반적으로 사고가 분명하고 뚜렷한 사람은 호감을 얻고, 사고가 복잡한 사람은 별로 좋은 인상을 남기지 못한다. 간혹 애매한 표현이 저속한 표현보다 더 문제가 되는 경우가 있다. 자신이 지금 무슨 말을 내뱉고 있는지도 분명하지 않은 마당에 듣는 사람이 어떻게 그 의미를 헤아릴 수 있겠는가?

어떤 사람이 자신의 마흔 살 생일을 맞아 절친한 친구 네 명을 집으로 초대했다.

세 사람은 제시간에 도착했는데 나머지 한 사람은 어찌된 연유인지 한참이 지나도 모습을 드러내지 않았다.

그러자 주인이 초조함을 감추지 못하며 운을 뗐다.

"불안하군. 왜 와야 할 사람이 이렇게 안 오는 거지?"

이 말을 들은 한 친구가 기분이 몹시 언짢은 듯 주인에게 따졌다.

"와야 할 사람이 아직 안 왔다니, 그렇다면 우리는 오지 말았어야 할 사람들이구먼. 그럼, 난 이만 가보겠네. 잘 있게!"

그는 말을 마치기 무섭게 돌아서 가버렸다.

한 사람은 안 오고 또 한 사람은 화가 나서 가버리자 주인은 더욱더 초조해져서 한마디 던졌다.

“가지 말아야 할 사람이 가버렸군.”

이번에는 남아 있던 두 친구 중 하나가 화를 냈다.

“그렇게 말한다면 가야 할 사람은 바로 우리라는 얘기가 아닌가? 좋아, 나도 가주지.”

그 친구 역시 문을 박차고 나가버렸다.

또 한 사람이 빠지자 주인은 뜨거운 팬 위에 달궈지는 개미들처럼 안절부절못했다. 그러자 마지막까지 남아 있던 친구가 우정 어린 마음에서 주인에게 충고했다.

“자네 때문에 다른 친구들이 모두 화가 나서 가버렸어. 말을 조심해서 했어야지.”

주인은 체념한 듯 대답했다.

“모두 내 말을 오해한 거야. 그 친구들에게 한 말이 아니었다고.”

그 말에 마지막 친구는 안색이 심하게 굳어졌다.

“뭐야? 그렇다면 나를 두고 한 말이었다는 건가? 허 참, 기가 막히는군 그래.”

결국 나머지 한 친구마저 씩씩거리며 나가버렸다.

실족을 하면 구해낼 방법이 없는 것처럼, 실언을 하면 주워 담을 방법이 없다.

말하는 사람은 무심코 내뱉을지 몰라도 듣는 사람은 그 말을 주의 깊게 듣고 있다. 단 몇 마디 말 때문에 주변 사람들에게 미움을 살 수도 있다. 언어표현상의 실수 때문에 불필요한 오해를 빚어냈던 경험은 없는가? 평생 동안 써왔던 말인데도 거기에 문제가 있고, 그 말 때문에 상대방이 오해를 하고 있다는 사실조차 스스로 깨닫지 못하는 경우도 있다.

따라서 말을 할 때는 사전에 충분히 생각하고 함부로 입을 놀리지 마라. 발음은 분명하게 하고, 어떻게 하면 보다 정확하고 논리 정연하게 표현할 수 있을지를 연구하라. 그렇지 않으면 당신은 말을 할 때마다 타인의 오해에 시달리게 될 것이다.

교제를 할 때도 시기를 잘 타라

적절한 시기를 선택해 타인과 교류하고
다른 사람 앞에서 귓속말을 해서는 안 된다.

접대할 때는 예의 바르게 행동하라

워싱턴은 말했다.

"적절한 시기를 선택해 타인과 교류하고 다른 사람 앞에서 귓속말을 해서는 안 된다."

공무상 고객을 접대하는 일은 자신이 소속된 조직의 입장에서 볼 때 매우 중요한 의의를 지닌 행사다. 그런 자리에서는 사소한 행동에도 세심하게 예의를 갖춤으로써 부적절한 언행 하나 때문에 당신의 업무능력과 조직의 신뢰도에 금이 가지 않도록 해야 한다.

상담을 마친 한 영업사원이 고객과 점심을 함께한 뒤 접견실에서 계약서 작성을 준비하고 있을 때였다. 그때 이 사이에 음식물이 낀 탓에 찜찜해하던 그는 이쑤시개로 이를 쑤시고는 입 안의 찌꺼기들을 뱉어냈다. 맞은편에 있는 고객의 눈은 전혀 의식하지 않는 듯했다. 안 그래도 약간 미심쩍어하던 고객은 결국 이 영업사원과의 계약 의사를 번복하고 말았다. 나중에 그 고객은 "기업의 얼굴 격인 영원사원이 기본적인 예의조차 모르는데 어떻게 그 기업을 신뢰할 수 있겠느냐"고 해명했다. 이처럼 작은 부분에서의 불찰이 사업 성패 여부에까지 파장을 미칠 수 있다.

고객과의 만남에서 사소한 부분에 주의하지 않거나 실례를 범하면 상대방의 반감을 불러일으켜 좋지 않은 이미지로 각인된다.

고객과 첫 대면을 할 경우에는 서로의 신분과 지위를 정중하고 분명하게 밝히는 것이 상당히 중요하다. 겸손의 표시로 손님을 환영함과 동시에 자신을 먼저 소개하도록 한다. 밝고 또랑또랑한 목소리로 자신의 이름을 말한 뒤 예의를 갖춰 상대방의 이름을 물어본다. 그리고 될 수 있으면 그 자리에서 상대방의 이름을 다시 한 번 호명하면서 그에 대한 관심과 존경을 표시하는 것이 좋다.

사소한 행동이라 별로 눈에 띄지 않을 것 같지만 이는 사실 굉장히 중요한 일이다. 사람들은 교제를 할 때 첫인상을 중시한다. 초반에 상대방이 당신에 대해 예의 바르고 다정다감한 사람이라는 인상을 받았다면 그 다음에 이어지는 대화는 편안하고 유쾌한 분위기 속에서 진행될 것이다.

공적인 업무에 관한 상담을 할 때는 최대한 적극적이고 즐거운 대화 분위기를 만들어야 한다. 본격적인 상담에 앞서 논쟁의 소지가 없는 가볍고 친근한 화제로 운을 떼는 것도 좋은 방법이다. 단, 이때 언급하는 내용은 날씨 등과 같이 상담내용과 관련 없는 소재를 선택하는 것이 좋다. 상대방이 특별히 꽉 막힌 사람이 아니라면 그날 상대방의 의상에 대해 칭찬해주는 것도 나쁘지 않다. 보통 사람들이 공무상의 모임에 참석할 때는 옷차림에 조금이라도 더 신경을 쓰게 마련이니까.

만약 여러 사람이 함께 업무관련 사안을 토론하고 있는 상황이라면 서로 말이 섞이지 않도록 해야 한다. 이런 경우라면 합리적으로 순서를 정해 그에 따라 발언하게 하는 등 일정한 룰을 세워두는 게 좋다. 그래야 회의가 맥을 잃지 않고 질서 있게 진행될 수 있으며 문제의 해결방안을 도출하는 데도 유리하다. 서로 먼저 이야기하려고만 들고 여기저기서 잡음이 들리면 회의는 시끄러운 논쟁으로 전락할 뿐 아무런 열매도 맺지 못한다.

또 하나 중요한 것은 타인이 발언할 때는 절대 옆에 앉아 있는 사람과 속닥거리지 말아야 한다는 것이다. 이는 교양 없는 행동이다.

공사를 논하는 자리는 매우 엄숙한 자리이니만큼 서로를 존중하는 마음과 개방적인 자세로 회의에 임해야 한다. 얄팍한 이해타산에 얽매이는 것은 교양에도 어긋날 뿐 아니라 협력파트너로서의 자질 자체를 의심하게 만든다.

🌿 기회를 잘 포착하라

'다른 사람들에게는 기회가 많이 주어지는 것 같은데 왜 나만 유독 운이 없을까?'

많은 이들이 한 번쯤은 이런 생각을 해보았을 것이다.

기회가 많고 적음은 당신이 사람들과 교제할 때 매 순간의 기회를 얼마나 잘 포착했는지에 달려 있다. 약자는 기회를 기다리기만 하는 반면 강자는 기회를 스스로 창조한다. 특별한 기회가 당신 앞에 뚝 떨어지기만을 기다리지 말고 평범하고 일상적인 기회들을 잘 잡아서 그것이 당신 손에서 특별해지도록 만들어야 한다.

카네기가 어느 회사에 입사지원을 했을 때의 일이다. 이제 막 사회에 첫발을 내딛은 그는 경력이 없다는 이유로 직원채용에서 떨어지고 말았다. 실망감을 안고 회사대문을 나오는데 길바닥에 떨어져 있는 동전 하나가 그의 눈에 들어왔다. 다른 사람들이라면 이 10센트짜리 동전을 대수롭지 않게 여겨 그냥 지나쳤을 것이다. 그러나 어릴 때부터 절약습관이 몸에 밴 카네기는 허리를 굽혀 동전을 줍고 먼지를 깨끗이 닦아낸 후 상의 주머니 속에 넣었다. 마침 10층에 있던 이 회사의 사장이 우연히 창문을 통해 이 모든 행동을 지켜보고 있었다. 그는 저런 절약정신을 가진 사람이라면 돈을 소중히 다룰 줄 아는 훌륭한 관리인재로 클 수 있겠다고 확신했다. 그래서 직접 카네기를 스카웃해서 직원으로 채용했다. 사장의 '혜안'으로 카네기라는 '영웅'이 발굴되었던 것이다.

시기를 얼마나 잘 포착하느냐가 성공의 핵심관건이다. 기회는 어디든 널려 있다. 신문지상에 발표된 기사 한 편이 하나의 기회일 수도 있고, 당신의 고객 한 사람 한 사람, 매번 진행되는 거래 자체가 기회일 수도 있다. 즉, 매 순간을 당신의 고상함과 예의와 용기를 펼쳐 보일 수 있는 기회, 당신의 성실한 인품을 드러낼 수 있는 기회, 친구를 사귈 수 있는 기회로 활용해보자. 매 순간을 당신의 자신감을 시험해보는 기회로 삼아도 좋다.

하지만 기회는 기회를 알아보고 그것을 놓치지 않고 끌어안을 수 있는 사람들 뒤만 조용히 쫓아다닌다. 어떤 사람들은 '기회'를 잘 알아보지만 어떤 사람들은 '문제'만 바라본다. 기회 찾기에 어느 정도 단련되다보면 일상 속에는 우리가 활용할 수 있는 무궁무진한 기회들이 숨어 있음을 발견할 수 있다.

기회란 우리 주변에 있다. 힘들게 캐내는 것이 아니라 자동적으로 우리 곁으로 찾아드는 것이다. 문제는 그 안에서 당신 자신에게 가장 적합한 기회를 어떻게 선별해내느냐에 있다.

평상시 작은 행동 하나가 그 사람의 인품을 더욱 잘 드러낼 수 있다. 방심하는 사이에 원래의 성향이 자연스럽게 표출되기 때문이다. 하물며 작은 일도 이러한데 큰일에 있어서는 더더욱 말할 필요도 없다.

두 가지를 되돌아보자. 첫째, 평상시 작은 행동 하나에도 신경을 썼는가? 그렇지 않았다면 좀더 노력하라! 둘째, 당신의 평소 행동은 자연스러

운가? 일부러 꾸민 가식은 잠시 반짝할 뿐이지만 자연스러움은 영원히 지
속됨을 기억하라!

약속시간은 반드시 지켜라

넬슨Nelson 후작은 이렇게 말했다.

"내가 성공할 수 있었던 비결 중 하나는 약속시간을 잘 지켰다는 것이
다. 나는 약속을 하면 항상 15분 먼저 도착해서 기다리곤 했다. 정시에 도
착하는 것은 국왕의 예절이다."

대부분의 사람들에게 시간은 매우 소중하다. 타인에게 관심을 가지고
시간을 할애해주는 것은 그들에게 매우 소중한 선물을 주는 셈이 된다.
시간엄수는 물론 효율적이고 신속한 일처리로 상대방의 시간을 절약해준
다면 더 나은 가치를 창출할 수 있다. 타인과의 관계 정도는 당신이 그들
에게 쏟은 시간에 비례한다. 그러므로 타인에게 관심을 보이고자 한다면
시간의 활용가치를 최대로 끌어올려야 한다.

약속시간을 지키는 것은 인간이 갖춰야 할 필수덕목이다. 약속시간에
늦으면 상대방에게 무성의하다는 인상을 심어줄 수 있다.

연기경력이 있는 수잔은 TV드라마 배역을 맡고 싶은 마음에 프로그램
제작자에게 편지 한 통을 썼다. 그녀는 한번 만나고 싶다는 부탁의 글과
함께 몇 년 전에 찍은 자신의 프로필 사진을 동봉했다.

얼마 후 제작자는 그녀와의 미팅을 허락했다. 수잔은 잔뜩 기대에 부풀
어 그 제작자를 만나러 갔다. 그러나 제작자는 사진과 실제 그녀를 대조
해보고는 딱 잘라 말했다.

"너무 늦게 오셨군요."

"네?"

그녀는 그 배역이 이미 다른 연기자에게 낙점되었나 싶어 조금 당황했다. 제작자가 재빨리 고개를 저으며 해명했다.

"제 말은 이 사진을 찍을 당시에 오셨어야 했다는 뜻입니다."

제시간에 맞춰 오지 않고 타인을 오랫동안 기다리게 하면 수많은 기회들을 놓칠 수 있음을 잘 보여주는 일화다.

재능과 시간개념은 성공을 향해 가는 두 가지 필수역량이다. 일반적으로 전자는 후자의 산물이다. 즉, 시간을 소중히 여기는 사람들은 1분 1초라도 헛되게 흘러가는 것을 용납하지 않고 꾸준히 노력하기 때문에 언젠가는 '뛰어난 능력'을 갖추게 된다.

성공한 사람들은 대개 시간관념이 철저하다. 시간을 잘 지키지 않으면 신용이 바닥으로 떨어져 아무도 그 사람을 믿으려 하지 않기 때문이다. 그가 아무리 성실한 사람이라 할지라도 시간약속을 자꾸 어겨서 신뢰도에 금이 가고 나면 다시 회복할 방법이 없다.

반면 시간관념이 철저한 사람들은 매번 약속 때마다 제시간에 도착하고, 제시간에 완벽하게 일을 처리한다. 이는 결과적으로 자기 시간을 저축해두는 셈이다.

나폴레옹은 자신이 오스트리아를 이길 수 있었던 것은 오스트리아 사람들이 5분의 가치를 모르고 있었기 때문이라고 말한 바 있다. 1분이라는 시간을 잃어버릴 때마다 불행을 만날 확률은 1퍼센트 늘어나는 법이다.

일을 하는 과정에서 시간을 지키는 것만큼 중요한 것도 없다. 젊은 사람들 중에는 시간개념이 부족해서 좋은 자리에 올라설 기회를 놓치는 경우도 많다.

약속시간은 반드시 성실하고 정확하게 지켜야 한다. 사전에 정해진 약속시간은 만남의 과정을 시작하는 시간이다. 만약 어느 한쪽에서 약속을 어기면 그 만남은 원래 계획대로 진행되지 못할 것이다. 그렇게 되면 뒤로 연결된 단계들도 밀려나게 되어 결국 심각한 차질을 빚는다. 그러므로 시간은 생명처럼 지켜야 한다.

좀더 나아가 시간을 지키는 것은 곧 신용을 지키는 것이다. 즉, 약속시간을 얼마나 잘 지키는가는 당사자가 그 약속을 얼마나 중요하게 여기는가를 나타낸다. 여기서 시간은 그 사람의 인품, 인격을 가늠하는 척도로도 활용될 수 있다. 따라서 절대 약속시간을 간과해서는 안 된다.

우리 주변에서도 약속시간을 대수롭지 않게 생각하는 사람들을 종종 보게 된다. 심지어 시간을 가지고 장난치는 사람, 예를 들면 늦게 도착하거나 아예 나타나지 않음으로써 자신의 지위와 신분을 과시한다거나 상대방을 테스트하는 도구로 사용하는 등의 몰상식한 행동을 서슴없이 하는 사람들도 있다. 이는 다른 사람의 소중한 시간을 일방적으로 빼앗는 행동일 뿐 아니라 본인의 위신에도 심각한 타격을 줄 수 있음을 명심하자.

🌿 교제 타이밍을 잘 잡아라

성공하는 사람들은 시간의 소중함을 알고 있기 때문에 좀처럼 시간을 허비하지 않는다. 그들은 지금 자기 앞에 있는 고객이 자신의 사업에 중요한 가치를 지니는가 아닌가에 대한 상황판단이 빠르다. 또한 대화가 불필요하게 길어질 경우에는 적절한 선에서 마무리 짓는 기술을 발휘한다.

게다가 그들은 절대 상대방의 출근시간에 찾아가 업무와 무관한 장광설을 늘어놓거나 하는 일이 없다. 그렇게 하면 결국 상대방 업무에 지장을 초래하여 본인은 물론 회사 이미지마저 흐려놓을 수 있다는 것을 알고 있기 때문이다. 따라서 교제의 타이밍을 얼마나 잘 조절할 수 있는지도 매우 중요한 문제 중 하나다.

어떠한 사회활동이든지 간에 그것은 특정 시간과 특정 공간이라는 환경 속에서 진행된다. 시간은 객관적인 존재로 아무나 막 차지할 수 있는 것이 아니다. 시간은 어떻게 해서든지 그만의 독특한 방식으로 사회활동에 있어 무시하지 못할 간섭과 제약, 영향을 행사한다.

미국의 작가 마크 트웨인Mark Twain이 어느 날 한 교회에서 목사님의 설교를 듣고 있었다. 처음 몇 분 동안 그는 내용이 재미있어서 귀 기울여 열심히 경청했다. 그리고 주머니 속에 있는 돈 전부를 헌납해야겠다고 마음먹었다. 그러나 10분이 지났는데도 목사의 말은 끝나지 않았다. 그래서 그는 잔돈 일부만 내야겠다고 생각을 바꿨다. 또다시 10분이 흘렀지만 목사는 여전히 열변을 토하고 있었고, 트웨인은 결국 한 푼도 내지 않기로 결심했다. 목사의 설교가 끝나고 헌금함이 그의 앞에 놓이자 그는 오히려 헌금함 속에서 지폐 한 장을 꺼내 가졌다.

교제를 할 때는 상대방의 시간을 마음대로 차지해서는 안 된다. 시간을 조절할 줄 안다는 것은 곧 상대방의 심리상태를 잘 꿰뚫고 있다는 의미다. 상황에 따라 유연하게 대처하고 시간을 적절하게 운용할 줄 알아야만 만남의 주도권을 잡을 수 있으며 그로써 소기의 성과를 달성할 수 있다.

'시간개념'에서 시간의 길고 짧음, 이르고 느림, 빈번함과 소원함이 나타내는 의미는 각각 다르다. 따라서 방문시간을 잘 정해야 소기의 목적을 순조롭게 달성할 수 있다. 적당한 시기를 골라 방문해야 주인의 환영을 받을 수 있다는 말이다. 그러므로 누군가를 찾아갈 때는 사전에 상대방의 성향이나 근황, 스케줄에 대한 이해가 필요하다.

보통, 주인이 업무나 집안일로 한창 바쁠 때, 식사 중이거나 휴식 중일 때, 컨디션이 좋지 않거나 몸이 아플 때는 정말 급박한 일이 아니라면 최대한 방문을 자제하는 게 좋다. 주인과 사전에 약속을 했을 때는 너무 늦게 도착해도 안 되지만 그렇다고 너무 일찍 도착할 필요는 없다. 제시간에 맞춰 방문하는 것이 가장 바람직하다. 주인에게 도움을 청해야 할 상황이라도 사흘이 멀다 하고 찾아와 귀찮게 해서는 안 된다. 또한 주인이 붙잡는 경우가 아니라면 방문시간이 너무 길어지지 않도록 주의해야 한다. 상대방의 다른 손님이 찾아왔다면 용건만 간단하게 말하고 적절하게 자리에서 일어나는 게 좋다.

방문 차원이 아니라 친한 친구끼리 거리낌 없이 왕래하는 경우라면 상술한 것처럼 너무 형식에 구애받을 필요는 없겠지만 그렇다 하더라도 너무 눈치 없게 굴어서는 안 된다. 아무리 친한 사이라도 상대의 반감을 불러일으키거나 기분을 무시하는 지나친 행동은 삼가야 한다.

🌿 귓속말을 하지 마라

워싱턴은 "다른 사람 앞에서는 절대 귓속말을 하지 마라"고 강조했다.

사람을 가장 두렵게 하는 것이 남을 험담하는 귓속말이다. 근거 없는 말, 길거리에 떠도는 소문, 악성 루머, 남의 뒷공론, 온갖 허위와 허풍 등등…… 세상에는 이처럼 터무니없고 무책임한 저질 유언비어들이 여기저기 난무한다.

세상에서 가장 무례하고 무서운 사람이 뒤에서 남을 헐뜯는 사람이다.

술에 만취한 사람이 길에서 우연히 교회친구를 만났다.

"이런 모습을 보여서 정말 미안하네."

"나한테 미안해할 필요 있나? 하느님이 항상 자네가 하는 행동을 지켜보고 계신다는 걸 잊지 말게. 알겠나?"

"그렇지. 하지만 그분은 자네처럼 그렇게 말이 많지 않아."

귓속말은 개가 짖는 것과 같다. 개 한 마리가 낯선 그림자를 보고 위협적으로 짖어대면 이 소리를 들은 다른 개들도 따라서 짖어댄다. 사람도 마찬가지다. 어느 한 사람이 누군가의 잘못에 대해 이야기하면 다른 사람이 그 내용을 여과 없이 그대로 퍼뜨리기 시작한다. 소문은 꼬리에 꼬리를 물고 번지고, 결국 시비가 전도되는 엄청난 화근을 키우게 된다.

신학대학원에 다니는 네 명의 학생이 있었는데 그들은 서로 말도 잘 통하고 마음이 맞아서 친하게 지내고 있었다. 어느 날 그들은 서로 비밀을 지키기로 약속하고 각자 예전에 저질렀던 잘못을 하나씩 털어놓기로 했다.

첫 번째 학생이 말했다.

"나는 몰래 나가서 여자들과 논 적이 있다네."

두 번째 학생이 고백했다.

"나는 몰래 도박을 한 적이 있어."

세 번째 학생도 고백했다.

"나는 원장님 물건을 몰래 훔친 적이 있다네."

마지막으로 네 번째 학생이 입을 열었다.

"나는 항상 약속을 지키지 않고 원장님께 다 고자질했어."

스페인 소설가 세르반테스Cervantes는 "악성 루머는 원래 그 자체로도 지독한 악취를 풍긴다. 그런데 사람들은 그것을 이리저리 휘휘 섞어댄다"고 말했다. 남의 사생활 들추기를 좋아하는 인간의 비열한 면모를 여지없이 꼬집는 말이다.

누군가를 칭찬해주지는 못할망정 뒤에서 이러쿵저러쿵 흉보지 마라. 그 말이 언제 당사자의 귀에 들어갈지 아무도 모르는 일이다. 사실 무슨 일이건 여러 가지 표현방식이 있게 마련이고, 어떠한 말이든 왜곡되거나 과장될 소지가 있다. 그러니 남의 아픈 상처를 파리처럼 그렇게 핥아대지 마라.

일에 대해 잘 모르면서 함부로 결론을 내리는 것은 객관적이지 못한 행동이다. 또한 그 사람을 잘 알지도 못하면서 함부로 판단하는 것은 객관적이지 못한 동시에 부도덕한 행동이다.

기억하라! 남들과 교제할 때 귓속말은 금물이다.

🌿 상사와 비밀을 공유하지 마라

워싱턴은 이렇게 충고한다.

"당신보다 권위가 높은 사람과 비밀을 공유하지 마라."

자의든 타의든 음모와 비밀을 공유하게 된 사람들은 대부분 비극적인 결말을 맞이한다. 그들은 빵 껍질로 만든 스푼처럼 수프에 넣으면 순식간에 녹아버린다. 군주의 비밀을 알게 되었다는 것은 특권이나 우대권을 손에 쥔 것이 아니라 어깨에 커다란 부담을 짊어진 것이나 다름없다. 많은 사람들은 자신의 못난 얼굴을 비추는 거울을 산산조각 내야 속이 풀린다.

그들은 추한 모습이 그대로 비춰지는 것을 견딜 수 없어 한다. 당신이 불리한 일을 목격했다면 당신 자신도 그 불리함에 연루될 수밖에 없다. 상대가 권세 있고 지위가 높은 사람이라면 당신이 고스란히 그 빚을 떠안아야 할지도 모른다. 당신이 그 사람에게 여러모로 쓸모 있는 사람이라도 그가 당신에게 보여주는 총애와 신뢰를 결코 영원히 믿을 수는 없다. 친구 간에도 허물없이 마음의 고민을 모조리 털어놓는 것은 정말 위험하다. 은밀한 비밀을 알려주는 것은 곧 스스로를 노예로 전락시키는 것이다. 그렇기 때문에 결국 비밀을 공유하려 했던 사람들은 자유를 회복하기 위해서 도리를 도외시한 채 모든 것을 짓밟아버릴지도 모른다. 비밀은 귀에 넣어서도 입으로 내뱉어서도 안 되는 것이다.

한 국왕에게 궁전 밖에 좋아하는 여인이 생겼는데, 그는 왕비에게 들킬까봐 매일같이 노심초사하였다. 이때 국왕의 비위를 잘 맞추는 한 신하가 국왕의 은밀한 데이트를 위한 도우미로 나섰다. 그는 국왕에게 애인과 만날 수 있는 다양한 방법들을 조언해주었다. 그 신하만큼 국왕과 애인의 일에 관해 잘 아는 사람은 없었다.

얼마 후 국왕의 불순한 행동을 눈치 챈 왕비가 그 신하를 불러다 추궁하려고 했다. 이 소식을 들은 국왕은 곧장 신하에게 죄를 뒤집어씌워 그를 처형해버렸다. 비밀이 새어나갈 수 있는 통로를 완전히 차단하기 위함이었다.

앞으로 당신의 인생무대에서 이러한 난감한 상황이 연출되지 않도록 주의하길 바란다.

경험상으로 볼 때 직장생활에서 상사의 사생활에 지나치게 개입하면 결국 당신과 상사의 관계는 정상적인 궤도를 벗어나게 된다. 상사의 개인적인 비밀이나 사업상의 기밀을 알게 되었다고 해서 당신 신상에 좋을 것은 하나도 없다. 상하계급 간에도 우정이 존재할 수는 있겠지만 그 우정이 도를 넘어 상사의 비밀에 너무 깊숙이 휘말리다보면 자칫 불행을 자초할 수 있다.

상사가 당신에게 알려준 비밀이 새어나갔다면 상사는 신상에 심각한 타격을 입을 것이다. 당초에는 당신도 상사와 비밀을 공유하는 허물없는 사이가 되었다는 사실에 뿌듯해하고 득의양양했을지도 모른다. 하지만 상사는 당신에게 빌미를 쥐어준 자신의 행동을 언젠가는 후회하게 된다. 그러면 상사와 당신의 비밀스러운 관계도 깨질 수밖에 없다. 상사가 당신에게 털어놓은 비밀이 회사내부에 국한된 일일지라도 문제는 마찬가지다. 그 비밀에 깊숙이 개입될수록 당신의 행동은 늘 부자연스럽고 어딘가에 얽매이게 된다.

상사와 빈번하게 접촉하는 것도 결국은 시간낭비다. 차라리 그 시간에 더욱 알차고 유익한 일들을 하라. 상사는 문턱이 닳도록 들락거리는 직원이 아니라 열심히 일하는 직원을 원한다. 당신이 상사에게 열심히 얼굴도장을 찍으러 다닐 그 시간에 다른 사람들은 상사의 계획을 완성하고 실질적인 문제해결을 위해 구슬땀을 흘리고 있을 것이다.

상사와 자주 접촉하면 상사로부터 총애를 받는 사원이라는 영광스런 꼬리표가 달릴지는 모르겠으나 그 꼬리표는 결국 당신에 대한 동료들의 미움과 불신으로 이어지게 된다. 심지어 어떤 사람들은 당신을 끌어내리려고 안간힘을 쓸지도 모른다. 당신이 상사와 비밀스럽게 쑥덕대는 모습을 보면 뭔가 음모를 꾸미는 것은 아닌가, 하고 본능적으로 의심하고 반감을 가지게 될 것이다.

자신의 이상을 실현하고 싶다면 인위적인 장애요소를 만들지 마라. 특히 상사와 비밀을 공유함으로써 자신을 옭아매지 마라.

🌿 일정한 거리를 유지하라

사람들과 지나치게 가까워지거나 상대가 당신에게 너무 가까이 다가오도록 하지 마라. 그렇지 않으면 당신의 명성과 신비함이 퇴색할지도 모른다. 하늘의 별이 영원히 찬란해 보이는 이유는 우리들과 항상 일정한 거리를 유지하고 있어서 마찰이 생길 일이 없기 때문이다. 신도 위엄을 갖춰야지 너무 친밀하게 느껴지면 곧 무시당하고 말 것이다.

일상에서 너무 자주 접촉한 나머지 단점과 흠까지 다 드러나버린 사물들은 그 가치나 신비함이 떨어져 눈에 잘 들어오지 않는다.

눈발이 흩날리던 어느 겨울, 수풀 속에서 고슴도치 열 마리가 추위에 오들오들 떨고 있었다. 그들은 서로의 온기를 느끼기 위해 빽빽하게 달라붙었다. 그러나 서로의 가시에 찔리는 바람에 이내 각자 흩어지고 말았다. 너무도 매서운 추위로 인해 그들은 또다시 함께 모여서 추위를 달래보려 했지만 몸에 난 가시 때문에 서로에게 상처만 입힐 뿐이었다. 그렇게 모였다 흩어지기를 수십 번, 그들은 추위와 가시에 찔리는 고통을 반복하며 괴로워하고 있었다. 그러다 결국 고슴도치들은 적당한 거리를 유지하면 서로에게 상처를 주지 않으면서 온기를 전할 수 있다는 사실을 깨달았다.

적절한 거리는 상대방을 배려하는 아름다운 보호본능이다. 사람과 사람 사이의 관계에도 일정한 거리가 필요하다. 간혹 너무 지나치게 다가가

다가 무절제한 행동이나 말실수를 하면 오히려 서로에게 팽팽한 긴장감과 상처만 남길 뿐이다.

생물계의 모든 활동과 관계는 일정한 거리로부터 나온다.

거리, 그것은 자기존재를 위한 필요조건이자 인간관계를 강화하는 열쇠다. 거리를 확보하지 않으면 자유도 없다. 거리를 유지하지 않으면 매력도 떨어진다.

친밀함과 화목함은 일정한 거리를 유지하는 데서 비롯된다.

부부 간에도 적당한 거리를 두고 서로의 독립적인 인격과 자유를 보장해줄 수 있어야 둘만의 더욱 절실한 사랑이 유지된다. 부부끼리 편하고 허물이 없다고 해서 서로를 막 대한다면 오히려 서로에 대한 불신이 생기고 심리적인 거리감과 벽을 느낄 것이다.

가정이라는 울타리 속에서도 구성원끼리 서로 적당히 거리를 두어 각자의 견해, 이익, 성격, 취향 등이 충분히 보호받고 발휘될 수 있어야 한다. 일관성을 강조해 하나의 틀에만 끼워 맞추려고 하면 자꾸 불협화음만 생긴다.

친구 사이도 마찬가지다. 어느 정도 거리를 확보해야만 좋은 친구가 될 수 있다. 순식간에 불처럼 뜨거워졌다가 어느 순간 차갑게 식어버리는 것은 우정이 아니다. 또 절친한 친구 사이라도 아무런 거리낌 없이 할 말 못할 말 가리지 않고 다 쏟아내다 보면 결국 서로 간의 논쟁과 갈등만 부추기게 된다.

거리를 유지하는 것은 관계의 소원함과는 다른 의미다. 서로 멀리 떨어져 있어도 마음만 맞으면 마치 옆에 있는 것처럼 친하게 지낼 수 있다. 바로 옆에 산다고 해서 꼭 친하게 지내야 하는 것은 아니지 않은가.

거리유지는 각자의 개성과 취향을 존중해주는 것이다. 생각과 감정이 완전히 일치하지 않아도 좋은 친구 사이가 될 수 있다.

서로 적절한 거리를 유지함으로써 인간관계에서 발생하는 상호충돌, 질투와 시기, 비방 등의 난관을 피해갈 수 있다.

위대한 영웅으로 추앙받는 나폴레옹은 이런 말을 했다.

"시종의 눈에 위인이란 없다."

아무리 위대한 사람이라도 타인과 일정한 거리를 유지하도록 주의해야 한다. 위인이 보통 사람들과 어느 정도 간격을 두지 않으면 결점이 쉽게 노출되어 매력이나 신비감이 희석되어버린다. 나폴레옹처럼 위대한 사람 도 타인과의 거리를 유지하려고 노력했는데 하물며 우리 같은 평범한 사 람들은 어떻겠는가?

🌿 지나친 친밀감은 상처를 남긴다

적당한 거리를 유지함으로써 서로의 마음에 약간의 공간을 남겨두는 것, 이는 평형적인 인간관계를 유지하는 중요한 원칙 중 하나다.

여기 이를 일깨워 주는 의미심장한 일화가 있다.

한 여인이 결혼한 지 얼마 안 되어 이혼을 당했는데 이혼사유가 참 기 가 막히고 황당했다. 남편의 말을 빌리자면 그녀가 가족들에게 지나치게 잘해줘서 견딜 수 없었다는 것이다. 그 여인은 원래 다른 사람을 돌보고 그들을 위해 뭔가를 해주는 것을 워낙 좋아했다(모성애가 유난히 강한 사람 들의 공통적인 특징이다). 그런데 그 정도가 지나치게 광적이었다. 맞벌이를 하면서도 매일같이 요리, 장보기, 빨래, 청소 등 모든 가사를 혼자 도맡아

했다. 다른 사람들이 도와줄라치면 아예 손도 못 대게 했다. 시간이 흐르면서 남편과 시부모는 남의 집에 얹혀사는 듯한 기분에 마음이 불편해졌다. 천사 역할은 모두 그녀의 독차지였다. 결국 가족들은 인내심에 한계를 느꼈고, 그녀를 집에서 내보내기로 결정했다. 그녀와 함께 있으면 가족들의 마음이 늘 무겁고 불편했기 때문이다.

물론 '가만히 앉아서 호사를 누리는 게 뭐가 나쁜가?'라고 반문하는 사람들도 있을 것이다. 그러나 사실 일할 능력이 있고 이성이 온전한 사람에게서 독립적인 공간과 스스로 뭔가를 베풀 수 있다는 마음을 빼앗는 것은 매우 치명적이고 잔인한 일이다. 인간관계에서 그러한 욕구를 서로 채워주지 못하면 그 관계는 오래 지속되지 못한다.

인간관계 하면 '성공적인 대인관계'의 대명사인 카네기를 먼저 떠올리게 된다. 그의 인간관계 지침서는 심리적 교감을 하는 과정에서의 실리적인 윈-윈win-win 원칙을 강조했다. 즉, 대인관계가 인간의 각종 욕구(정신적, 물질적 욕구)를 서로 채워주는 활동이 되어야 한다는 것이다.

심리학자 호만스George Homans는 인간과 인간의 교제가 본질적으로는 사회교환의 일환이라고 주장했다. 그러면서 이러한 교환의 원칙은 시장에서의 상품교환과 똑같아서 사람들은 거래를 통해 자신이 지불한 것만큼의 대가를 얻으려 한다고 강조했다.

사실 얻은 대가가 지불한 것에 상응하지 못하는 것도 문제지만 지불한 것에 비해 지나치게 과분한 것을 얻어도 심리적 균형감각을 상실하게 된다. 앞서 소개했던 여인의 일화가 가장 대표적인 사례다. 부모와 자식 간에도 이러한 상황이 존재한다. 많은 것을 쏟아 부었는데도 아이들이 기대치만큼 따라주지 못할 때 대부분의 부모들은 실망하고 속상해한다. 그러나 사실 이러한 결과는 아이들에게 너무 큰 부담을 주었기에 초래된 현상일 수도 있다.

이제 막 대인관계를 형성해나가는 사람들이 자주 범하는 실수 중 하나가 바로 '일방적인 선행'이다. 자기를 희생해서 상대방을 위해 열심히 일하면 그와의 친밀도가 저절로 높아질 거라고 착각하는 것이다. 인간이란 원래 다른 사람에게 일방적으로 받기만 하는 데 익숙하지 않기 때문에 그렇게 접근할 경우 상대방의 심리적 부담만 가중시킨다. 그 의도가 아무리 순수하다고 해도 한꺼번에 너무 일방적으로 쏟아 붓다보면 상대방은 되갚을 길이 없다는 비참한 생각이 엄습해와서 오히려 당신을 더 멀리하게 된다.

인간관계에서 어느 정도 여지를 남겨야 한다는 이론은 다들 잘 알고 있다. 하지만 그것을 실제상황에서 어떻게 실천할지, 그 안에 포함된 심리학적 원리가 무엇인지는 잘 모르는 경우가 많다.

친한 관계를 유지하고 싶다면 여운을 남기고 적절한 거리를 유지하라. 서로의 마음은 어느 정도 숨쉴 공간이 필요하다. 상대방에게 숨 고를 여지도 주지 않는 '과열 투자'는 상대방의 영혼을 질식시킬 것이다. 너무 밀착하지 않고 적당히 거리를 유지해야 서로가 자유롭고 상쾌하게 호흡할 수 있다.

남의 '개인공간'에 침범하지 마라

이상적인 인간관계를 유지하기 위해서는 적당한 공간과 거리를 두어야 한다.

누구에게나 자기만의 은밀한 개인공간이 필요하다. 이는 공유의 영역에서 분리되어 나라는 개인의 여유를 보장받을 수 있는 은밀한 공간이다. 이러한 개인공간이 낯선 사람의 침범을 받게 되면 불쾌감, 불안감, 심지어 분노까지 생긴다.

미국 인류학의 대가인 에드워드 홀Edward T.Hall 교수는 인류의 공간에 대한 연구를 진행했다. 그는 사람과 사람 사이에는 일정한 거리가 요구되며 그 거리의 길이가 곧 관계의 정도를 나타낸다고 생각했다.

그는 인간관계의 거리를 다음과 같이 분류했다.

우선 45센티미터 미만의 거리는 아주 가까운 사람들 사이에서 볼 수 있는 '친밀한 거리'라고 했다. 이처럼 가까운 거리에서는 은밀한 언어교환 뿐만 아니라 스스럼없는 신체접촉을 통한 감정의 교환도 가능하다. 이때는 상대방의 호흡상태를 비롯해 피부상태나 근육의 떨림까지 느낄 수 있다.

45~120센티미터의 거리는 '개인적 거리'로서 소위 말하는 '사적인 공간'의 범주에 속한다. 아내는 남편의 '사적인 공간'을 들락거릴 수 있지만 다른 여자가 그 선을 넘어 들어오려 하면 심한 불쾌감을 느낀다.

120~240센티미터의 거리는 '가까운 사회적 거리'라고 불리며 보통 업무활동을 할 때, 서서 이야기를 나눌 때 유지하는 정도를 말한다.

240~360센티미터는 '먼 사회적 거리'로 회의를 진행할 때 상대방과 유지하는 거리라고 보면 된다.

360센티미터 이상의 거리는 강의나 프레젠테이션 시 적합한 '공적인 거리'로 분류하고 있다.

에드워드 홀은 실험을 통해 두 가지 결론을 도출해냈다. 첫째, 상대방과 유지하는 거리의 길이는 당사자들의 친밀도와 정비례한다. 즉, 거리가 가까울수록 서로 아주 가까운 사이임을 알 수 있다. 둘째, 유지거리의 길이와 당사자의 사회적 지위는 반비례한다. 거리가 가까울수록 상대방의 지위는 낮고 거리가 멀수록 상대방의 지위는 높다.

또 다른 실험에서 홀은 주변 의자들이 텅 비어 있는 장소에 피실험자를 혼자 앉혀두었다. 연구원이 그의 옆에 가서 앉으려고 하자 그 사람은 곧 불안한 듯 자세를 바꾸거나 자신의 의자를 이동시키는 등 경계하는 행동을 보였다. 연구원이 의자를 당겨 그에게 더 다가가려고 하자 그는 아예 자리를 피해버렸다.

에드워드 홀의 연구를 소개하는 이유는 공간의 위치가 대인관계, 특히 이성 간의 교제에서 무시할 수 없는 중요한 요소로 작용하고 있음을 강조하기 위해서다. 보통 사람들은 남녀의 신체가 가깝게 밀착되어 있으면 둘의 관계가 이미 성적 관계로 발전되었을 거라고 짐작한다. 남녀 두 사람(특히 또래의 남녀)이 가깝게 붙어 서 있으면 으레 그들이 연인 사이이거나 아니면 심상치 않은 관계이겠거니 생각하는 게 우리의 통념이다. 따라서 연인 사이가 아니라면 남녀가 만남을 가질 때 앉아 있든 서 있든 서로 일정한 '사회적 거리'를 유지하는 게 중요하며, 절대 상대방의 '개인공간'으로 넘어가서는 안 된다.

인간관계에서 자기공간 확보의 필요성과 의사소통 거리에 대한 개념이 서 있으면 상대에 따라 최적의 거리를 의식적으로 선택해 적용할 수 있다. 또한 거리에 따른 정보를 통해 그 사람의 사회적 지위와 성격, 사람들과의 상호관계를 파악함으로써 대인 네트워크 구축작업을 더욱 효과적으로 진행할 수 있을 것이다.

워싱턴 대통령에게 배우는
성공하는 사람들의
인간관계

약속은 반드시 지켜라

스스로 실행하지 못할 일은 애초에 약속하지 마라.
그러나 한번 약속한 일은 꼭 지켜야 한다.

신뢰를 잃지 마라

워싱턴은 "스스로 실행하지 못할 일은 애초에 약속하지 마라. 그러나 한번 약속한 일은 꼭 지켜야 한다"고 했다.

친구의 도움 없이 성공을 이루기란 쉽지 않다. 좋은 친구를 사귀려면 믿음을 보여주는 게 가장 중요하다.

신뢰를 중시하는 사람은 어딜 가나 환영받지만, 믿음을 쉽게 저버리는 사람은 어딜 가나 지탄의 대상이 된다.

영국 속담에 "신의를 저버리는 친구는 공개적인 적보다 더 무섭다"고 했다.

철썩같이 믿고 있던 친구가 암암리에 당신의 뒤를 캐거나 배신의 칼을 갈고 있다면, 그리고 그것을 본인은 전혀 감지하지 못하고 있다면 그보다 더 두려운 일이 어디 있겠는가.

당신이 친구와의 신뢰를 깨고 뒤통수를 친다면 상대방은 한두 번 속아 넘어가줄 수는 있을 것이다. 하지만 언젠가는 양의 탈 뒤에 숨겨진 당신의 본모습을 알아보고는 멀리 떠날 것이다.

나에게는 절친한 친구가 하나 있었다. 어릴 때부터 잘 알고 지내던 죽마고우라서 자주 연락하며 가깝게 지내왔었다.

작년에 이사를 간 그는 새해가 되자 나를 자신의 새집으로 초대했다. 나는 선뜻 초대에 응했으나 생각해보니 마침 그날은 학교에서 당직을 서는 날이었다. 그래서 오전에 그에게 전화를 해서 사정을 설명하고 오후에 건너가겠다고 했다. 오후에 학교에서 막 나올 무렵, 동료 하나가 붙잡으며 잠깐 탁구나 한 게임 하자고 졸랐다. 나는 다른 약속이 있다고 거절했지만 그는 잠깐만 있다 가라며 한사코 붙잡았다. 그의 유혹에 내 손이 근질거리기 시작했다. 그래서 잠깐만 치자고 했는데 한창 재미있게 하다보니 시간 가는 줄을 모르고 놀아버린 것이다. 학교를 나오니 이미 밖은 어둑어둑해져 있었고 나는 그냥 집으로 돌아갔다.

나중에 기회를 봐서 친구에게 해명을 하려고 했으나 어떻게 하다보니 차일피일 뒤로 미뤄졌다. 결국 그런 식으로 하루하루 지내다보니 그 일은 내 기억 속에서 점점 잊혀갔다. 마음속으로는 남도 아닌데 구태의연하게 예의를 따질 필요 있겠냐고 자기 합리화를 하며 그 일을 묻어버리고 만 것이다.

그 후 어느 날 그 친구의 얼굴이 떠오른 것은 그에게 뭔가 부탁할 일이 생겨서였다. 그런데 전화를 받는 그의 태도는 매우 쌀쌀했다. 내가 왜 그러느냐고 묻자 그가 대답했다.

"네가 더 잘 알 텐데."

나는 조심스럽게 예전 그 일 때문이냐고 물었다.

"이미 엎질러진 물이야. 너 원래 그렇게 경솔한 사람이었어?"

그는 매우 화가 나 있었다. 들어보니 그 친구와 그의 아내는 그날 모든 스케줄을 뒤로 미루고 내가 오기만을 기다렸다고 했다. 그들이 아침부터 저녁까지 그렇게 목이 빠지게 기다리는 동안 나는 전화 한 통도 없이 코빼기도 내비치지 않았던 것이다. 그의 얘기를 듣고 나자 나는 얼굴이 화끈거렸다. 그리고 워낙 허물없이 가깝게 지내다보니 너무 편해서 가볍게 행동했노라고 시인했다. 하지만 그는 나에 대한 믿음을 이미 완전히 상실한 듯했다. 그는 그렇게 믿음의 중요성을 절실히 깨우쳐주고 내 곁을 떠나갔다.

절친한 친구를 잃어버리는 뼈아픈 대가를 치르며 나는 약속이란 무엇인지에 대해 확실히 깨닫게 되었다.

『논어論語』에 보면 "친구와 사귀되 말함에 믿음이 있어야 한다"라는 구절이 나온다. 아무런 근거도 없는 말만 덜컥 내뱉고 그것을 행동으로 실천하지 못하면 결국 허풍을 떤 셈밖에 되지 않는다. 그렇게 '공수표'만 남발하다보면 아무도 그를 상대하지 않고 믿으려 하지 않을 것이다.

말을 했으면 반드시 믿음을 보여주는 것, 이는 인간으로서 지켜야 할 기본도리다. 진심과 믿음으로 대해야 진실한 우정을 선물받을 수 있다.

🌿 신용이야말로 진정한 매력이다

명예와 권력이 누구나 움켜쥐고 싶어 하는 최대 유혹임은 부인할 길이 없다. 하지만 사람이 사회의 정상에 올라가 권력을 쥐고 명예만 추구하는 것은 아무런 의미가 없다. 유명무실한 명예와 권위는 빛 좋은 개살구일 뿐이다. 그것에만 목매고 있으면 자신이 무슨 일을 하고 있는지조차 모를 수 있다.

진정한 명예는 개인이 오랜 시간 쌓아놓은 신용이라야 하며, 신용은 인류의 행위 중에서 가장 존경할 만한 것 중 하나다.

제2차 세계대전이 한창이던 1944년 말, 미국의 아이젠하워 장군과 영국의 몽고메리 장군은 독일 파시스트Fascist 정권을 이길 수 있는지의 여부에 대해 5달러를 걸고 내기를 했다. 결과적으로 몽고메리 장군이 이겼고, 그는 한 치의 주저함도 없이 아이젠하워에게 전화해 5달러를 요구했다. 그러자 아이젠하워도 지체 없이 돈을 부쳐주었다.

지극히 별 볼일 없는 액수의 5달러지만 신용이란 금전으로 따질 수 없는 것이므로 반드시 지켜야 한다는 이치를 보여주는 것이다.

미국 어느 학교의 교장은 학생들과 내기에서 지자 약속한 대로 서류와 먹을 것을 싸들고 지붕 위로 올라가 하루 종일 지내기도 했다. 전교생은 그의 철저한 신용에 탄복을 금치 못했다.

신용이야말로 사람들이 이 사회를 살아가는 데 필요한 가장 귀중한 자산이자 개개인이 지닌 진정한 매력이다.

'이미지' 하면 일단 외모, 옷차림, 장식, 화장 등 외부로 드러나는 시각적인 것만을 먼저 떠올리는 사람들이 있다. 하지만 실제로는 그렇지 않다. 전자도 물론 중요하지만 개인의 신용이 가장 기본이다. 신용을 중시하는 사람은 안정되고 견고한 인상을 남긴다. 사람들이 모든 재산을 잃어버리는 한이 있어도 신용만큼은 잃어버리지 않으려고 움켜쥐는 이유는 재산은 다시 찾아올 수 있지만 신용의 상실은 곧 모든 것을 잃어버리는 것을 의미하기 때문이다.

인간관계가 복잡하게 얽혀 있는 현대사회에서 신용을 지킨다고 반드시 성공하는 것은 아니지만 장기적으로 볼 때 신용 지키기는 성공의 디딤돌이다. 신용을 지키는 것은 세상 사람들을 위해 활짝 연 인격의 문, 도덕의 문이다.

신용의 힘은 대단하다. 다른 사람을 대할 때 굳건한 믿음을 보여준다면 상대방은 당신의 태도에 감동할 것이다. 당신에게서 신뢰할 만한 사람이라는 인상을 받으면 그들은 당신을 믿고 지원해줄 것이다. 신용은 당신이 어려울 때 진정한 도움을 주며, 당신이 외로울 때 따뜻한 우정을 보여준다. 신용을 바탕으로 한 믿을 만한 사람이라는 이미지로 자신을 세일즈하다보면 언젠가는 사업에서도 큰 성공을 거둘 수 있다. 반대로 성공을 향해 질주하는 길에서 신용을 무시하면 상대방은 당신에 대한 믿음을 저버리고 당신과의 거래를 주저할 것이다. 그렇게 되면 당신은 홀로 외로운 싸움을 해나가야 할지도 모른다. 그러한 외로운 싸움의 성공확률은 거의 제로에 가깝다.

간혹 신용을 중시하다가 스스로 손해를 입는 경우도 있다. 그렇다고 거기에 너무 연연해할 필요는 없다. 손해는 일시적일 뿐이다. 손해가 있으면 반드시 이윤도 있는 법. 신용을 지키다가 손해를 입거나 경제적으로 타격을 입었다 하더라도 장기적으로는 당신의 사업에 긍정적인 영향을 끼칠 것이다.

🌿 신용상실은 결국 자기무덤 파기다

거짓말이나 사기를 일종의 수단으로 보는 사람들이 있다. 그들은 거짓말과 사기로 자기 배를 불리고자 한다.

잘나가는 상점들을 보면 자기제품의 결점을 감추고 잘 포장된 광고로 소비자들을 현혹하는 곳이 종종 있다. 많은 사람들 역시 속임수가 자본과 마찬가지로 상업적으로 꼭 필요한 요소라고 생각한다. 그들은 사업을 하는 데 있어서 솔직하게 사실만을 이야기하는 것은 거의 불가능한 일이라고 여긴다. 그러나 그렇게 신용을 저버리는 것은 결국 스스로 무덤을 파는 것임을 알아야 한다.

한 상인이 고장 난 배 위에서 큰 소리로 구조요청을 하고 있었다. 그때 고깃배 한 대가 다가오는 것을 보고 상인이 다급하게 외쳤다.

"나는 이 일대에서 알아주는 부자요. 나를 구해주면 황금 백 냥을 주겠소."

어부는 그를 도와 육지까지 무사히 데려다주었다. 그러나 상인이 건넨 황금은 겨우 열 냥뿐이었다. 그래서 어부가 따졌다.

"이보시오. 백 냥이라더니 어째서 이것뿐이오? 왜 약속을 지키지 않는 것이오?"

그러자 상인이 버럭 화를 냈다.

"당신이 하루 종일 고기 잡아서 벌어들이는 돈이 얼마지? 황금 열 냥이면 당신 일 년 수입보다 많은 액수 아니오? 무슨 불만이 그렇게 많아?"

어부는 실망한 기색으로 돌아섰다.

그러던 어느 날 이 상인의 배가 또다시 좌초되어 물에 가라앉을 위기에 처하고 말았다. 마침 전에 도움을 줬던 어부도 그 자리에 있었는데 함께 있던 사람이 그 어부에게 물었다.

"왜 가서 도와주지 않지?"

어부가 대답했다.

"저자가 바로 전에 황금 백 냥을 주기로 했다가 약속을 어긴 그 상인이라네."

어부는 배를 해안에 대고 멀리서 상인의 배가 침몰하는 것을 지켜보고만 있었다.

말을 했으면 반드시 행동으로 옮기고, 행동에는 반드시 결과가 있어야 한다. 말을 해놓고 지키지 않으면 신용을 상실하고, 신용을 상실하면 주변 사람들의 신임을 얻을 수 없다. 그러면 결국 모든 것을 잃고 만다.

상업사회에서 불신과 속임수는 최대의 위험요소다. 불경기일수록 사람들은 투기성향의 교묘한 방법으로 고객들을 속이고 진실을 은폐하려든다. 그리고 그러한 방법이 일시적으로는 돈을 벌게 해줄지 몰라도 상인으로서의 인격과 신용에 금이 가게 한다는 사실을 미처 깨닫지 못한다. 돈주머니는 두둑해지겠지만 그들의 인격과 신용은 이미 바닥을 향해 치닫고 있을 것이다. 실제로 예전에 거짓말이나 속임수를 자행했던 사람들은 사기행각으로 타인을 속이는 것이 결국은 득이 될 게 하나도 없음을 깨닫는 경우가 많으며, 마지막에 가서는 결국 신용만큼 효과적인 전략이 없음을 알게 된다.

미국의 상점 중에는 450년의 역사를 지닌 전통적인 가게들이 드물다. 미국의 상점들은 대부분 수명이 짧은 '반짝형'이다. 이러한 상점들은 개업할 때 속임수로 고객들의 눈길을 사로잡으며 일시적으로 돈을 긁어모은다. 그러나 그들의 사업 번창은 불신과 속임수 위에 쌓은 모래성과 같은 것이기에 얼마 안 가 그대로 무너지고 만다. 그들은 고객을 속임으로써 이익을 얻을 줄만 알지 그러한 행동이 고객들에게 발각되면 결국 문을 닫아야 한다는 사실은 알지 못한다.

성실과 신용이야말로 세상에서 가장 효과적인 광고다. 성실과 신용 하나만으로 브랜드 가치가 수백만 달러에 호가하는 기업들도 있지 않은가.

타인을 속이고 신용을 무시하는 사람들보다는 신용을 중시하는 성실한 사람들이 더 큰 역량을 발휘한다. 신용 있게 행동하는 사람들은 겉으로도 믿음직스러워 보이지만 본인 스스로도 자신의 행동에 대한 확신을 가지고 있다. 속임수를 쓰는 사람들은 '나는 비열한 사람이다'라는 딱지를 붙이고 다니는 것과 마찬가지다.

🌿 약속하면 반드시 지켜라

친구와 약속한 일은 반드시 실천으로 옮겨야 한다. 실천하지 않는 것은 친구를 잃는 지름길이다. 말에 신용이 없으면 아무리 뛰어난 언변을 가지고 있어도 상대방을 감동시킬 수 없다.

약속대로 실행할 수 없는 일에 대해서 공수표를 함부로 남발하지 마라. 어떤 일을 약속했으면 책임지고 이행해야지 나중에 가서 못 하겠다고 발뺌하면 안 된다. 약속을 한결같이 지킨다면 설령 말솜씨가 부족하더라도 성공할 수 있다. 하지만 약속을 해놓고 제대로 지키지 않으면 말솜씨가 뛰어나도 아무런 소용이 없다.

"내가 약속을 지키지 않는 게 아니라 시간과 환경이 너무 빨리 변해서 내 뜻대로 되지 않는 것이다"라고 변명하는 사람들도 있다. 이들은 약속이 도대체 무엇인지 그 정의조차 모르는 사람이다. 시간과 환경의 변화에 따라 수시로 변한다면 그게 무슨 약속이란 말인가?

약속은 내가 상대방에게 해주기로 한 일이다. 시간과 환경을 비롯한 모든 객관적 요소가 변하더라도 변함없이 실행에 옮겨야 하는 것이 바로 약속이다.

우리는 이 세상 모든 사물이 변화한다는 사실을 잘 알고 있다. 언젠가 우리 주변의 환경도 사람들도 모두 변한다는 사실을 너무 잘 알고 있기 때문에 약속은 매우 중요하고 필요한 것이다.

언제든지 바꿀 수 있는 것은 약속이 아니라 대책이다. 약속의 정의조차 모르는 사람들은 약속을 지킬 수 없음은 물론 약속을 할 자격도 없다.

부부들은 결혼식장에서 "어떠한 역경에서도 아플 때나 건강할 때나 나는 당신을 사랑하겠습니다!"라고 혼인서약을 한다. 앞으로 세상이 어떻게 변하건, 당신이 어떻게 변하건 나는 오늘처럼 여전히 당신을 사랑하겠다는 약속, 즉 맹세인 셈이다.

맹세란 이처럼 세월의 풍화작용에서도 영원히 지켜나가야 하는 것이지 상황에 따라 매 순간 변할 수 있는 것이 아니다.

약속은 매우 귀중한 것이다. 약속한 일은 반드시 실행으로 옮겨라. 만약 부득이한 사정 때문에 이행할 수 없다면 당신의 약속을 기대하고 있는 상대방에게 최대한 일찍 알려서 사의를 표해야 한다.

약속을 어기고 나서 이런저런 변명으로 둘러대려고 하지 마라. 일을 저지른 후에 핑계를 대며 자신의 입장을 두둔하려든다면 당신이 아무리 그럴듯한 이유를 늘어놓는다 하더라도 상대방의 동정심을 얻을 수 없다. 차라리 자신의 잘못을 회피하지 않고 솔직히 인정하면 쉽게 용서받을 수 있지만 책임회피에만 급급해하면 오히려 상대방의 반감만 가중시킬 뿐이다.

약속을 '칼'같이 지키는 것은 중요한 일이다. 갚을 능력이 없다면 약속에 약간 인색하게 굴어도 좋다. 하지만 일단 지불하기로 약속했으면 무슨일이 있어도 갚아야 하는 게 약속이다.

🌿 약속은 천금과 같다

신용을 중시하는 사람들은 한번 한 말은 반드시 행동으로 보여준다. 그런 사람들은 리더십 기질이 뛰어나고 타인을 잘 배려하며 신뢰성이 높아서 주변 사람들이 많이 따르는 편이다. 만약 약속한 일에 대해 최선을 다하는 모습을 보여주면 설령 당신 자신이 힘들어지는 한이 있어도 타인의 신뢰와 존중을 한몸에 받을 수 있다.

'신뢰'는 일종의 습관이다. 지금부터 마음먹고 '신뢰'라는 인품을 키우도록 노력하자. 제때 약속을 지키기 힘들거나 실천으로 옮기는 데 애로사항이 있다면 작은 일부터 시작하라. 약속을 꼭 지키겠다고 스스로 다짐한 뒤 사전에 시간을 잘 짜서 미루거나 지체하는 일 없이 실천으로 옮겨보자. 그러면 다른 약속들도 쉽게 실행으로 옮길 수 있을 것이다.

미국의 정치가 폭스Fox는 성실함과 신용으로 출세해서 국민들의 단결에 누구보다 앞장선 인물이다. 그가 활동하던 당시, 정계는 부정부패와 속임수가 난무해 정치에 대한 국민들의 불신이 극도로 치닫고 있었다. 대다수의 국민들은 정치인들 대부분은 거짓말쟁이라고 여겼다. 그래서 폭스가 연설을 할 때도 항상 못 미더운 눈길을 보냈다.

한번은 폭스가 대학강단에 서서 연설을 한 적이 있었다. 한 대학생이 그에게 물었다.

"정치를 하면서 거짓말을 한 적이 있습니까?"

폭스가 자신 있게 대답했다.

"아뇨. 단 한 번도 한 적이 없습니다."

그러자 학생들은 정치인들이라면 으레 하는 형식적인 대답이라 여기고 서로 귓속말을 하거나 웃음을 터뜨렸다. 하늘에 맹세코 거짓말을 한 적이 없노라고 말하는 게 당시의 정치인들이었기 때문이다.

폭스는 화내지 않고 침착하게 학생들에게 말했다.

"여러분, 오늘날과 같이 불신이 팽배한 사회에서 제가 정직한 사람임을 증명하기가 쉽지 않다는 거 잘 알아요. 하지만 이 세상, 여러분들 주변에 정직한 사람이 있다는 사실을 믿을 줄도 알아야 합니다. 제가 이야기 하나 해드리죠. 듣고 바로 잊어버려도 상관없지만 적어도 제게는 정말 중요한 의미를 지닌 이야기랍니다."

한 아버지가 있었다. 어느 날 그는 정원에 있는 낡은 정자를 뜯어내야겠다는 생각에 인부를 불러 정자를 철거하려고 했다. 그런데 정자 철거에 관심을 보이던 그의 아이가 아버지에게 부탁했다.

"아버지, 저 낡은 정자가 어떻게 철거되는지 보고 싶어요. 나중에 제가 학교에서 돌아온 후에 철거하면 안 될까요?"

아버지는 그러겠다고 약속했다. 그러나 아이가 학교에 가자마자 정자는 인부의 손에 의해 금세 철거되었다. 학교를 마치고 돌아온 아이는 정자가 이미 말끔히 사라진 것을 발견하고 시무룩하게 이야기했다.

"아버지는 저한테 거짓말했어요."

아버지가 의아한 눈으로 아이를 쳐다보자 아이가 말했다.

"제가 돌아오면 그때 정자를 치운다고 약속하셨잖아요!"

"이런, 아버지가 잘못했다. 너와의 약속을 지켰어야 했는데."

말이 끝나기가 무섭게 아버지는 당장 인부들을 불러 원래 모양대로 정자를 다시 지었다. 정자가 다 지어지자 아버지는 아이가 보는 앞에서 인부들에게 지시했다.

"지금 그 정자를 다시 철거해주시오."

폭스는 자신이 이 일화 속 아버지와 아이를 잘 안다고 했다. 이 아버지는 부자여서가 아니라 단지 아이와의 약속을 지키기 위해 정자를 다시 지을 것을 지시했다고 했다.

학생들이 물었다.

"그 아버지 이름이 뭐죠? 저희도 알고 싶은데요."

그러자 폭스가 대답했다.

"이미 돌아가셨어요. 하지만 그 아들은 아직 살아 있죠."

"그럼, 그 아이는 어디 있습니까? 분명 정직하고 올곧은 사람이 되었을 것 같은데요."

"그 아이는 지금 여기에 서 있습니다. 바로 접니다."

폭스는 계속 말을 이어나갔다.

"제가 말씀드리고 싶은 것은 저도 제 아버지처럼 약속을 지키기 위해서라면 여러분들을 위해 뭐든지 할 수 있다는 것입니다."

이 말에 강의장 안은 우레와 같은 박수소리로 가득 찼다.

약속은 천금과 같다. 약속을 했으면 반드시 실행으로 옮겨야 한다. 약속을 지키고자 하는 진실한 마음은 때로는 아름다운 한 편의 동화처럼 진한 감동을 전해준다.

🌿 약속은 실행해야 진가가 발휘된다

'약속'을 제조하는 원료는 여러 가지가 있다.

어떤 사람들은 저가의 '유리'로 그것을 만든다. 미끌미끌하고 광택이 나는 유리구슬로 만들어 입에 물고 다니다가 언제 어디서든 쉽게 떨어뜨린다. 떨어뜨리는 순간에는 반짝이는 빛 때문에 눈이 부시지만 잠시 후 유리구슬은 땅바닥에 떨어져 산산조각 나고 만다. 이런 사람들은 아무 데서나 선심 쓰듯 약속을 한다. 그리고 도움을 청하면 생각할 것도 없다는 듯 고개를 끄덕이며 단번에 허락한다. 그러면 당신은 크게 감동하고 집에 돌아가 오매불망 소식을 기다릴 것이다. 그러나 당신이 부탁을 하고 돌아선 순간 그는 당신의 당부를 까마득히 잊어버린다.

앞서 소개한 사람들과는 반대로 어떤 사람들은 '금'으로 약속을 제조한다. 그들은 묵직한 금덩이를 입에 물고 다닌다. 또 쉽게 입을 열지 않을뿐더러 일단 입을 열면 말 한 마디가 금처럼 무게 있고 빛이 난다. 그들은 자신이 내뱉은 약속 한 마디 한 마디를 금같이 귀중히 다룬다. 약속을 완성하는 과정에서 위험을 감수하는 한이 있어도 자신이 한 말에 대해서는 꼭 지킨다.

그 밖에 '무언의 약속'이라는 게 있다.

정말 친한 친구라면 당신이 하고 싶어도 이루지 못하는 소망이 있다는 것을, 또한 당신이 어려운 일이 있어도 차마 도움을 청하지 못한다는 사실을 잘 알고 있다. 그래서 그는 누가 시키지 않아도 당신을 도와줘야겠다고 스스로에게 약속한다. 그는 당신의 소망을 완성시켜주기 위해 흔적을 남기지 않으려 애쓰며 묵묵히 도와준다. 요즘처럼 각박한 세상에 이러한 무언의 약속을 할 수 있는 사람을 찾기란 하늘에서 별 따기다. 또한 약속을 금처럼 여기는 사람도 갈수록 희귀종이 되어가고 있다.

한 여인이 가정문제상담소를 찾아와 정신과 의사에게 자신의 불행한 결혼생활에 대한 고민을 털어났다. 그녀는 남편이 자상하기는 하지만 한 번도 자신에게 달콤하고 듣기 좋은 말을 해준 적이 없다고 했다. 그녀가 "죽어서 다음 생애에 다시 태어나도 당신과 결혼할 거야"라고 이야기해도 남편의 반응은 여전히 냉담하다는 것이었다.

정신과 의사는 미소를 지으며 다음 이야기를 그녀에게 들려주었다.

돼지가 젖소에게 불평을 늘어놓았다.

"너희 소들은 우유 같은 부산물만 바치는데도 사람들의 사랑을 듬뿍 받으니 좋겠어. 우리 돼지들은 죽으면서 통째로 고기를 내놓고 심지어 내장까지 남김없이 다 바치는데도 사람들은 우리를 좋아하지 않아."

젖소가 대답했다.

"우리는 죽을 때 고기를 바치는 건 물론이고 살아 있을 때도 꾸준히 우유를 바치거든."

어느 학자는 "남자는 말보다는 행동을 더 많이 하는 행동형이고, 여자는 달콤한 말을 더 좋아하는 감성형이다"라고 주장한 바 있다.

누군가를 사랑하는 데 있어 '사랑'이라는 단어를 항상 입에다 걸어둘 필요는 없다. 사랑하는 마음을 얼마나 행동으로 잘 옮기느냐가 중요하다. 언어와 행동은 별개의 것이므로 같이 이야기해서는 안 된다.

사람이 위대한 영웅으로 존경받는 것도 언변 때문이 아니라 그의 비범한 행동 때문일 경우가 많다. 행동 속에 당신의 마음을 분명하게 드러낼 수 있다면 굳이 말로 되새김질할 필요는 없다.

언어가 나무의 잎이라면 행동은 나무에 열리는 열매다. 물속 기포처럼 속이 텅 비어 있는 게 언어라면 행동은 속이 꽉 찬 귀중한 보석과 같다.

약속은 우리 삶의 빚이다. 그 횟수가 많아질수록 더 많은 금리를 지불해야 한다. 결국 고액의 채무를 피하는 유일한 비결은 애초부터 말을 자제하고 행동에 더 많은 비중을 두는 것뿐이다.

🌿 자기 역량 밖의 일은 함부로 약속하지 마라

상대방이 듣기 좋아하는 말만 골라 하는 게 아니라 상대방이 알아듣기
좋은 방식으로 그들이 알아야 할 일을 솔직히 알리는 것, 이것이 바로 진
정한 교제의 기술이다.

"말에는 반드시 믿음이 있어야 하고, 행동에는 반드시 결과가 있어야
한다."

이는 모든 상업적 전략의 핵심이다. 다시 말하면 당신이 할 수 없는 일
은 절대 약속하지 말고, 다른 사람들이 당신에게 비현실적이고 실현 불가
능한 기대를 품게 하지 말며, 지키지도 못할 약속을 호언장담하며 남발하
지 마라는 의미다. 말 한 마디를 해도 신뢰가 가는 사람이 되어야 한다.

총 다루는 기술이 뛰어난 사냥꾼이 있었다. 그런데 그에게는 아무 생각
없이 약속을 남발하는 안 좋은 습관이 있었다.

하루는 그가 사냥을 나가면서 친구에게 약속했다.

"자네 토끼고기 좋아하지? 내 오늘 토끼를 잡아다가 실컷 먹게 해주
겠네."

그런데 그날따라 그의 눈에 띄는 것은 온통 꿩뿐이었다. 결국 그는 허
탕을 치고 빈손으로 돌아와야 했다.

다음 날 그는 또 친구에게 똑같은 약속을 했다. 하지만 그날도 여우만
보이고 토끼는 영 찾을 수가 없어서 빈손으로 돌아와야만 했다.

그 다음 날도 그는 "무슨 일이 있어도 오늘은 기필코 토끼를 잡아오겠

다"고 약속했다. 그러나 그날은 토끼가 아닌 산돼지 구경만 실컷 하다가 돌아오고 말았다. 이렇게 사냥꾼의 약속은 매번 물거품이 되었고, 결국 친구는 실망감만 잔뜩 안은 채 그의 곁을 떠났다.

확신이 서지 않는 일에 대해서는 함부로 공언하지 마라.

약속은 다른 사람에게 빚을 지는 것과 같다. 이는 보편적인 심리다. 그러니 다른 사람들과 어떤 일을 약속할 때는 반드시 세 번 이상 생각하고 실행에 옮겨라.

당신이 애초에 약속을 하지 않았다면 상대방은 마음속에 희망을 품지도, 초조하게 기다리지도 않았을 것이다. 처음부터 기대를 하지 않았기 때문에 실망할 일도 없다. 그러나 반대로 당신이 약속을 하면 상대방은 내심 희망을 키우게 된다. 그는 아마 외부의 다른 유혹도 거절한 채 당신이 약속을 지켜줄 날만을 일편단심 손꼽아 기다릴 것이다. 그런 상황에서 당신이 약속을 깨버린다면 이는 결국 기대로 부푼 그의 아름다운 계획을 짓밟거나 또 다른 도움의 기회를 놓치게 하는 셈이다. 당신이 그에게 심어준 희망을 저버리는 것은 그의 희망을 죽이는 것이나 마찬가지다.

사물은 항상 발전하고 변화한다. 그렇기 때문에 원래 쉽게 해낼 수 있던 일도 시간의 흐름이나 환경의 변화 때문에 난관에 부딪칠 수 있다. 쉽게 한 약속을 나중에 행동으로 옮기지 못한다면 상대방의 실망감은 더욱 커질 것이다. 그러므로 설령 자신이 쉽게 해낼 수 있는 일이라도 섣불리 약속하지 마라. 그렇지 않으면 만일의 돌발사태가 발생해서 가능하던 일이 불가능해졌을 때 당신은 말과 행동이 따로 움직이는 위선자로 전락할지도 모른다.

약속은 절대 남발해서는 안 된다. 현명한 사람들은 사전에 객관적인

조건을 충분히 고려하여 확신이 서지 않는 약속은 아예 처음부터 하지
않는다.

🌿 약속할 때는 여지를 남겨라

약속을 잘 지키는 것은 일종의 미덕이다. 그러나 가끔 예상치 못한 돌
발변수 때문에 자기희생을 감수하면서까지 약속을 지켜야 할지, 아니면
과감하게 깨야 할지를 놓고 난감한 고민에 빠지는 경우가 있다.

일상에서 우리는 모순되는 선택의 기로에 놓일 때가 많다. 어떤 사람과
이미 약속을 한 후인데 긴급상황이 발생해 원래 계획을 급하게 바꿔야 하
는 사태가 벌어질 수 있다. 이때 한 가지를 선택하는 것이 또 다른 한 가
지에 대한 무책임한 포기를 의미하는 것은 아니다. 두 가지 중에서 보다
중요한 것, 책임과 의무에 가까운 것을 선택하는 것이다. 그런데 여러 가
지 욕구가 충돌하면 우리는 책임과 의무를 먼저 생각해야 한다. 무슨 일
이 있어도 약속만은 고수해야 한다고 생각하는 것은 본받아야 할 우수한
품성이 아니라 일방적인 고집에 가깝다.

스미스는 정체불명의 버섯을 먹고 밤새 구토에 시달리고 식은땀을 비
오듯 흘린 데다 심한 위경련까지 겪었다. 다음 날도 몸이 불편하기는 마
찬가지였지만 그는 톰의 결혼식에 참석하기 위해 몸을 추스르고 식장을
찾았다. 그러나 30분도 채 안 되어 스미스는 몸을 지탱하지 못하고 쓰러
지고 말았다. 톰은 황급히 사람을 불러 그를 근처 병원의 응급실로 옮겼
다. 진단을 해보니 그는 식중독에 걸린 후 충분한 휴식을 취하지 않아서
고열증상과 위험한 탈수현상까지 보이고 있었다. 그는 일주일이 지나서

야 건강을 회복할 수 있었다. 나중에 사람들은 왜 그날 톰에게 전화해서 결혼식에 참석하지 못하겠다고 양해를 구하지 않았느냐고 물었다. 스미스도 나름대로의 이유는 있었다.

"톰과 이미 한 약속인걸요! 난 원래 약속은 꼭 지키는 사람이고 아무리 괴로워도 다른 사람과 한 약속은 반드시 지켜야 한다고 생각해요."

스미스는 다른 사람과 한 약속에 대해서는 위험을 불사하고서라도 꼭 지켜내야 한다고 주장했다. 그러나 그가 과연 약속을 잘 지켜냈다고 할 수 있을까?

이야기 속에서도 알 수 있듯이 스미스는 결혼식에 참석해서 흥을 돋운 게 아니라 결혼식 분위기를 망쳐놓음으로써 오히려 상대방에게 짐이 되고 말았다. 취지는 좋았지만 결국 일을 망친 셈이다.

한 경찰이 병으로 위급한 아내를 돌보기로 약속했는데 갑자기 전화가 와서 재난을 당한 열 명의 사람을 구조해야 한다는 긴급명령을 받았다고 하자. 그는 과연 어떤 선택을 해야 할까?

약속을 할 때는 말에 절대적인 뉘앙스를 풍겨서는 안 된다.

성공하는 사람들은 약속을 할 때도 세심한 주의를 기울인다. 그들은 쉽사리 약속하지 않는다. 아무리 확신이 서는 일이라 할지라도 쉽게 손가락을 내걸지 않는다.

우리 주변에는 약속이행 여부를 간과한 채 무턱대고 약속부터 하는 사람들이 적지 않다. 약간의 여지도 남기지 않고 호언장담하는 사람들은 그 약속을 제대로 지키지 못할 때가 많다. 가장 좋은 방법은 약속을 하면서 자신을 위한 약간의 여운을 남겨두는 것이다. 너무 절대적인 어조는 피하는 게 상책이다.

일을 할 때 경솔하게 약속부터 하지 마라. 약속을 할 때는 단호하게 못 박지 말고 어느 정도 여지를 남겨두는 게 좋다. 물론 여지를 남긴다고 해서 약속을 지키기 위한 노력을 덜 하라는 것은 아니다. 일단 한 약속은 최선을 다해서 실천으로 옮겨야 한다.

🌿 거절해야 할 것은 거절하라

사람들에게 아무 물건이나 막 쥐어줘서는 안 된다. 주는 것과 거절하는 것은 똑같이 중요한 문제다.

나폴레옹은 말했다.

"우리는 약속을 절대 가볍게 보지 않는다. 약속은 스스로를 옭아매는 오류로 변질될 수도 있기 때문이다."

접대를 받는다는 것은 누군가가 우리의 도움을 필요로 한다는 뜻이므로 나쁜 일이 아니다. 힘이 닿는다면 우리는 상대방의 요구에 흔쾌히 응해줄 것이다.

그러나 모두들 느끼겠지만 약속이란 하기는 쉬워도 거절하기는 힘든 법. 거절은 상대방을 유쾌하게 하는 선택이 아니다. 살을 에는 듯한 찬바람이 두꺼운 외투를 뚫고 들어오는 음산한 밤에 마시는 독한 술과 같은 것이다.

우리는 본능적으로 거절을 두려워한다. 그래서 "아니오"라고 말해야 할 상황에서 침묵해버리거나 거절해야 할 상황에서 머뭇거리게 된다. 거절을 미루는 순간, 우리는 그 거절의 냉정함이 시간이 흐르면서 축소되거나 사라지기를 희망한다. 하지만 그것은 우리의 희망사항일 뿐 실제로는 그 반대가 된다.

우리가 거절을 하는 이유는 거절하지 않으면 안 되기 때문이다. 거절해야 할 것을 거절하지 못하면 그것이 암세포처럼 퍼져서 우리의 생명에 지장을 초래하고 갈수록 악화되어 치료가 불가능해진다. 거절을 하면 그 순간은 쓰라릴지 모르나 일시적인 아픔이 지나고 나면 안정이 찾아온다.

거절하지 못하는 것은 일단 참는 것이다. 그러나 참는 데도 한계가 있어서 더이상 인내할 수 없는 상황이 되면 시간만 낭비하다가 결국 더 큰 고통이 되어 돌아온다.

거절은 한 사람의 담력과 지혜에 대한 시험이다. 거절함으로써 다른 사람들에게 상처를 안겨줄 수는 있다. 그러나 이는 봄바람이 떨어진 꽃들을 불어 날려야 하는 것처럼 자연스러운 흐름을 위한 필연적 선택이다. 만약 거절하지 못하고 주저주저한다면 상대방의 마음은 덜 아플지 몰라도 당신과 더 가까운 사람, 즉 바로 당신 자신이 상처 입을지도 모른다.

거절을 하고 나면 늘 뒷맛이 개운하지 않다. 용기를 내어 거절을 한 후에도 왠지 모를 슬픔과 우울함이 따라오고, 영혼이 억압되는 듯한 느낌이 오랫동안 사라지지 않는다. 이처럼 미묘하고도 혼란스러운 감정이 두려워서 우리는 의식적으로든 무의식적으로든 거절을 줄여보려고 한다.

삶의 모든 결정에서 거절은 한번 깨부수면 다시 메우기 힘든 분쇄형 행동이다. 이러한 특징 때문에 거절을 결정할 때에도 신중해야 한다. 또한 일단 한번 한 거절은 깨진 유리잔처럼 다시 원래 상태로 회복하기 힘들다. 그러므로 거절하기 전에 정확한 판단을 요한다.

정당한 이유 때문에 흔쾌히 약속하거나 거절의사를 밝히는 것은 질책 받을 이유가 전혀 없다. 거절하지 못하고 일방적으로 순종만 하다보면 자아를 상실할 수 있고, 반대로 무조건적으로 딱 잘라 거절만 하다가는 친구를 잃을 수 있기 때문이다.

인생을 살면서 우리는 넓은 아량을 발휘하는 한편 적절한 선에서 거절할 줄도 알아야 한다.

인간관계에서는 허락하고 거절할 일이 수시로 발생한다. 내가 친구를 대할 때는 거절보다 허락을 더 많이 해야 한다고 생각하고, 반대로 친구는 나에게 허락보다 거절을 더 많이 할 수도 있다고 생각하자.

상사의 말에 귀 기울이고
아무 때나 끼어들지 마라

상사가 다른 사람과 이야기 중일 때는 귀 기울여 듣고
절대 끼어들거나 큰 소리로 웃어서는 안 된다.

사람은 사람답게 대하라

워싱턴은 "상사가 다른 사람과 이야기 중일 때는 귀 기울여 듣고 절대 끼어들거나 큰 소리로 웃어서는 안 된다"고 강조했다.

타인의 자존심에 상처를 내면서 자신의 자존심을 끌어올리는 것, 이는 인간관계에서 가장 쉽게 저지르는 실수 중 하나다.

어떤 사람들은 타인의 흠을 부각시키거나 타인을 과소평가함으로써 자신의 가치를 끌어올리고 자신의 우월감을 과시할 수 있다고 여긴다. 하지만 그러한 행동은 타인의 호감을 얻기는커녕 오히려 자신의 비굴한 일면을 드러낼 뿐이다.

한 거인이 난쟁이에게 내가 너보다 키가 크다고 자랑했다. 남자는 여자에게 내가 너보다 힘이 세다고 말했고, 노인은 아이에게 내가 너보다 경험이 풍부하다고 했다. 한 추녀가 미녀에게 너는 아름답지만 나는 별로 대단하게 여기지 않는다고 비꼬았다. 한 서생이 부자 노인에게 당신은 돈이 많을지 몰라도 나는 당신을 경멸한다고 비난했다. 그때, 이들 틈에서 현명한 사람이 걸어나오면서 말했다. 이 세상에 영원히 변하지 않는 것은 없다고.

그의 말이 옳다. 세상의 모든 사물은 변하게 마련이다. 그러므로 자기보다 강하거나 약한 사람들을 비웃어서는 안 된다.

타인의 치부를 건드리는 것은 결국 자신을 욕보이는 것이다. 타인의 약점을 악용해 덕을 보려 하지 마라. 그것은 자기 자신을 모욕하는 것일 뿐이다. 타인의 흠을 꼬집기 좋아하는 사람들은 겉으로는 유리한 고지를 점한 것처럼 보일지 모르나 그가 사람들로부터 따돌림을 받는 건 시간문제다. 어느 순간 그의 곁에는 아무도 없을 것이다. 이보다 비참한 일이 또 어디 있겠는가.

타인의 존중을 얻으려면 상대방을 있는 그대로, 사심 없이 대해야 한다는 사실을 기억하라.

프랭클린은 이렇게 말했다.

"성장하면서 나는 다음과 같은 진리를 터득했다. 나 자신만을 생각할 때는 나를 위해 일하는 사람이 나 혼자뿐이었다. 그러나 내가 다른 사람을 위해 일하기 시작한 뒤로는 다른 사람도 나를 위해 일해주었다."

인간관계는 상호작용을 바탕으로 한다. 당신이 상대방을 친구로 대하면 상대방도 당신을 친구로 여길 것이고, 당신이 상대방을 적대적으로 대하면 상대방도 받는 만큼 여지없이 되갚을 것이다.

손해 보거나 모욕당하기를 좋아하는 사람은 없다. 특히 상대방에 대한 무례한 태도는 반항심만 자극할 뿐 인간관계에 조금도 도움될 게 없다.

그러므로 비열한 수단으로 상대방을 함부로 공격하지 마라. 진심으로 상대방과 교제하고 최대한 도움의 손길을 뻗어라. 언젠가는 당신도 다른 사람의 도움이 필요할 날이 있을 것이다. 절대 당신의 퇴로를 미리부터 차단해서는 안 된다.

🌿 내가 원하는 것은 남들도 원한다

대부분의 사람들은 다른 사람 앞에서 '나' 또는 '나 자신'이라는 말을 거침없이 사용한다. "내가 말하고자 하는 것은……", "내가 하고 싶은 것은……", "내가 팔려고 하는 것은……" 등등. 그들의 관심은 온통 자신이 하고 싶은 것들에만 집중되어 있다.

자기욕구 표출에만 혈안이 된 사람이 과연 상대방의 마음을 잘 헤아릴 수 있을까? 상대방의 욕구를 이해하지도 못하면서 어떻게 만족시킬 수 있겠는가? 그런 그들에게 어떻게 우리를 받아줄 거라고 기대할 수 있겠는가?

우리는 다른 사람의 말에 귀를 기울여야 한다. 일상적인 만남에서든 이성 간의 교제에서든, 직장 내에서 혹은 협상 테이블에서 어떤 말을 하거나 결정할 때든 상대방의 요구사항을 먼저 이해할 수 있어야 한다.

예를 들어 선생님이 자신이 중요하다고 생각하는 것만 가르치고 학생들의 입장에서 필요한 부분, 학생들이 원하는 부분을 긁어주지 못한다고 생각해보자. 그러면 학생들이 과연 학습에 동화되어 흥미를 느낄 수 있을까? 영업사원이 제품을 홍보하는 데만 열을 올리고 고객의 요구를 간과한다면 그의 세일즈 성공률은 과연 몇 퍼센트나 될까? 부모나 연인 혹은 상사가 요구사항만 일방적으로 제시하고 아이나 배우자 혹은 부하직원이 정작 필요로 하는 것을 이해하지 못한다면 그 관계가 매끄럽게 유지될 수 있을까?

초원 위에 아름다운 꽃들이 가득 피어 있다고 해도 소 떼들은 꽃이 아닌 풀에만 관심을 보인다. 누구나 '자신의 욕구'가 만족됨을 느낄 때 가장 즐거워한다. 상대방도, 그리고 다른 모든 사람들도 나와 마찬가지로 자기중심으로 행동하고 판단하게 마련이다.

어느 날 에머슨과 그의 아들이 어린 소 한 마리를 외양간에 들여놓으려고 했다. 이때 에머슨은 뒤에서 열심히 밀고 아들은 앞으로 끌어당겨 보려고 용을 쓰고 있었다. 이들은 소위 '자신의 욕구만 생각하는' 오류를 범하고 있었던 것이다. 소도 그들처럼 자기가 하고 싶은 대로만 하려고 했고, 그들이 아무리 힘을 써도 풀밭에서 꿈쩍도 하지 않았다.

이 장면을 목격한 한 아일랜드 여인이 웃으며 그들 곁으로 다가왔다. 그녀는 자신의 손가락을 소의 입속으로 집어넣어 소에게 그것을 빨게 한 뒤 가볍게 어루만지며 밀었더니 금세 소가 외양간 안으로 들어가는 게 아닌가.

낚시를 할 때도 잡으려는 고기에 따라 미끼를 달리 사용해야 한다. 낚시하는 사람은 자신이 아이스크림을 좋아하듯이 물고기들은 곤충을 좋아한다는 사실을 잘 알고 있다. 그래서 낚시를 할 때는 곤충을 미끼로 물고기를 유인한다. 만약 물고기가 무엇을 좋아하는지 모른다면 그는 빈손으로 돌아갈 게 뻔하다.

내가 원하는 것은 남들도 원한다. 자신이 다른 사람에게 기대하는 방식으로 상대방을 대하고 모든 일을 상대방의 입장에서 생각한다면, 그리고 다른 사람이 원하는 것을 이룰 수 있도록 물심양면으로 도와준다면 당신도 결국은 원하는 것을 손에 넣을 수 있을 것이다.

상대방이 무엇을 원하는지 헤아릴 줄 알아야 한다. 당신의 연인, 아이, 고객, 학생, 사장, 회사가 원하는 바가 무엇인지 알고 그 욕구를 채워줘야 단추를 올바르게 끼워 맞출 수 있다.

누구나 나름대로의 욕구가 있고 그 욕구를 해결하기 위해 다른 사람에게 도움을 구한다. 상대방에게 필요한 부분을 채워주고 상대방이 가려워하는 부분을 긁어줄 수 있다면 당신의 성공도 보장될 것이다.

🌿 많이 듣고 적게 말하라

사람이 두 개의 귀와 하나의 입을 가지고 있는 것은 많이 듣고 적게 말하라는 의미다.

우리의 입이 두 개라면 정말 상상하기조차 싫은 장면이 펼쳐질 것이다. 첫째는 세상이 너무 시끄러워질 것이고, 둘째는 더 많은 거짓말들이 떠돌아다닐 것이며, 셋째로 "모든 화의 근원이 입에서 나온다"라는 말이 사실이라면 재난발생률이 그만큼 더 높아질 것이다.

인간관계를 성공적으로 가꾸려면 말을 많이 하는 게 아니라 많이 들어줄 수 있어야 한다.

옛날 한 작은 제후국의 사신이 대국을 찾아와 똑같은 모양의 금부처 세 개를 제물로 바쳤다. 이를 받은 대국의 국왕은 매우 흡족해했다. 그런데 그 사신이 국왕에게 문제 하나를 냈다.

"이 세 개 중에서 어떤 것이 가장 값어치가 높을까요?"

국왕은 한참을 생각하다가 보석감정사를 불러 이리저리 살펴보게 했다. 그러나 아무리 재어봐도 세 개 모두 똑같다는 대답만 나올 뿐이었다. 사신이 분명 제 나라로 돌아가서 보고를 할 텐데, 이런 작은 문제 하나도 제대로 해결하지 못한다면 대국으로서의 체면이 말이 아니었다. 바로 그때 신하 하나가 나서더니 방법이 있다고 하는 게 아닌가. 국왕은 사신을 불러다가 신하의 말을 지켜보게 했다. 나이 든 신하는 뭔가 짚이는 게 있는 듯 볏짚 세 줄기를 가져오더니 첫 번째 부처의 귀에 끼워 넣었다. 그러자 볏짚이 다른 쪽 귀로 빠져나왔다. 두 번째 부처의 볏짚은 입으로 바로 떨어져 나왔다. 마지막으로 세 번째 부처의 볏짚은 들어가자마자 아무런 동요 없이 뱃속으로 그냥 떨어졌다. 이를 본 신하가 입을 열었다.

"세 번째 부처가 가장 귀한 것이군요."

사신은 그의 정확한 대답에 아무 말도 하지 못했다.

말을 가장 잘하는 사람이 가장 가치 있는 사람은 아니다. 귀 기울여 듣는 것도 삶의 지혜다.

타인의 말에 귀 기울이는 사람이 갈수록 적어지고 있다. 다른 사람이 하는 말이 귀에 잘 들어오지 않는 것은 다음 두 가지 이유 때문이다. 하나는 당신이 자신의 외관만 생각하거나 타인에게 비춰지는 이미지에만 너무 집착하기 때문이며, 또 하나는 상대방이 말을 하는 동안 상대방의 말이 끝나면 자신은 무슨 말을 해야 할지를 생각하는 데 정신이 팔려 있기 때문이다. 물론 논의되고 있는 일이 진짜인지 가짜인지, 받아들여야 할지 거절해야 할지를 고민하는 것은 너무도 당연하다. 그러나 그것은 일단 상대방이 할 말을 마친 다음에 고민해야 할 문제다.

대화의 방법에는 보통 다음의 네 가지 유형이 있다.

1. 말을 할 줄도 알고 들을 줄도 안다.
2. 말을 할 줄만 알고 들을 줄은 모른다.
3. 말을 할 줄은 모르고 들을 줄만 안다.
4. 말을 할 줄도 들을 줄도 모른다.

첫 번째와 네 번째 유형은 너무 극단적인 경우라 제쳐놓고 생각한다면, 대개의 경우 사람들은 두 번째나 세 번째 유형에 속한다. 이 두 가지 유형 중 사교활동이나 직장생활을 하는 데에는 어떤 것이 더 유리할까? 언뜻 보기에는 말하는 것이 듣는 것보다 중요해 보인다. 하지만 실제로는 귀 기울여 잘 들어주는 것이 말을 잘하는 것보다 더 유용할 때가 많다.

지위가 높은 사람일수록 귀를 크게 열어두어야 한다. 소위 말하는 능력이 뛰어나다고 평가받는 정치가나 사업가들은 말을 잘할 뿐만 아니라 타인의 말을 잘 들을 줄도 안다. 즉, 뛰어난 입담과 공감적 경청의 자세 두 가지를 모두 겸비해야만 성공을 앞당길 수 있다.

🌿 경청을 간과하지 마라

대부분의 사람들이 타인 앞에서 거침없는 입담을 자랑하는 사람을 대화의 고수라고 여긴다. 하지만 그런 사람들은 자기 말에 도취되어 상대방에게도 표현의 기회가 있다는 사실을 완전히 망각하고 만다. 이런 사람들은 언변은 뛰어날지 몰라도 '경청'의 중요성을 간과하기 때문에 실제로 매력적인 달변가가 되기는 힘들다.

커뮤니케이션은 상호작용에 바탕을 두어 쌍방향으로 진행되는 것이다. 두 사람이 대화를 하는 것도 일종의 커뮤니케이션이다. 그러나 한쪽이 일방적으로 의견을 발표하는 것은 커뮤니케이션이 아니다.

대화의 기술을 잘 아는 고수들은 자신의 의견을 말하다가도 적절한 선에서 마침표를 찍어 상대방에게 의견을 말할 수 있는 기회를 준다. 이는 상대방에 대한 예의이며 타인에 대한 존경심의 표현이다. 서로 주고받는 상호작용이 있어야 커뮤니케이션의 본래 목적을 달성할 수 있다.

뉴욕통신회사는 몇 년 전에 껄끄러운 일을 당했다. 한 고객이 그 회사의 배선공을 호되게 나무라며 전화 기본비 납부를 거부하고 나선 것이다. 심지어 신문지면을 빌어 뉴욕통신사를 공개적으로 질책하는 한편, 죄상을 낱낱이 열거하며 정식으로 고발까지 할 태세였다. 결국 회사는 평소 일처리가 능숙하고 말주변이 뛰어난 직원을 파견해 이 막무가내인 고객을 직접 찾아가도록 했다. 이를 통해 고객을 진정시키고 사태를 일단락 지을 수 있었다. 그 통신사 직원이 한 일은 단지 고객이 쏟아내는 불만에 가만히 귀 기울이고, 간혹 적극적 공감의 표시로 고개를 끄덕거린 게 전부였다고 한다.

상대방의 말을 경청하는 것은 커뮤니케이션의 한 축을 이룬다. 상대방의 말에 귀 기울이는 사람은 상대방의 호감을 쉽게 얻는다.

보통 사람들은 경청을 하다가 상대방의 말을 끊으며 동감의 표시로 "응, 그렇지"라는 소리를 연발한다. 사실 이보다 더 좋은 경청은 상대방의 말을 끊지 않고 그의 발언이 끝나기를 기다렸다가 나중에 자기의견을 이야기하는 것이다. 진지한 경청의 자세를 오래 유지할수록 대화의 주도권을 잡을 수 있다.

효과적인 커뮤니케이션을 위해서는 경청이 80퍼센트, 말하기가 20퍼센트를 차지해야 한다. 20퍼센트의 말하기 중에서도 상대방에게 질문을 던지는 비중이 80퍼센트를 차지하도록 한다. 이때 질문은 간단명료할수록 좋다. 또한 커뮤니케이션을 하는 과정에서는 설령 상대방이 잘못했더라도 직접적으로 잘못을 지적해서는 안 된다. 상대방의 의견에 공감할 수 없는 경우에도 일단은 상대방이 하는 말의 진정한 의미가 무엇인지 꼼꼼히 새겨들어야 한다.

세계적으로 유명한 기자 아이작은 사람들이 타인의 기억에 오래 남지 못하는 이유는 좋은 청중이 되어주지 못하기 때문이라고 지적했다.

"그들은 자신이 다음에 해야 할 말에만 관심을 두기 때문에 상대방의 이야기가 끝날 때까지 참을성 있게 기다려주지 못한다.”

대부분의 사람들은 자신의 이야기를 끝까지 경청해주는 사람을 좋아하지 자기 이야기만 늘어놓는 사람을 좋아하지는 않는다.

타인의 말을 진지하게 경청하는 습관은 하루아침에 몸에 배는 게 아니다. 일상에서 경청의 자세를 진정으로 실천할 수 있는 사람은 극소수에 불과하다.

진정한 대화의 고수는 '경청'의 중요성을 잘 알고 있다. 그들은 듣지 않고 일방적으로 자기 이야기만 하는 것을 탐욕이라고 생각한다.

타인의 말을 들어주지 않는 사람들은 이기적이다. 예를 들어 테니스 복식경기에서 어떤 선수가 혼자만 공을 받으려 하고 파트너에게 기회를 주지 않는다고 하자. 그 선수의 기량이 아무리 훌륭하다고 한들 아무도 그와 함께 경기장에 서려고 하지 않을 것이다. 마찬가지로 당신이 다른 사람과 이야기를 나누는데 자기 이야기에만 정신이 팔려 상대방에게 입을 열 기회를 주지 않는다면 상대의 반감을 불러일으킬 것이다. 말할 기회도 주지 않고 혼자 이야기하는 사람과 무슨 대화가 되겠는가? 자기 말만 하고 들을 줄 모르는 사람은 절대 대화를 완벽하게 이끌 수 없다.

🌿 적극적인 청중이 되자

설득력 있는 웅변으로 세상을 얻을 수 있다면 적극적인 경청은 세상을 지킬 수 있다.

웅변이 아무리 강한 감화력을 지녔을지라도 언어의 한계를 뛰어넘지는 못한다. 그러나 경청은 넘치는 언어의 물살 속에서 은밀한 마음의 언어를 발견할 수 있다.

자신의 내면을 다른 사람들에게 완전히 드러내는 사람은 없을 것이다. 그러면서도 사람들은 내뱉는 말에 자신의 마음을 은연중에 담게 마련이다. 그렇기 때문에 타인을 가장 잘 이해할 수 있는 방법이 바로 경청이다.

남북전쟁이 치열하게 전개되고 있을 무렵, 링컨은 시골에 살고 있는 옛 친구에게 편지를 써 그를 워싱턴으로 초대했다. 편지내용에 따르면 그와 긴히 상의할 일이 있다는 것이었다.

친구는 먼 길을 마다 않고 백악관으로 찾아왔고, 링컨은 그를 따뜻하게 맞아주었다. 몇 시간 동안 이야기를 나누다 그들은 노예해방선언의 발표가 과연 실행 가능성이 있는지의 여부에 대해 언급하게 되었다. 링컨은 이 행동의 실행 가능성을 타진하기 위해서 여러 가지 이유들을 분석해가며 열변을 토하기 시작했다. 친구의 존재도 까맣게 잊은 듯했다. 그렇게 자신의 생각을 쏟아내며 몇 시간을 훌쩍 보내버린 링컨은 친구의 의견은 묻지도 않은 채 그에게 작별인사를 건넸다.

훗날 링컨의 친구는 이렇게 회상했다.

"링컨은 자신의 심정을 털어놓고 난 후 마음의 안정을 되찾는 듯했다. 사실 그는 다른 사람의 충고가 필요했던 것이 아니라 자신의 이야기를 끈기 있게 들어줄 청중이 필요했던 것이다."

경청은 관심을 표현하는 방식이다. 상대방의 이야기를 사심 없이 진지하게 들어줌으로써 상대방을 외로움의 그늘에서 구해낼 수 있다. 또한 예전보다 더 친밀한 인간관계와 탄탄한 우정을 다질 수 있다.

침착성이 없고 조급한 사람은 평소 귀를 막아두고 사는 사람이다. 그들은 자신이 진리와 얼마나 동떨어져 살고 있는지 전혀 알지 못한다. 경청에 익숙하지 못한 사람들은 자기표현에만 급급해할 뿐 타인의 목소리를 받아줄 만한 아량이 없다.

사실 사람들은 자기 자신에 대해서도 잘 이해하지 못한다. 자신의 욕망만 알 뿐 자신의 본성은 알지 못하고, 자신의 부족한 부분만 채우려 하지 자신이 기존에 가지고 있는 것들에 대해서는 무관심하다. 또한 겉으로 드러나는 외모에만 신경 쓸 뿐 자신의 전체 이미지에 대해서는 잘 알지 못한다. 때문에 우리는 경청의 기술을 배워 타인의 소리를 통해 내 모습을 비춰볼 수 있어야 한다.

경청은 목욕탕의 거울과 같다. 거울을 뒤덮고 있던 뿌연 김이 물방울이 되어 밑으로 떨어지고 나면 거울 속에 나의 진짜 모습이 나타나지 않는가. 따라서 경청은 당신의 내면의 소리를 듣는 것이기도 하다.

누구나 큰일이 닥쳤을 때 자기내면의 소리를 들었던 경험이 있을 것이다. 진지하게 생각에 잠길 때 비로소 내면의 소리를 들을 수 있다. 영혼은 평온할 때만 울리기 때문이다.

다른 사람이 내뱉는 말 속에는 활짝 핀 꽃도 있고 가시도 있고 찌꺼기도 있고 진주도 있다. 그 외에도 수많은 것들이 뒤죽박죽 섞여 있다. 진지하고 현명한 경청자는 그 안에서 '기회'라는 보석을 찾아낸다.

마음으로 듣자

대화는 '듣기'와 '말하기'로 구성된다. 자신의 이야기를 하다가 멈춘 후 상대방은 어떻게 말하는지를 들어보는 게 바로 대화다. 다른 사람과 이야기를 주고받을 때는 표정, 동작, 어조 하나까지도 매우 중요한 역할을 한다. 말을 들을 때도 말을 할 때와 마찬가지로 상대방이 당신의 진심을 느낄 수 있도록 표정관리에 신경 써야 한다.

상대방이 말할 때는 중간 중간에 간단한 동조의 추임새를 집어넣어 상대의 말에 흥미를 가지고 있음을 보여주는 것이 좋다. 예를 들면 "정말이야?", "그래서? 그 다음은 어떻게 됐는데?" 등과 같은 말들이다. 이러한 말로 대응하면 상대방의 이야기에 대한 당신의 관심과 호기심을 나타내므로 상대방을 더욱 기분 좋게 만든다. 그러면 상대방은 계속해서 당신과 대화하기를 원하고 대화 분위기도 한껏 고무될 것이다.

그러한 추임새는 당신이 상대방을 존중하고 있으며 그의 말을 진지하게 듣고 있음을 대변해준다. 하지만 이때 "음", "글쎄" 같은 대답은 피하는 게 좋다. 너무 짤막하고 단조로운 표현은 자칫 잘못하면 대화에 무성의하게 응한다는 느낌을 줄 수 있기 때문이다. 반드시 "음, 당신의 뜻을 충분히 알아들었어요", "알겠어요", "아, 그렇군요"처럼 간단한 문장으로 답해야 상대방의 말을 진지하게 경청하고 있음을 나타낼 수 있다.

타인의 말을 경청할 때는 절대 무표정한 얼굴로 듣기만 해서는 안 된다. 제스처나 얼굴표정을 최대한 활용해 이야기 내용에 장단을 맞추면서 자신이 상대방의 말에 집중하고 있다는 신호를 보내야 한다.

미국의 코닥Kodak company이 회사명의로 아트홀을 짓고 내부에 배치할 의자를 구매하려고 할 때였다. 소식을 들은 의자 제조업체들이 수주를 해보려고 너도나도 몰려왔지만 까다롭고 엄격하기로 유명한 이스트먼 회장의 눈에 차는 회사는 하나도 없었다.

그러던 어느 날, 무명 중소기업의 사장이었던 아담스가 그를 찾아왔다. 간단한 인사말을 건넨 후 아담스는 정중하게 말문을 열었다.

"회장님, 저희처럼 보잘것없는 회사가 코닥과 거래를 틀기 힘들다는 사실은 잘 알고 있습니다. 저는 단지 의자디자인에 대한 회장님의 고견을 듣고 싶어 이렇게 찾아왔습니다."

이 젊은이의 용기와 진심에 감동한 이스트먼은 참고할 만한 의견과 제안들을 제시했다. 아담스는 진지하게 그의 이야기를 경청하며 수시로 고개를 끄덕였다.

"회장님께서 제시한 디자인은 요즘 시대에 부합하는 획기적이고 참신한 아이디어인 것 같습니다. 제가 그동안 꿈꿔오던 디자인입니다. 회장님의 조언보다 더 귀중한 가르침은 없을 듯합니다."

아담스는 감동했다는 표정을 지으며 한마디 덧붙였다.

"제가 예전에 실내디자인 쪽에서 꽤 오래 일한 적이 있습니다만 회장님 사무실처럼 이렇게 깔끔하고 개성적인 분위기는 처음입니다."

그 말에 이스트먼은 흡족한 미소를 지으며 자신 있게 말했다.

"이 사무실 인테리어는 내가 직접 디자인했네. 난 이런 스타일을 좋아하거든. 여기 벽재료는 영국에서 직접 주문 제작한 거야."

"저도 그 점에 주목하고 있었습니다. 이탈리아 제품은 이것보다 질이 떨어지거든요."

신이 난 이스트먼은 바쁘게 처리해야 할 공무들마저 제쳐두고 일어나서는 아담스에게 사무실 안의 물건에 대해 이것저것 설명하기 시작했다. 결국 오전부터 시작된 그들의 대화는 정오까지 이어졌다. 그들은 코닥이 거액을 들여 아트홀을 짓게 된 사연부터 향후 거대한 투자계획에 이르기까지, 이스트먼의 취미부터 그의 파란만장한 일대기까지 다양한 주제의 이야기를 나누게 되었다.

아담스는 그의 모든 이야기를 주의 깊게 들어주었고 수시로 진심이 담긴 추임새를 넣어가며 그에게 경의를 표했다.

며칠 후 아담스는 코닥과의 대규모 거래를 성사시켰으며, 이스트먼과도 평생지기가 되었다.

아담스는 뛰어난 경청기술 하나로 거액의 돈을 벌어들였다. 당신도 '진정한 마음'으로 상대방의 말에 귀 기울인다면 좋은 인연을 얻을 수 있고, 어느 순간 인생과 사업에서 생각지도 못한 기쁨을 누리게 될 것이다.

🌱 남의 말을 가로채지 마라

경청을 할 때는 상대방의 말이 끝나기 전에 중간에 잘라서는 안 된다. 이는 상대방에 대한 존경심이 결여된 무례한 행동이다. 대화를 하다보면 상대방과 의견차가 생길 때가 종종 있다. 의견이 엇갈린다고 해서 바로 상대방의 말을 가로채 자기의사를 표현해서는 안 된다. 반드시 상대방의 의견을 참을성 있게 다 들은 다음에 자신의 견해를 제시해야 한다. 그렇게 해야 타인의 견해를 존중하고 진지하게 받아들인다는 인상을 심어줄 수 있다.

한 여주인이 손님과 한창 이야기를 나누다가 새로 산 앵무새에 대해 자랑하기 시작했다.

"이 새는 오리지널 오스트레일리아산 앵무새랍니다. 막 사왔을 때는 영어만 하더니 요즘은 중국어도 곧잘 한답니다."

"정말요? 언어능력이 대단한가봐요! 이렇게 희귀한 새를 사려면 돈이 꽤 많이 들었겠어요?"

"그렇죠. 5천 달러나 줬는걸요."

그순간 갑자기 앵무새가 대화에 끼어들었다.

"아냐, 천 달러야. 거짓말쟁이!"

손님이 가고 난 후로 여주인은 이 말참견하기 좋아하는 앵무새에게 다시는 먹이를 주지 않았다. 결국 이 앵무새는 말 한번 잘못한 죄로 굶어죽을 수밖에 없었다. 주인이 허풍을 떨기는 했지만 남의 말 가로채기를 좋아한 앵무새도 잘한 건 없다.

존 로커는 "다른 사람의 말을 자르는 것은 가장 무례한 행동이다"라고 못 박았다.

누군가가 한창 흥에 겨워 이야기를 하고 있고, 듣는 사람도 넋을 놓고 열중하고 있는데 당신이 중간에 나타나 "이봐, 그거 지난번 뉴욕에서 있었던 일이지?"라고 말을 끊는다면 어떻게 될까? 당신은 말하는 사람의 빈축을 살 것임이 분명하다.

당신이 어떤 일에 대해서 신나게 이야기하고 있는데 누군가가 중간에 끼어들어 찬물을 끼얹는다면 당신은 방어할 틈도 없이 이야기를 접어야 할 것이다. 그 사람은 당신에게 자신이 중간에 끼어들겠다는 사전예고도 하지 않는다. 그들은 당신이 무슨 말을 하든지와 상관없이 화제를 자신들의 관심분야로 돌려버리거나 심지어 당신이 이야기하고자 했던 결론까지 대신 알려줘 버린다. 그렇게 자신의 존재를 과시하려드는 사람들은 언제 어디서건 미움받는다. 다른 사람이 이야기하는 도중에 마음대로 치고 들어오는 사람들은 타인에 대한 존경심이 전혀 없기 때문이다.

베이컨Francis Bacon은 이런 말을 남겼다.

"마음대로 말참견하는 것은 발언을 오래 끄는 것보다 더 악랄하다. 다른 사람의 말을 자르는 것만큼 무례한 행동도 없다.”

사람이라면 누구나 자기도 모르는 사이 자신의 생각을 밖으로 표출하고 싶어진다. 하지만 타인의 감정은 아랑곳하지 않고 자기감정에 따라 무턱대고 상대방의 말을 끊거나 가로채 버린다면 말을 하던 상대방은 판단이 흐려져 자신이 무슨 이야기를 하려고 했는지 잊어버리고 만다. 결국 당신의 부주의한 행동 하나가 상대방의 불쾌감을 유발하고 심지어 불필요한 오해까지 만드는 것이다.

현명하고 교양 있는 사람들은 대화를 할 때 상대방이 아무리 일장연설을 늘어놓더라도 절대 중간에 끼어드는 법이 없다. 타인의 말을 가로막는 것은 상대방에 대한 무례함만 드러낼 뿐 대화의 진행에 전혀 득될 게 없다는 것을 알고 있기 때문이다.

❦ 적당한 침묵유지도 필요하다

상대방이 이야기할 때 적당한 침묵을 유지하는 것도 간혹 좋은 방어전술이 될 수 있다.

침묵은 상대방으로 하여금 그 의미를 자연스럽게 이해하게 하는 아름답고 신기한 언어다. 커피숍에서 침묵하며 서로를 바라보는 연인들에게선 무언의 대화도 일종의 ‘미’로 느껴진다.

하지만 어떨 때 침묵은 가장 음흉한 거짓말로 돌변하기도 한다. 자신의 무지를 은폐하기 위해 침묵하는 것이 바로 그 경우다. 이때 어리석은 사람들은 그가 너무 잘 알아서 일부러 입을 열지 않는다고 단정 지어버리기도 한다.

가끔 침묵은 소리 없는 반항의 표현으로도 활용된다. 어떤 사람은 상대방의 말에 동의하지 않을 때 침묵으로 일관한다. 이러한 침묵을 승낙의 표시로 오인하면 헤어날 수 없는 덫에 빠질 수 있다.

갖가지 상황들을 살펴보면 침묵은 참 흥미로운 언어예술이다.

어느 공장주인이 공장의 낡은 기계를 처리하려던 참이었다. 그는 속으로 50달러 정도에 기계를 팔아 넘기면 대충 맞아떨어지겠다고 생각하고 있었다. 한 고객이 찾아와 기계를 보더니 이러쿵저러쿵 결함들을 늘어놓았다. 그러나 이 공장주인은 한 마디도 하지 않고 상대방의 이야기를 잠자코 듣고만 있었다. 그러자 결국 마지막에 가서는 그 고객도 더이상 말할 힘이 없는지 한마디로 결론을 지어 통보했다.

"내가 보기에 이 기계는 80달러면 될 것 같소. 더 달라고 하면 나도 필요 없어요."

결국 이 공장주인은 침묵으로 일관한 덕분에 원래 예상했던 가격에서 30달러나 더 받을 수 있었다.

당신이 입을 다물고 침묵만 유지한다면 당신의 방어벽은 더욱 단단해져서 어떠한 공격에도 끄떡없게 된다.

오랜 시간의 침묵은 상대방에게 극도의 심리적 부담감을 안겨줄 수 있다. 사람은 원래 어둠과 침묵을 배척하려는 성향이 강하다. 그래서 장시간의 침묵은 상대방의 불안감을 자극하고 심지어 상대방을 거의 참을 수 없을 정도로 미치게 만든다.

상대방과의 심리전에 강한 고수들은 이 '침묵'전략을 절묘하게 활용해 상대방을 공격한다. 그들은 일부러 침묵하는 분위기를 유도한 후 나중에 전략적으로 그 침묵을 깸으로써 자신의 목적을 달성한다.

침묵은 뒤이어지는 말에 더욱 힘을 실어준다. 실제로 침묵을 유지하는 그 시간은 많은 생각이 교차되고 걸러지는 반성의 시간이 되어야 한다. 침묵하는 동안 당신은 상대방의 이야기에서 다양한 의견을 수렴함으로써 더욱 빛을 발하는 발언을 준비할 수 있다. 그렇게 정제된 말을 입 밖으로 내뱉게 되면 당신은 자연히 대화에서 유리한 고지를 점할 수 있다.

침묵은 단순히 말을 하지 않는 게 아니라 마음속으로 전략을 세우면서 침착함을 유지하는 자세를 말한다. 특히 표정과 태도에서 전술전략을 짜는 듯한 비장함이 드러나야 한다. 만약 당신의 표정이 서리 맞은 가지처럼 일그러진다면 스스로를 열세로 내몰게 될 뿐이다. 침묵은 역량을 표현하는 기술이지 그 자체로 우세한 역량을 지니는 것은 아니기 때문이다.

그러므로 침묵하는 기술도 잘 배워둘 필요가 있다. 사회생활을 하다보면 다른 사람들과 팽팽하게 대립하는 상황에 종종 부딪친다. 이때 침묵전략을 잘 활용하면 당신은 주도적인 위치를 확보할 수 있다.

🌱 측은지심을 지녀라

진정한 대화의 달인이 되려면 포용력이 있어야 한다. '측은지심'을 품고 대화에 임하라는 뜻이다. 타인에 대해 잘 알지도 못하면서 함부로 추측하거나 너무 일찍 판단을 내려서는 안 된다. 타인의 결점에만 매달릴 것이 아니라 타인의 좋은 면을 보도록 노력해야 한다. 그렇게 할 수만 있다면 설령 언변에서 조금 뒤처지더라도 최소한 사람들의 기억 속에서는 온화한 성품의 소유자로 남을 수 있을 것이다.

이기적으로 굴지 않는다는 것은 타인을 위해 마음의 문을 열고 기꺼이 도와주는 것이다. 당신이 너무 이기적으로 행동하면 상대방은 당신에게 쉽게 마음을 열려고 하지 않을 것이다. 마음속에 당신에 대한 보이지 않는 벽을 쌓아두거나 심지어 적당한 때를 봐서 당신을 배반할지도 모른다. 그러나 당신이 남을 먼저 생각하는 이타심을 발휘한다면 당신을 바라보는 주변 사람들의 눈빛은 완전히 달라질 것이다. 온화하고 착한 품성을 지니면 타인에게 자신을 위해 일하라고 강요하거나 타인에게서 이익을 얻으려고 애쓰지 않는다, 절대 타인으로부터 자기이익을 챙기지 않는다, 이렇게 사심 없이 행동하는 사람이 바로 측은지심을 실천하는 사람이다.

조련사에게 잡혀온 원숭이가 두려운 마음에 떨고 있었다. 그런데 그 조련사는 원숭이에게 알록달록한 옷을 입히고 모자를 씌우더니 앞발을 들어 직립으로 보행하는 법과 의자에 앉아서 사람들처럼 담배 피우는 법을 가르쳤다. 원숭이는 며칠 배우더니 사람들의 행동을 똑같이 모방했다.

조련사가 그를 양의 등에 태우고 양에게 빠르게 달리라고 시키자 양위에 올라탄 원숭이는 신이 났다. 또 한번은 조련사가 원숭이를 수레 위에 태우더니 개에게 그것을 끌라고 했다. 원숭이는 자신이 양이나 개보다 훨씬 나은 대우를 받고 있다는 생각에 더욱 기세등등해졌다. 순간 원숭이는 자신도 양이나 개와 마찬가지로 조련사의 노예에 불과하다는 사실을 잊어버린 것이다.

이는 정말 슬픈 일이다. 이런 비애가 우리에게 나타나지 마라는 법은 없다. 곰곰이 생각해보라. 당신도 분명 이 원숭이 같은 입장에 처했던 경험이 있었을 것이다.

당신이 아무리 우월한 자리에 있다고 해도 반드시 측은지심을 유지해야 한다. 그래야만 타인으로부터 존경받을 수 있고 당신의 역량 또한 더욱 강화될 수 있다.

특히 대화에서는 '측은지심'이 '주의력'보다 더 중요하다. 이 측은지심'
만 있으면 당신과 상대방의 생각이 자연스럽게 융화될 수 있다. 상대방도
이 점을 인식하고 있다면 둘은 보다 개방적이고 즐거운 대화를 이끌어나
갈 수 있을 것이다.

워싱턴 대통령에게 배우는
성공하는 사람들의
인간관계

양심적인 사람이 되라

가슴속에서
양심이라는 불꽃이 꺼지지 않도록 노력해야 한다.

성실은 최고의 처세술

워싱턴은 "가슴속에서 양심이라는 불꽃이 꺼지지 않도록 노력해야 한다"고 강조했다.

사람이라면 사람의 됨됨이, 즉 인성을 갖춰야 한다. 이것은 태어날 때부터 우리에게 주어진 사명이다.

인성을 갖추기 위해 가장 필요한 것은 양심이다. 허위와 거짓은 수많은 죄악을 낳는다. 거짓말하는 사람은 강도보다 더 무서운 존재다. 그들은 마음을 도둑질하는 잔인한 행위를 서슴없이 저지르기 때문이다.

사람 됨됨이에서 가장 중요한 것은 성실함이다. 성실하기만 하면 타인의 신뢰와 관심을 얻을 수 있으며 설령 실수를 하더라도 쉽게 용서받을 수 있다.

워싱턴이 여섯 살 때의 일이다. 그의 아버지가 그에게 작은 도끼 하나를 선물했다. 까맣게 윤이 나는 손잡이가 달린 날카로운 도끼날은 한 번 가볍게 휘두르기만 해도 화분에 담긴 작은 나무들을 땅에 쓰러뜨렸다. 워싱턴은 도끼를 손에서 놓지 않을 정도로 애지중지했으며, 기회만 되면 또래 친구들 앞에서 도끼를 자랑했다. 한번은 동네 친구들과 어울려 놀던 그가 어떤 나무도 이 도끼가 살짝 닿기만 하면 바로 쓰러진다며 자랑을 늘어놓았다. 친구들은 미심쩍은 표정으로 한번 시범을 보여달라고 했다. 워싱턴은 이리저리 주변을 둘러보다가 가까운 곳에 있는 체리나무 화분을 발견했다. 그는 체리나무 앞으로 다가가더니 자신 있게 외쳤다.

"자, 보라구!"

도끼를 쥔 손에 살짝 힘을 주자 과연 체리나무가 가볍게 잘려나갔다. 이를 보고 있던 꼬마들은 신기하다는 듯 박수를 쳐댔고 이에 워싱턴은 더욱 우쭐해졌다.

그런데 그 체리나무는 그의 아버지가 먼 곳에서 옮겨와 심어놓은 귀한 품종이었다. 워싱턴의 아버지는 그 귀한 나무가 잘려나간 것을 보고 누구든지 잡히기만 하면 혼쭐을 내주겠다며 펄쩍 뛰었다. 워싱턴이 야단맞을 것을 걱정한 친구들은 비밀을 지켜줄 테니 시치미를 떼고 있으라고 했다. 그러자 워싱턴이 말했다.

"아니, 거짓말을 할 수는 없어. 아빠한테 혼나면 혼났지 거짓말은 절대 안 돼."

그는 곧바로 아버지에게로 갔다.

"아빠, 그 나무 제가 잘랐어요. 아빠가 귀하게 여기는 나무인 줄은 전혀 몰랐어요. 정말이에요. 알았더라면 절대 자르지 않았을 거예요. 그래도 차마 거짓말은 못 하겠어요. 아빠가 항상 말씀하셨잖아요. 착한 아이는 거짓말을 하면 안 된다고. 무슨 벌이든 다 받을게요."

가만히 듣고 있던 아버지는 화를 내기는커녕 워싱턴을 꼭 안아주었다.

"아끼는 체리나무가 없어져서 서운하긴 하구나. 하지만 체리나무에서 열리는 꽃이나 열매보다는 정직하고 용기 있는 내 아들이 훨씬 더 소중하단다."

거짓말은 비겁한 사람들이 애용하는 자기방어 표현이며, 진실은 어떠한 금은보석보다 더 귀중한 것이다.

"성실함은 삶에 대한 사랑이다. 사랑을 위해 진실한 말을 하고 사랑을 위해 할 수 있는 한 최선을 다하는 것이다."

이는 로망 롤랑Romain Rolland의 말이다.

진정한 인생이란 성실한 인생이다. 성실한 인생이야말로 가장 매력적이고 아름다운 인생이다. 허위에 길들여져 타인에게 상처를 주는 행동을 해서는 안 된다. 반드시 겸허한 마음으로 떳떳하게 살아가야 한다.

당신이 예전에 누군가를 속인 적이 있다면 사람들은 오랫동안 그 모습을 기억할 것이다. 그렇게 한번 박힌 인상은 쉽게 바뀌지 않는다.

위선적이고 가식적인 행동에는 진실이 결여되어 있다. 인간으로서 성숙하기 위한 출발점은 자신에게 떳떳하고 성실하게 살아가는 것임을 기억하라.

🌿 널리 선을 베풀어라

작은 일도 커다란 변화를 가져올 수 있다. 작은 일들이 쌓이고 쌓이면 엄청난 변화의 기운을 형성한다.

예전에 나는 한 친구에게서 낯선 사람에게 도움을 주는 법에 대해 배운 적이 있다. 예를 들자면 이런 것이다. 사람들이 단체사진을 찍으려고 할 때 대개의 경우 그들 중 한 사람이 사진을 찍어야 한다. 이럴 때 당신이 직접 나서서 도움을 주면 그들 모두가 사진 속 주인공으로 남을 수 있다.

다른 사람을 위해 문을 열어주는 것도 상대방을 향한 우호적인 마음이 담긴 행동이다. 당신이 먼저 선을 베풀면 상대방도 당신을 영원히 잊지 못할 것이다.

1732년 2월 23일로 시간을 거슬러 올라가 보자. 이날은 훗날 미국 '건국의 아버지'로 불려질 조지 워싱턴이 태어난 날이다.

조상들의 개척정신을 이어받은 워싱턴의 아버지 오거스틴은 부친으로부터 물려받은 가업을 확장해서 현지에서 명성을 떨치는 대지주가 되었다. 그러나 오거스틴은 권세를 누린다고 아랫사람들을 무시하지 않았다. 그는 언제나 성실하고 모든 이에게 다정다감했다. 그런 아버지의 모습은 어린 워싱턴에게도 많은 영향을 주었다. 그는 아버지가 식량을 가난한 사람들에게 나눠주는 모습을 수없이 보고 자랐다. 심지어 아버지는 당시 사회적으로 천대받던 흑인들에게도 한결같이 선하게 대했다.

한번은 찬바람이 쌩쌩 불던 어느 겨울날이었는데 거지 하나가 워싱턴의 집으로 찾아와 구걸을 했다. 그의 지저분하고 초라한 행색이 눈에 거슬렸던 어린 워싱턴은 집에 먹을 것이 없다며 거지를 쫓아 보내려고 했다. 그러자 아버지가 달려 나오더니 근엄하게 워싱턴을 타일렀다.

"얘야, 집에는 빵이 있지 않니. 어째서 먹을 게 없다고 하지? 주기 싫으면 그냥 주기 싫다고 말하렴. 있는데도 없다고 하는 것은 거짓말을 하는 거야, 알겠니? 사람은 누구나 다 힘들 때가 있어. 그러니까 우리가 남을 도와줄 여력이 되면 최대한 도와줘야 하는 거란다."

말을 마친 아버지는 거지를 집 안으로 불러들여 몸을 녹일 수 있게 해주고 먹을 것도 갖다주었다. 그 거지는 시골마을인 고향에 흉년이 들어 할 수 없이 구걸을 나섰다고 했다. 심지어 아버지는 문을 나서는 거지에게 양이라도 몇 마리 사서 키워보라며 돈을 쥐어주기까지 했다. 몇 년 후 거지는 그 돈을 갚기 위해 일부러 워싱턴의 집을 다시 찾아왔고 베풀어준 은혜에 대해 마음 깊이 감사를 표시했다. 이 사건은 어린 워싱턴에게 참으로 많은 것을 일깨워주는 계기가 되었다.

선의는 마음을 이어주는 다리다. 상대방의 내면을 저 깊숙한 곳까지 사랑으로 적셔주는 청량제와 같은 것이다. 일상의 평범하고 작은 일에서부터 의식적으로 선을 키우고 그것을 실천해보자.

선을 베풀면 선으로 되돌아오게 마련이다. 이는 인과응보의 필연성에 의한 것이다. 그렇다고 선을 행하는 자체가 보답을 바라는 목적성 있는 행위가 되어서는 안 된다. 드러나지 않게 조용히 행하는 선이야말로 가장 고귀한 것이다.

선하고 다정한 사람은 타인의 기쁨을 진정으로 함께 기뻐해주고, 타인의 행복을 바라보며 덩달아 행복해한다. 타인이 재난을 당하는 모습을 보고 내심 쾌재를 부르거나 상대방을 짓밟으면서 자신의 배를 불리는 등의 몰상식한 행동은 절대 하지 않는다.

선의는 가장 숭고한 품성이다. 선은 곧 타인을 이롭게 하고 나아가 전 인류를 이롭게 한다. 종교 차원을 뛰어넘어 인도주의보다 더 심오한 의미를 지닌 개념이 바로 '선'이다.

수양은 선에서부터 시작된다. 선한 마음이 있어야 우리의 삶이 더욱 완벽해질 수 있다.

겸손한 품성과 인연을 맺어라

훌륭한 리더가 되기 위해서는 자기중심적인 편협한 사고에서 벗어나 겸손의 미덕과 타인에 대한 진실한 관심을 보여줄 수 있어야 한다. 겸손함이 몸에 밴 사람들은 자기만 생각하는 이기적인 자세를 버리고 타인에게 순수한 애정을 쏟아 붓는다. 그렇게 하다보면 자연스럽게 그들의 재능과 역량도 많은 사람들의 인정을 받으면서 더욱 빛을 발하게 된다.

개인의 부귀영화를 거부하고 권력 다툼에 동참하지 않는 사람만이 개인을 초탈한 진정하고 객관적인 진리를 깨달을 수 있다. 그들의 삶과 신념을 돌아보면 한결같은 순수함과 겸손함, 희생정신으로 사랑을 실천하고 있음을 발견할 수 있다. 또한 그들은 변함없는 원칙을 생활 속에 그대로 녹여냄으로써 정직하게 살아간다.

워싱턴이 바로 그런 인물이었다. 그는 20세에 버지니아 민병대民兵隊의 부대장직을 맡고, 43세 때 독립혁명군 총사령관에 임명되어 1781년 요크타운 전투를 승리로 이끌면서 영웅적인 존재로 급부상했다. 이 무렵, 군대 동료들은 워싱턴에게 이 기회에 최고 자리까지 올라서 보라며 그를 부추겼다. 개인의 이익이냐, 아니면 만인의 행복이냐를 두고 워싱턴은 선택의 갈림길에 놓이게 되었다.

결국 현명한 워싱턴은 후자를 선택하였고, 연합회의 총사령관직을 반납하고 화려한 명성을 뒤로한 채 고향으로 돌아갔다.

미국의 「독립선언」을 기초한 제퍼슨은 다음과 같은 평가를 내렸다.

"한 위인의 절제와 미덕으로 인해 피 튀기는 혁명을 거치지 않고도 그렇게 갈망하던 자유를 쟁취할 수 있었다."

그러나 은퇴 후 워싱턴은 당시 미국 연방정부가 여기저기서 혼선과 잡음을 빚어내며 심각한 레임덕Lame Duck 현상을 보이고 있다는 사실을 발견하게 된다. 미국 독립전쟁 승리의 열매가 위기상황을 맞고 있음을 직감한 그는 결국 혼란국면을 바로잡고자 정계로 복귀했다.

그는 1787년 헌법제정회의를 주도한 데 이어 1789년에는 특별한 지위와 명성에 힘입어 미국 초대대통령에 당선되었다. 취임 후에는 탁월한 리더십을 발휘하며 많은 현안들을 해결함으로써 미국 정부를 정상궤도로 올려놓았다. 대통령직을 연임한 워싱턴은 1796년 11월, 「고별사Farewell Address」를 발표하며 정치무대에서 물러났고, 그 뒤로 고향으로 돌아가 조용한 삶을 보냈다.

그러나 1798년, 미국과 프랑스의 관계가 악화되어 일촉즉발의 상황이 벌어지자 다시 합중국 군사령관이 되어 군을 이끌었다. 다행히 위기가 크게 번지지 않는 바람에 전쟁은 일어나지 않았으나 국가를 위해 개인을 돌보지 않는 그의 숭고한 희생정신에 모든 이들이 탄복했다고 한다.

워싱턴은 겸손한 품성 때문에 많은 이들의 존경을 받았으며 완벽한 성격의 소유자가 될 수 있었다.

성인聖人이나 현자賢者들이 남다를 수 있는 것은 그들이 이미 모든 것을 버리고 순수하게 남을 배려하는 겸손의 미덕을 갖추었기 때문이다. 그들은 매번 그러한 신성한 노력을 함으로써 이기적인 마음을 쫓아내고 자신의 내면을 깨끗하게 정화시키려고 한다. 그 과정에서 그들은 남을 위해 베풀려고 하지 남에게서 뭔가를 빼앗으려 하지 않고, 묵묵히 노력하며 앞으로 나아가려 하지 과거에 미련을 두거나 후회하지 않는다.

🌿 정직이라는 불꽃을 꺼뜨리지 마라

정직은 삶에서 반드시 필요한 덕목이다. 우리 주변에 정직한 사람이 하나도 없다면 사회는 암흑으로 뒤덮여 진리가 살아 숨 쉴 곳이 없어져버릴 것이다. 마틴 루터Martin Luther는 사형판결이 내려지자 자신의 적들을 향해 단언했다.

"양심에 거슬리는 일을 하면서 영원한 안전을 보장받을 거라고 착각하지 마라. 꿋꿋이 정직한 길을 걷다보면 하늘은 분명 내 편이 되어주실 것이다. 나에게 다른 선택은 없다."

정직은 자신의 양심에 충실한 올곧은 마음이다.

산업화된 사회에서는 전도유망한 인재들이 밥그릇을 놓고 치열한 경쟁을 벌인다. 고용주들은 조건에 부합하는 인재들 중에서도 학교성적이 우수한 사람들만을 골라 각종 특혜를 부여해가며 모서 가기에 바쁘다. 그러나 성공을 위해 실질적으로 필요한 것은 무엇일까? 두뇌? 힘? 추진력? 물론 이것들도 매우 중요한 요소다. 하지만 이것만으로는 완전한 성공의 모습을 갖출 수 없다. 중책을 담당하는 리더로 성공하고 싶다면 거기에다 한 가지를 덧붙여야 한다. 그것이 있어야 두세 배의 실력을 발휘할 수 있다. 그런 기적을 만들어낼 수 있는 것이 바로 정직이다.

영어에서 '정직'이라는 단어는 기본적으로 '완벽함'을 뜻한다. 정직한 사람들은 자기 자신을 둘로 쪼개지 못한다. 다시 말해 그들은 '마음 따로 입 따로'가 아니라 생각하는 내용을 그대로 입으로 옮긴다. 천성적으로 거짓말을 못하기 때문이다. 또한 그들은 겉과 속이 다른 행동을 용납하지 못하고 말한 것은 반드시 실천해야 직성이 풀린다. 그렇게 해야 자신의 양심과 원칙에 어긋나지 않기 때문이다. 이처럼 그들의 내면은 갈등이나 충돌이 일어나지 않아서 언제나 평온하고 잔잔하다. 그렇기 때문에 타인에게 선을 베푸는 여유와 정확한 판단력이 생겨날 수 있는 것이며 그로 인해 보다 완벽한 성공을 보장받게 된다.

한 유명작가가 투자를 잘못하는 바람에 엄청난 손해를 입고 파산할 지경에 이르렀다. 그는 자기 힘으로 돈을 벌어 빚을 다 갚아나가려고 했다.

3년 후 빚을 갚기 위해 여전히 아등바등하는 그를 돕기 위해 한 신문사가 모금운동을 벌였고, 평소 그의 인품을 높게 보던 많은 이들이 선뜻 자신의 주머니를 털어주었다. 모금한 돈을 받으면 이 작가는 지긋지긋한 빚더미에서 해방될 수 있었다. 하지만 그는 유혹을 물리치며 단호하게 거절했고, 고스란히 돈을 돌려주었다. 몇 개월 후 그가 쓴 책이 베스트셀러로 날개 돋친 듯 팔려나가면서 그는 나머지 빚을 한꺼번에 청산할 수 있었다. 이 작가가 바로 마크 트웨인이다.

어떨 때 정직은 성공을 만들어내는 신기한 힘을 발산한다. 정직하다는 것은 엄격한 요구조건으로 자신을 채찍질하며 용기 있게 끝까지 신념을 지켜내는 것이다. 양심의 소리에 귀 기울이는 것, 용감하게 마음의 문을 열어 보이는 것, 이것이 바로 정직이다.

정직을 실천하면 당신에 대한 타인의 신뢰와 호감이 증폭되고 우정이 더욱 깊어진다. 정직한 태도는 당신의 진실함을 대변해준다. 근거 없는 유언비어에 연연해하지 말고 용기 있게, 당당하게 진실을 말하라. 정직은 인생에서 겪는 수많은 좌절과 부조리에 항거하고, 삶의 희망을 지켜줄 수 있는 힘이다.

다시 말해 정직이란, 인류가 씨 뿌리고 정성껏 일궈놓은 땅에서 생존의 권리를 지키기 위해 벌이는 일종의 싸움이다. 인류의 생존권을 빼앗아가려는 불순한 무리들에 저항하고, 그들에게 절대 굴복하지 않으려고 버티는 힘, 그게 바로 정직이다.

인간은 본분을 지켜야 한다

삶은 우리에게 '암시'의 형태로 수많은 피드백을 던져준다. 삶을 통해 많은 암시를 얻을수록 인간은 더 성숙하고 지혜로워진다. 스스로 자신이 출중해서 따라올 자가 없다고 여기는 오만한 사람들은 정말 비범하고 훌륭한 것이 아니라 인간으로서의 '정상궤도'를 이탈한 것이다.

엄격히 말한다면 인간은 누구나 지극히 평범한 존재다.

세상에서 가장 존경받는 사람일지라도 평범한 하나의 인간 그 이상은 될 수 없으며, 가장 위대한 사람도 평범한 인간으로서의 한계를 뛰어넘지는 못한다. 이처럼 사람의 본분은 지극히 기본적이면서도 중요한 것이다.

사탕수수에 비유해보자. 사람들이 사회에서 각자 짊어지고 있는 역할은 사탕수수의 껍질처럼 천차만별이다. 인간 자체가 사탕수수의 과육이라고 한다면 잘근잘근 씹어서 마지막에 남는 과육의 찌꺼기는 인간이 천성적으로 가지고 태어난 약점을 뜻한다. 하지만 아무리 졸렬한 사람일지라도 누구나 기본적인 '단물'은 지니고 있게 마련이다. 이를테면 인내, 타인에 대한 배려, 자기애, 이타심 등과 같은 선한 요소들이 그것이다. 그중에서 가장 귀중한 것은 노동과 창조, 교류다. 이 세 가지에 '사랑'을 더하면 인류가 갖춰야 할 가장 바람직한 본질적 특성이 완성되는 것이다. 이것이 바로 우리가 흔히 말하는 '본분'이다.

본분은 내적으로 말하면 인격을 구성하는 요소이고, 외적으로 말하면 사회의 인문학적 틀이다.

자신의 일, 구체적으로 말해서 자기 일에 대한 권력이나 지위에만 혈안이 되어 있는 사람들은 정말 두려운 존재다. 그들은 자기목적을 위해서라면 비인간적인 행동도 불사하기 때문이다. 인간이 비인간적이 되었다 함은 신적인 존재로 승격되었다는 의미가 아니라 야비한 동물적 근성을 드러낸다는 말이다. 인간이 인간성을 상실했다면 동물로 전락할 수밖에 없는 것 아니겠는가? 다시 말해 단물 빠진 사탕수수 찌꺼기 신세나 다름없는 셈이다.

누가 아이를 출산했다는 소식을 들으면 사람들은 으레 "아들이야? 딸이야?"라고 묻는다. 왕비가 아이를 낳아도 국왕은 그렇게 물을 것이고, 농부의 아내가 아이를 낳아도 농부의 질문은 마찬가지일 것이다. 아무도 "시장이야? 상인이야?"라는 엉뚱한 질문을 던지지 않는다. 설령 그 아이가 장래에 커서 시장이나 상인이 된다고 하더라도 말이다.

인간은 태어나서 몇십 년을 사는 동안 그가 얼마나 착하게 살았고 얼마나 악하게 살았든지 간에, 그의 개성이나 출생배경이나 지위고하를 막론하고, 결국은 하나의 인간으로 남을 뿐이다. 살면서 이름 앞뒤로 붙여지는 각종 현란한 호칭들은 벽 위에 덧칠한 페인트처럼 시간이 흐르면 점점 벗겨질 것이다.

인생의 마지막 지점, 즉 사망할 때가 되면 바닷물이 모두 말라서 빙산의 모습이 드러나는 것처럼 인간도 원래의 본색이 드러난다. 화장터에서 죽은 사람들은 '이것', '저것'과 같이 물건처럼 불리고 취급된다. '사람'이라는 글자는 온데간데없어진다. 생물학적 의미로 따져봐도 이미 죽은 시체는 더이상 사람이 아니다. 그러니 거기에 '~장'이니 '위원'이니 하는 호칭이 가당키나 하겠는가?

인간은 살아 있을 때만 잠시 인간대우를 받을 뿐이다. 삶이 끝나버리면 사람으로서의 자격도 상실한다.

사람은 언제까지나 사람일 뿐이다. 이러한 본분을 잘 되새기고 있다면 언제 어디서든지 선하고, 겸손하고, 성실하게 행동할 수 있을 것이다. 자신의 본분 앞에서는 누구나 선인으로 변할 수 있다.

인간이라면 누구나 본분을 지켜야 한다는 점을 기억하라. 인간은 본분에 맞게 행동할수록 더욱 아름다워진다.

🌿 용감하게 책임져라

직책은 일종의 의무다. 그것은 빚과 같아서 마음대로 내려놓을 수도 없다. 설령 명예를 잃고 가산을 탕진하는 한이 있어도 우리는 이 빚을 갚기 위해 평생 노력해야 한다.

가정에서 부모와 자식 간에, 부부 간에는 각자 지켜야 할 책임과 의무가 있다. 친구 간에도, 이웃 간에도, 사장과 직원 혹은 서로 다른 계층 간에도 각자의 자리에서 짊어져야 할 책임과 의무가 존재한다.

성 바오로는 이렇게 말했다.

"각자가 자신의 자리에서 책임을 다해야 한다. 받들어 모셔야 할 사람은 받들어 모시고, 존경해야 할 사람은 존경해야 한다. 인간관계를 잘 유지하려면 서로에 대한 사랑과 관심이 필요하며 무책임하게 행동해서는 안 된다."

책임과 의무는 평생 우리의 뒤꽁무니를 따라다닌다. 우리는 동료, 친구, 부모님 등 주변 사람들에 대한 책임을 지니고 삶을 살아간다. 그것은 삶 속에서 매우 긴밀하게 얽혀 있으며, 남녀노소, 지위고하를 떠나 우리 모두는 자신과 타인의 행복을 위해 하늘이 부여한 책임을 반드시 이행해나가야 한다.

인간은 누구나 강렬한 책임감을 지녀야 한다. 책임을 다하는 것이야말로 가장 명예로운 일이다.

제임슨Jameson 부인은 이렇게 강조했다.

"책임감은 '도덕'이라는 건물의 틀을 잡아주는 철근과 같다. 그것이 없다면 인류의 사랑과 선의, 지혜, 이상이 모두 증발해버려서 생존의 공간이 사라지게 된다. 그러면 이 세상은 온통 폐허로 변해버릴 것이다."

워싱턴은 자신의 직무에 책임을 다하는 전형적인 본보기를 제시해준다. 그는 일의 원동력을 지금 있는 자리에 충실해야 한다는 책임감에서 찾았다. 막중한 사명감 때문에 어떠한 두려움에도 굴하지 않고 자기직책에 몰입할 수 있었던 것이다.

워싱턴은 자신의 업적이나 능력을 절대 과시하지 않았다. 사람들이 그를 독립혁명군 총사령관으로 추천하자 그는 사양하며 말했다.

"솔직히 말씀드리면 저는 군대를 통솔할 만한 능력이 없습니다."

그는 그 자리가 얼마나 중요하고 책임이 막중한 자리인지 잘 알고 있었다. 결국 만인의 요청으로 제안을 받아들이긴 했지만, 사령관이 된 후에도 직위를 내세워 자만하게 굴거나 하지 않았다. 그는 아내에게 보낸 편지에서 당시 사령관직을 맡았을 때의 심정을 털어놓았다.

"어떡하든 그 중책을 맡지 않으려 노력했소. 사랑하는 가족들을 떠나기 싫어서가 아니라 그 자리가 내게 너무 과분하다는 걸 잘 알고 있었기 때문이지. 오랫동안 집을 떠나 타지에 있어야 한다니 솔직한 심정으로는 당신과 함께 편하게 살고 싶은 게 사실이오. 하지만 그러면 나를 믿고 지지해주는 동료들이 실망하고 상처받을 거요. 그래서 어쩔 수 없이 운명을 따라가야 할 것 같소. 남편으로서 당신 곁에 있어주지 못해 정말 부끄럽

구려."

워싱턴은 그 후 육군사령관을 거쳐 미국 대통령이 되었다. 재임기간에 그는 단 한 번도 타인의 원성 때문에 자신의 책임을 소홀히 한 적이 없었다. 존 제이John Jay가 영국과의 전쟁을 피하기 위하여 조약을 체결하려고 할 당시 미국 내에서는 반대 여론이 들끓고 있었다. 그러나 워싱턴은 국가의 장기적인 이익을 고려해 이 조약의 체결을 과감히 승인해주었다. 그때 전국적으로 항의시위가 벌어졌는데 국민들은 워싱턴의 처사에 극도의 불만을 표시했고, 심지어 그에게 돌을 던지는 사람도 있었다. 그럼에도 불구하고 조약은 예정대로 시행되었다. 당시 워싱턴은 항의하는 국민들에게 이렇게 해명했다.

"나는 조국을 사랑하기 때문에 그럴 수밖에 없었습니다. 양심이 하라는 대로 따랐을 뿐입니다."

직분에 충실하고 책임을 다하는 것은 한 민족에게 있어 자랑할 만한 정신적 유산이다. 그런 정신만 있다면 그 민족의 앞날은 희망으로 가득할 것이다. 그렇지만 그러한 정신이 향락으로 대체되어버린다면 그 민족의 멸망은 시간문제다.

책임은 만물을 소생시키는 샘물이다. 일단 샘솟기 시작하면 마르지 않고 계속 흘러나온다. 지금부터라도 자신의 위치에서 용감하게 책임정신을 발휘해보자.

항상 감사하는 마음을 가져라

성공한 사람들 중 대부분은 자신의 노력으로 그 모든 것을 얻었다고 생각한다. 그러나 사실 정상에 등극한 이들은 산을 오르는 과정에서 많은 사람들의 도움을 받아왔다. 일단 성공이라는 명확한 목표를 세우고 행동으로 옮기다보면 생각지도 못한 곳에서 도움의 손길을 내미는 경우가 많다. 그때 당신은 당신에게 도움을 주는 모든 사람들에게 감사를 표할 줄 알아야 한다. 은혜에 감사할 줄 알면 당신의 가치를 높일 수 있고 무한한 지혜를 발굴해낼 수 있다.

감사하는 마음은 습관처럼 몸에 배어 있어야 한다. 가식적인 감정이 개입되지 않은 순도 100퍼센트의 마음으로 상대방에게 감사할 줄 알아야 한다.

두 사람이 사막을 걸어가고 있었다. 갈증이 나 거의 쓰러질 지경에 이르렀을 때 둘은 우연히 낙타를 끌고 지나가는 한 노인을 발견하였다. 노인은 그들에게 물을 반 잔씩 따라주었다. 행인 중 한 사람은 반쯤 채워진 컵을 받아들고 인색하기 짝이 없다며 노인을 나무랐다. 그러다 홧김에 물컵을 바닥에 떨어뜨리고 말았다. 다른 한 사람은 반잔의 물을 받아들고 진심으로 감사하는 마음으로 물을 마셨다. 결국 물을 바닥에 쏟아버린 행인은 얼마 못 가 사막에서 쓰러져 죽었고, 물을 마신 행인은 힘을 내서 무사히 사막을 통과할 수 있었다.

친절은 분수처럼 마음속에서 끊임없이 솟구쳐 나온다. 작은 컵을 대고 있으면 그것을 조금씩밖에 담을 수 없지만 커다란 물동이로 퍼 담으면 더 많은 친절을 그러모을 수 있다. 타인의 호의나 은혜를 받으면 반드시 감사하는 마음을 품고 그에 대한 보답을 해야 한다. 상대방의 희생 정도나 도움의 크기로 감사하는 마음을 저울질해서는 안 된다. 보잘것없어 보이는 작은 은혜일지라도 많은 사람들의 마음을 감동시키고 훈훈하게 할 수 있다. 이는 대중을 위한 사랑, 애국심, 종교의 박애정신으로 확산될 수 있다. 서로 베풀고 보답하는 마음들이 모이고 모여 사회 전반으로 퍼져나가면 우리 사회는 더욱 따뜻하게 변할 것이다.

원래 사람의 마음속에는 '이기심'이라는 불순한 성분이 어느 정도씩 섞여 있다. 그러나 자기이익 챙기기에만 너무 급급해하다 보면 타인에 대해 감사할 줄 모르고 자기중심적으로만 행동하게 된다. 그런 사람이 많아질수록 우리 사회는 점점 차갑고 삭막하게 메말라 갈 것이다.

강아지에게 뼈다귀를 던져주면 강아지들은 얼른 달려가 뼈를 물어온다. 하지만 그냥 물어오기만 할 뿐 꼬리를 흔들지는 않는다. 하지만 강아지를 부른 다음에 머리를 쓰다듬으면서 직접 뼈를 건네주면 강아지는 감격했다는 듯 꼬리를 신나게 흔들어댄다. 이렇듯 동물들조차 좋고 나쁨을 구분하고 감사를 표시할 줄 안다. 그런데 우리 사회에는 여전히 감사할 줄 모르는 매정하고 분별력 없는 사람들이 활보하고 다니니 참으로 유감스러울 따름이다.

사람은 하나의 생명체로 태어나는 그 순간부터 수많은 은혜를 입고 자란다. 세상에서 가장 불행하고 비극적인 것은 '나에게 뭔가를 해주는 사람은 아무도 없다'고 여기는 것이다.

감사와 자비는 친척관계다. 항상 감사하는 마음을 지니면 당신은 어느새 온화하고 자비로운 사람으로 변할 것이다.

매일 단 몇 분만이라도 당신의 행복에 감사하는 마음을 가져보자. 아무리 열악한 환경에 처해 있어도 이보다 더 심하지 않은 것만으로도 얼마나 다행이냐며 감사해보자.

"고마워", "정말 감사 드립니다"를 항상 입에 달고 다니자. 특별한 방식으로 진심을 담아 감사의 마음을 표현하는 것이 물질적인 선물을 건네는 것보다 더 가치 있고 소중하다는 것을 명심하자.

🌿 주는 것이 받는 것보다 더 아름답다

아프리카에서 의사이자 선교사로 활동했던 알베르트 슈바이처Albert Schweitzer는 이런 말을 했다.

"인생의 목적은 타인을 위해 봉사하고 타인을 도우려는 열정과 의지를 표출하는 것이다."

그는 세상을 위해 할 수 있는 가장 큰 공헌은 남에게 끊임없이 베푸는 것이라고 강조했다.

제너럴 밀General Mills, 시리얼 제품이나 과자를 만드는 미국의 대표적 식품회사의 회장직을 지냈던 해리 블리스가 영업사원에게 항상 강조하던 말이 있다.

"영업을 한다고 생각하지 말고 고객들을 위해 어떤 봉사를 할 수 있는지를 생각하라."

영업사원이 고객을 위해 뭔가를 서비스한다는 생각으로 무장하면 고객도 더욱 적극적이 되고 쉽게 거절하지 못한다. 자신의 문제해결을 위해 성심성의껏 도와주는 사람을 누가 거부할 수 있겠는가?

블리스는 이렇게 강조했다.

"저는 영업사원들에게 늘 당부하죠. 매일 아침 업무를 시작할 때 '오늘 최대한 많은 물건을 팔아야지'가 아니라 '오늘 최대한 많은 사람을 도와 줘야지'라는 마음을 가지라고요. 그러면 그들은 고객에게 보다 쉽고 개방적으로 접근할 수 있게 되고, 자연히 실적도 상승곡선을 그리게 됩니다.

즐거운 마음을 갖고 고객에게 적극적으로 도움의 손길을 펼치는 사람이 최고의 영업노하우를 지닌 사람입니다.”

우리가 한 행동의 효과는 마치 부메랑처럼 던지면 분명 되돌아오게 되어 있다. 당신의 선행통장에 열심히 ‘선善’을 저축해두어라. 그러면 언젠가 상당한 액수의 이자가 붙어서 쏠쏠한 재미를 볼 수 있을 것이다.

언젠가 싱Singh이 친구와 여행을 하던 중 험준한 히말라야산맥을 거쳐 가게 되었다. 그들은 산 입구에서 눈밭에 쓰러져 있는 한 사람을 발견했다. 싱은 가던 길을 멈추고 그 사람을 도와주려 했으나 그의 친구는 극구 반대했다.

“이 사람은 우리에게 짐이 될 뿐이야. 혹이 하나 더 붙으면 우리 목숨까지 위태로워진다는 거 몰라?”

그러나 싱은 그가 차가운 눈밭에서 얼어 죽도록 그냥 내버려 둘 수가 없었다. 그의 여행친구는 알아서 하라며 먼저 길을 떠나버렸고, 혼자 남은 싱은 쓰러진 사람을 일으켜 등에 업었다. 싱은 그를 등에 업은 채 온 힘을 다해 앞으로 나아갔다. 싱의 체온이 전해지면서 차갑게 얼어붙었던 조난자의 몸도 서서히 풀리기 시작했다. 결국 죽음의 문턱까지 갔던 그 사람은 체온이 정상으로 돌아오면서 기적적으로 살아났다. 두 사람은 서로를 부축하며 길을 재촉하다가 꽁꽁 얼어붙은 채 죽어 있는 시체 한 구를 발견했다. 얼마 전까지 싱과 함께 여행했던 바로 그 친구였다.

선을 베푸는 사람은 반드시 보답을 받고, 이기적인 사람은 반드시 벌을 받는다. 사실 보답은 당신 자신이 먼저 쏘아 보냈기 때문에 되돌아오는 것이다.

“남이 당신에게 해주기를 바라는 만큼 당신이 먼저 남에게 베풀어라.”

2000여년 전, 예수가 남긴 이 말은 인간처세의 기본을 제시하고 있다. 당신이 상대방을 귀인처럼 대접하면 상대방도 그에 상응하는 대우를 당신에게 해줄 것이다. 하느님은 공정하다. 그래서 베푼 만큼 그대로 되돌려준다.

사람들은 당신을 찾아와 다양한 요구를 할 것이다. 무료한 부자는 당신에게 이야기 상대가 되어달라고 하고, 가난한 자는 당신에게 돈을 요구한다. 슬픈 사람은 당신의 위로가 필요할 것이며, 나약한 사람은 당신의 격려가 필요할 것이다. 용감한 사람은 당신의 정의로운 도움을 요구할지도 모른다.

매 순간 먼저 베풀 수 있는 사람이 되어라. 내가 먼저 미소 짓고, 내가 먼저 악수를 청하고, 내가 먼저 상대방에게 격려의 말을 전할 수 있어야 한다.

남에게 주기를 좋아하는 사람은 근심이나 분노 때문에 얼굴에 그림자가 생기는 일이 없다.

다시 강조하건대, 주는 게 받기만 하는 것보다 훨씬 아름답고 행복한 일이다.

🌿 사랑이 없으면 빈껍데기다

당신은 다른 사람에게 상처를 준 적이 있는가? 혹은 다른 사람 때문에 상처를 받아본 적이 있는가? 누구나 한 번쯤은 타인에게 상처를 주거나 타인으로 인해 괴로웠던 적이 있을 것이다. 아니, 한 번이 아니라 여러 번이라고 하는 게 더 맞을 듯하다.

아이러니한 것은 우리가 타인을 아프게 할 때는 상대방의 용서를 받고 싶어 하면서 정작 피해자 입장이 되면 무슨 일이 있어도 상대방을 용서하지 않으려 한다는 것이다. 이러한 이중적인 잣대 때문에 우리는 종종 상대방을 용서해야 할지 말아야 할지, 용서해야 한다면 왜 그래야만 하는지에 대한 딜레마 속으로 내몰린다.

한 젊은 부인이 운전면허증을 딴 지 얼마 안 된 상태에서 차를 몰고 외출을 했다. 그런데 집으로 돌아오는 길에 마주 오던 차와 부딪쳐 사고가 나고 말았다. 다행히 큰 사고는 아니어서 차가 많이 망가지지는 않았지만 새로 산 지 며칠 되지도 않은 남편의 차에 흠집을 냈다는 생각에 그녀는 마음이 편치 않았다. 남편에게 어떻게 해명을 해야 할지 막막해서 눈물만 났다. 그녀가 사고차 주인과 서로 연락처와 차번호를 교환하려고 할 때였다. 차 안에 있는 편지봉투에서 보험카드를 꺼내려는데 그 안에서 작은 쪽지 하나가 툭 떨어지는 게 아닌가. 쪽지 안에는 이런 글이 적혀 있었다.

"만에 하나 차에 무슨 일이 생기더라도…… 기억해요. 내가 사랑하는 건 당신이지, 차가 아니라는 걸!"

얼마나 자상하고 세심한 남편인가! 짧은 문장이지만 그의 따뜻한 마음과 애절한 사랑이 느껴지지 않는가!

불의의 사고를 당했을 때 일이 중요할까, 아니면 사람이 중요할까? 화가 머리끝까지 치솟을 때 잠시 숨을 고르고 당신이 진정으로 사랑하는 대상은 무엇인지를 생각해보자. 사랑을 우선순위에 두면 모든 일을 용서하고 포용할 수 있다. 사랑은 모든 상처를 어루만져 주는 치유제이기 때문이다.

"사랑받지 못하는 것은 악몽이며, 사랑을 베풀지 않는 것은 불행이다.

오늘날 우리는 바로 이 불행 때문에 죽음에 이른다."

마음속에 사랑이 들어 있지 않은 사람은 필라멘트 없는 전구나 마찬가지다. 빛을 발할 수도 열을 낼 수도 없고, 그러하기에 인류를 행복하게 해 줄 리는 더더욱 없다.

사랑은 영혼의 윤활유다. 이를 마음에 품기만 하면 악행으로 세상을 더럽히는 일은 하지 못할 것이다. 미움을 사랑으로 전환시킬 수 있어야 고통 속에서 해방될 수 있다.

사랑은 베푸는 자와 받는 자 모두를 고귀하고 순결하게 변화시킨다. 사랑을 경험하고, 마음속에서 사랑이 피어날 때 우리의 마음은 사랑 때문에 더욱 따뜻하고 생동감 있고 넓게 변한다. 이렇게 사랑으로 승화된 내면으로 인해 우리의 영혼은 더욱 맑아지고 삶의 품격은 더욱 높아진다.

사랑만큼 중요한 것은 없다. 사랑은 인류가 가진 가장 아름다운 감정이며 가장 향기로운 정신적 체험이다. 사랑이 존재해야 사람들과 소중한 인연을 맺을 수 있고, 만물과의 신성한 교감 또한 가능해진다.

1.

2.

3.

4.

5.

6.

7.

8.

9.

10.

11.

12.

13.

14.

15.

16.

17.

조지 워싱턴George Washington(1732~1799)

_ 조지 워싱턴은 미국 제1대 대통령으로 '건국의 아버지'라 불린다.

✽ 1732년 2월 22일 버지니아주에서 태어났다. 가난한 집안 형편 속에서도 식지 않는 열정과 노력으로 삶을 일궈낸 전형적인 자수성가형 인물이다. 11세 때 아버지를 잃은 후부터 제대로 된 정규교육을 받지 못했다. 청년시절, 군사기술과 서부개척에 많은 관심을 가지고 있던 그는 16세 때 셰난도어Shenandoah 토지측량 작업에도 직접 참여했다.

✽ 1753년에 버지니아 민병대民兵隊의 부대장직을 맡아 프렌치인디언전쟁에 참가하였다. 22세에는 육군 장교로 승진해 전쟁에서 버지니아 전체 부대를 통솔하였다.

✽ 1759년 젊은 미망인 마사 커스티스와 결혼한 후 고향 마운트버넌Mount Vernon으로 돌아가 농장을 운영했다.

✽ 1774년에는 버지니아주 대표의 일원으로 필라델피아에서 열린 대륙회의에 참석하였다. 독립전쟁이 종결된 후 만장일치로 연방정부 대통령에 당선되었다.

✽ 1789년 4월 30일, 정식 취임선언을 거쳐 미합중국 초대 대통령으로 활약했다.

✽ 1792년 대통령 연임에 성공했다. 2대 대통령 임기를 마친 후 더이상의 연임을 거부하고 정계를 은퇴했다. 이후로 마운트버넌의 농장에 은거했다.

✽ 1799년 12월 14일, 67세를 일기로 세상을 떠났다.